Susanne Petersen
Rituale für kooperatives Lernen in der Sekundarstufe I

Susanne Petersen

Rituale für kooperatives Lernen

in der Sekundarstufe I

Cornelsen
SCRIPTOR

Cornelsen online http://www.cornelsen.de

Gedruckt auf chlorfrei gebleichtem Papier
ohne Dioxinbelastung der Gewässer.

Die Deutsche Bibliothek - CIP-Einheitsaufnahme

Petersen, Susanne:
Rituale für kooperatives Lernen in der Sekundarstufe I /
Susanne Petersen. – Berlin: Cornelsen Scriptor, 2001
ISBN 3-589-21439-2

Dieses Werk berücksichtigt die Regeln der reformierten
Rechtschreibung und Zeichensetzung.

5.	4.	3.	2.	1.	✓ €	Die letzten Ziffern bezeichnen
05	04	03	02	2001		Zahl und Jahr des Drucks.

Redaktion: lüra – Klemt & Mues GbR, Wuppertal
Satz: stallmeister publishing, Wuppertal
Layout: Julia Walch, Bad Soden
Umschlaggestaltung: Bauer + Möhring, Berlin
unter Verwendung einer Zeichnung von Klaus Puth, Mühlheim
Druck und Bindearbeiten: Clausen & Bosse, Leck
Printed in Germany
ISBN 3-589-21439-2
Bestellnummer 214392

Inhalt

1 Einleitung: Kooperation gewinnt Konturen

Das Buch stellt Rituale und ritualisierte Handlungsabläufe vor, die in Schulen selbst praktiziert oder zumindest von mir erlebt wurden. Sie alle tragen dazu bei, Schulzeit zu rhythmisieren und Lern- und Arbeitsprozesse zu strukturieren.

Rituale zielen darauf ab, die Klassenatmosphäre konstruktiv und im Sinne gegenseitiger Wertschätzung zu beeinflussen. Dafür ist es unerlässlich, dass jeder Einzelne für die Anderen wichtig wird. Erst so kann wirkliches Interesse füreinander entstehen. Die wesentlichen Grundlagen für Selbstvertrauen, Selbstständigkeit und Kooperation können gelegt und durch Ritualisierung ständig gepflegt werden.

Die in diesem Buch präsentierten Ritualisierungsvorschläge bieten nicht zuletzt Möglichkeiten an, die Schülerinnen und Schüler im wachsenden Maße in die inhaltliche und methodische Gestaltung des Unterrichtsgeschehens mit einzubeziehen und ihnen zunehmend Verantwortung für die Klasse, für Methoden und Inhalte zu übertragen.

Das erste Kapitel konzentriert sich auf eine konzeptionelle Klärung. Es stellt ritualtheoretische Bezüge her und führt die wichtigen Begriffe ein. Fragen zu methodischen wie theoretischen Aspekten der rituellen Praxis und deren Gefahren sowie Chancen sind zu klären, Abgrenzungen vorzunehmen und Gütekriterien zu entwickeln.

Im zweiten, umfangreichsten Teil werden ritualisierte Handlungsabläufe vorgestellt, die sich aus der Rhythmisierung des Schulalltags selbst ergeben: von der kleinsten und am häufigsten erlebten Einheit einer Unterrichtsstunde bis hin zu einmaligen Vorgängen wie Anfang und Abschluss der Schulzeit.

Das dritte Kapitel offeriert Vorschläge zur Ritualisierung gemeinsamer Arbeitsprozesse in Klassen und Kursen. Es bietet darüber hinaus fachspezifische Ritualisierungsmöglichkeiten.

Alle Kapitel richten den Blick zunächst auf die Besonderheiten der jeweiligen Phase und sondieren dann die schwierigen, konfliktträchtigen Bereiche, für deren Entschärfungen sich Ritualisierungen bewährt haben. Sie begründen die Auswahl der vorgestellten Rituale und ordnen sie ein. Dabei hat sich ein Schema bewährt, das neben Angaben zur Klassenstufe, zum Fach und zur möglichen Durchführungsdauer sowie den Zielen eines Rituals auch eine Kurzcharakterisierung enthält, bevor ausführlicher auf wesentliche Schritte bei der Initiierung eingegangen wird. Darüber hinaus werden Gefahrenpotenziale und Handlungsalternativen angesprochen. Wo erforderlich oder hilfreich, finden sich Variationsmöglichkeiten. Abschließend werden dann Fragen aufgeworfen, die sich für jeden Schüler, jede Schülerin, für die Gruppe – also die Klasse und den Kurs –, für die Lehrkraft sowie Inhalt und Thematik von Unterricht immer wieder neu stellen. Die Antworten werden zur Klärung beitragen. Schließlich haben die Ritualisierungsvorschläge nicht nur Konsequenzen für das Miteinander in der Klasse, sie setzen bei Lehrerinnen wie Lehrern eine besondere Haltung und viel Bereitschaft voraus, Macht und Raum zur Gestaltung abzutreten – im Vertrauen auf die wachsenden Kompetenzen der Schülerinnen und Schüler. Eine kurze Literaturliste schließt diesen Band ab.

Sofern die Beispiele nicht auf eigene Ideen oder Praxis zurückgehen, finden sich Hinweise auf die Autoren zum Ende. Viele Anregungen gehen auf ehemalige Hamburger Referendarinnen und Referendare der Hauptseminare zurück, die ich seit 1995 mit Thomas Unruh gemeinsam veranstaltet habe. Den Referendarinnen und Referendaren möchte ich an dieser Stelle danken.

Hamburg, im Frühjahr 2001

Susanne Petersen

2 Ritual oder Ritualisierung?

Wir alle erleben täglich Schüler, die stark auf sich konzentriert sind, wenig Interesse und Rücksichtnahme für andere aufbringen und manchmal im Umgang mit Mitschülern geradezu unberechenbar zu sein scheinen. Situationen des Neubeginns, etwa eine neue Klasse oder Schule, ein anderer Kurs oder neue Lehrkräfte, verunsichern besonders stark. Zufriedene, ausgeglichene Schüler mit angemessenem Selbstvertrauen ficht dies nicht sonderlich an. Sie sind interessiert, finden sich auch in neuen Bezügen rasch zurecht und besetzen ihren Platz. Eher unsichere Schüler und Schülerinnen kompensieren ihre Ängste mal mehr lautstark oder aggressiv, mal aber auch besonders leise, zurückhaltend oder unauffällig. Die geschlechtsspezifischen Unterschiede in den sozialen Kontakten und im Kommunikationsverhalten sind nach wie vor markant. Oft fehlt es am geeigneten Vokabular, an gegenseitigem Interesse und Respekt sowie an einem erprobten Repertoire zum produktiven Umgang mit Konflikten. Diese Schwierigkeiten, ohnehin altbekannte Begleiter von Pubertät und Erwachsenwerden, potenzieren sich bei den heutigen Jugendlichen offensichtlich durch die viel zitierten demographischen Veränderungen wie dem Trend zum Einzelkind, dem Aufwachsen in so genannten Ein-Eltern-Familien und nicht zuletzt der wachsenden Bedeutung von Fernsehen und Computer(spielen). Wie die Schule in der Sekundarstufe I darauf reagiert, ist umso bedeutsamer, als die während dieser Schuljahres erlebte Phase für die Jungendlichen mit einer persönlichen Krisenzeit einhergeht – der Pubertät.

Phasen des Bruchs und des Übergangs, persönliche Zäsuren und gesellschaftliche Krisen sind von jeher und in allen Kulturkreisen Gegenstand von Riten und Ritualen gewesen, deren Bedeutung allerdings in den modernen Industriegesellschaften zurückging und sich wandelte. Rituale und Ritualisierungen helfen aber nicht nur persönliche Krisen zu überwinden, sie wirken auch stabilisierend auf die Gruppe, helfen gesellschaftsfähig zu machen. Rituale sind damit Quelle und Ausdruck einer kulturellen Identität. Es ist wohl dieses Konglomerat von Wirkungsmöglichkeiten, das die Hoffnung der neuen Lehrergeneration speist und sie Abstand von antiautoritären Vorbehalten gegenüber rituellen „Gängelungen" nehmen ließ. Sie scheint mehr denn je auf der Suche nach geeigneten Rahmungen und Hilfen, um beklagenswerten Formen sozialer Rücksichtslosigkeit wirksam Einhalt zu gebieten. Reine Appelle an das Wohlverhalten fruchten oft nicht mehr, fachliche Gebote verhallen ungehört und die Aufforderung, gut zusammenzuarbeiten und sich nicht gegenseitig zu stören, hilft heute noch weniger als früher. Es gilt begründet Grenzen zu setzen, entstehende Rahmungen durch Verantwortung und Aufgaben mit Sinn zu füllen. Dann kann aus Unsicherheit und geringer Frustrationstoleranz langsam Selbstvertrauen, Teamfähigkeit und Konfliktfähigkeit erwachsen. Solange aber viele Jugendliche noch Schwierigkeiten haben, mit einem Tischnachbarn oder einer Gruppe zusammenzuarbeiten, solange ihre Position in der Klasse ständigen Schwankungen ausgesetzt ist und ungeklärt scheint, spenden ritualisierte Rahmungen für den Einzelnen wie die Gruppe mehr Sicherheit in Zeiten persönlicher Verunsicherung.

Von der fünften bis zur zehnten Klasse verändern sich die Schüler in ihrer Persönlichkeit – Grundschulkinder wachsen zu Berufsanfängern heran und erlangen körperlich wie psychisch mehr Stabilität auf dem Weg zum Erwachsensein. Dabei ist diese Phase zwischen dem 11. und 17. Lebensjahr von unterschiedlicher geschlechtsspezifischer Dynamik, die sich erst gegen Ende der Schulzeit weitgehend beruhigt. Die Bedürfnisse nach Bewegung, die zu Beginn der Sekundarschulzeit besonders bei vielen Jungen in erhebliche motorische Unruhe und Unkonzentriertheit münden, weicht in zunehmendem Maße einem gewissen Phlegma, das sich in wachsender Gesprächsunlust offenbart. Welches Klima in den Klassen entsteht, welche Formen die geschlechtsspezifisch unterschiedlichen Zugänge und Bedürfnisse annehmen, hängt vor allem von positiven Selbst- und Gemeinschaftserfahrungen ab. Ob sich die Gruppe auf Spiele, Feste, auf Stilleübungen oder Ritualisierungen überhaupt einlässt, ist dabei nicht nur Ausdruck eines eventuell gegebenen Klassenklimas, sondern auch von den persönlichen Entwicklungsschüben beeinflusst: Denn im Unterschied zu Grundschulkindern oder den Schülern der fünften und sechsten Klassen stehen sich die Siebt- und Achtklässler besonders oft selbst im Wege. Sie gelten als schwierig und hadern mit sich und anderen, auch und gerade um sich selbst zu finden und sich in der Auseinandersetzung und Abgrenzung von anderen weiterzuentwickeln. Insofern ist das Abwehrpotenzial von als Disziplinierung erfahrener Verhaltensregulierung – zum Beispiel über Ritualisierungen – in dieser Altersgruppe besonders groß.

Auf der anderen Seite korrespondieren die Autonomiewünsche vieler Jugendlicher mit unseren pädagogischen Bemühungen um eine kontinuierliche Ausweitung selbstständigen Lernens. Um nicht an der damit steigenden Verantwortung für das eigene Lernen zu scheitern, benötigen jeder Einzelne sowie die Gruppe ritualisierte Abläufe als Hilfe und Grenzziehung. Besonders die positiven Erfahrungen mit Teamarbeit und Gemeinschaft werden es sein, die – bei aller altersbedingten Distanzierung von Schule und Erwachsenenwelt – selbst Siebt- und Achtklässlern den Weg zu selbstbestimmtem Lernen ebnen helfen. Schließlich sind die so erzielten Fortschritte und Erfolge selbst errungen und „schmecken“ umso besser.

Neue Tendenzen

Seit Ende der 80er Jahre mehren sich pädagogische Aufsätze über schulische Rituale. Damit wurde eine Tendenz durchbrochen, die nach 1968 dieses Thema aus den Kompendien und oft auch aus der Realität verschwinden ließ. Augenblicklich werden wir in vielen Grundschulen Zeuge eines Re-Ritualisierungsprozesses, der sich – gemessen an seiner realen Vielfalt und Fantasie – bislang eher kärglich in Publikationen niederschlägt. Ein lesenswertes Themenheft der WESTERMANNS PÄDAGOGISCHEN BEITRÄGE (WPB 7/8) eröffnete im Sommer 1987 den Reigen, durchbrach die Tabuisierung des Themas und präsentierte – immer noch uneingelöste – Ideen für eine durch verschiedene Rituale gestützte Demokratisierung von Schule und Schulkultur. Der eigentliche Durchbruch vollzog sich erst sieben Jahre später mit dem Themenheft von PÄDAGOGIK (4/1994; weniger originell 4/1999): Neben wichtigen Praxisbeispielen aus Grundschule und Sekundarstufe etwa von A. WINKLER (1994) oder E. RIEGEL, die die Wirkungsmöglichkeiten von schulischen Ritualen und ihren Beitrag zum Aufbau von Selbstvertrauen und Klassen- sowie Schulkultur mit vielfältigen Beispielen belegen, formuliert A. COMBE (1994) hier immer noch bedenkenswerte Einwände: Es gelte, sich deutlich von den vielen noch herrschenden Ritualen des Schule- und Stundehaltens zu distanzieren, auf die Bewahrung der emotionalen Integrität zu achten und Rituale nicht zur schematischen Konfliktregulation zu missbrauchen. Feinfühlige Ethnologenseelen seien gefragt, denen es gelänge, Momente ästhetischer Erfahrung mit der „unstillbar-kindliche(n) Lust des Menschen an gespielten Handlungen, an künstlichen Spiegelbildern und symbolischen Ausdrucksgestalten des Lebens (zu verknüpfen), in denen die Wirklichkeit neu gezeugt wird“ (COMBE 1994, S. 25). Welchen entwicklungspsychologisch bedeutsamen, weil stabilisierenden und sozialisierenden Beitrag Rituale gerade angesichts des soziologischen Wandels von Kindheit und Erwachsenwerden in unserer Zeit leisten, weist die Jugendpsychotherapeutin G. KAUFMANN-HUBER (1997) überzeugend in einem sehr lesenswerten und theoretisch fundierten Buch nach, das die Wirkungen von Ritualisierungen auf das einzelne Kind exemplarisch in wichtigen Entwicklungsphasen beschreibt und interpretiert. Diese im besten Sinne populärwissenschaftlich solide Arbeit bildet ein wichtiges Gegengewicht gegen eine Flut von Veröffentlichungen, die vor allem steigende esoterische Bedürfnisse von Erwachsenen zu bedienen scheint. So etwa die großen Absatz findenden Bücher von DIANE VON WELTZIEN (1997), die keine historisch-kritische Rezeption beabsichtigen, sondern scheinbar übertragbare Wirkungen von Kulthandlungen oder Riten propagieren, wie sie von Kulturvölkern in Asien, Afrika oder indianischen Völkern bekannt sind und aus vielen Jahrhunderten zusammengetragen wurden. Hier stehen die magisch-emotionalen Wirkungen von symbolischen Ritualhandlungen im Vordergrund, die völlig aus ihrem historisch-gesellschaftlichen Kontext herausgelöst wurden. Dieses Phänomen hat in begrenztem Umfang auch die Schulwirklichkeit erreicht, ablesbar etwa an der zunehmenden Rezeption meditativer sowie autosuggestiver Methoden. Dieser Prozess wird – wie auch in den nachfolgenden Sammelbänden deutlich – durch die modernen soziologischen Veränderungen von Kindheit begünstigt.

Mit Voraussetzungen wie Folgen dieses Wandels in Gesellschaft und Schule setzen sich die zwei wohl wichtigsten Neuerscheinungen zum Thema auseinander (WERMKE 1997; SCHÄFER/WIMMER 1998). Eine stärkere Vernetzung von Ritualtheorie und Praxis ist ihr Anliegen. So werden im ersten Falle ritualtheoretische Bezüge wiederholt hergestellt, Erfahrungen und Veränderungen des Einsatzes von Ritualen im Religionsunterricht kritisch reflektiert sowie außerschulische Jugendriten vorgestellt und interpretiert. Noch weiter vor wagt sich der zweite Sammelband, der auf den verschiedensten Ebenen Einblicke in das komplizierte Feld der Ritualtheorie offeriert und verschiedene Ansätze sozialanthropologischer Feldforschung und soziologischer Deutungen präsentiert.

Schulisches Ritual oder ritualisierter Handlungsablauf?

Die umfangreiche Literatur hat bislang keinen allgemein anerkannten Ritualbegriff erbracht. Dies gilt auch für den Bereich der Schule. Der Begriff wird immer inflationärer genutzt, oft synonym mit angrenzenden Kategorien wie Regeln oder Zeremonien verwandt. Diese Tendenzen sind insofern problematisch, als schon die Erklärung zum Ritual viele Handlungsabläufe vor rationaler Kritik zu schützen scheint.

Schulische Rituale wirken verhaltensprägend. Sie können von Einzelnen, von der Klasse oder von der Lehrerin initiiert werden, sich verfestigen und bei bestimmten Anlässen immer wieder genutzt werden. Neben spontanen Entstehungsgeschichten sind auch gezielte Versuche von Lehrerseite zu beobachten, mit der Klasse Rituale für bestimmte Anlässe zu erfinden und damit eine eigene Klassen- und Schulkultur zu entwickeln.

Schulische Rituale werden in diesem Buch als ein Prozess verstanden, der bei bestimmten Anlässen seine eigentümliche Form und Dynamik gewinnt. Einmal etabliert, lösen bestimmte Anlässe ohne weitere Ansage spezifische Handlungsweisen einer Klasse aus, die, unterstützt durch eine eigentümliche Symbolik und Ästhetik, ihr charakteristisches Gepräge erhält und der Gruppe durch eine immer gleiche Dramaturgie im Ablauf einen selbst zu gestaltenden Handlungsspielraum sichert. Jeder weiß um den Ablauf und seine eigene Rolle im Prozess, vom Anfang bis zum Ende. Schulische Rituale sind besonders dann erfolgreich und dynamisch, wenn sie die bestehende hierarchische Struktur vorübergehend auflösen, durch einen geschützten und allseits respektierten Rahmen neue Erfahrungen und Gruppenbeziehungen ermöglichen und schließlich eine geordnete Rückkehr in den alten Zustand sicherstellen.

Im Unterschied dazu bezeichnen **ritualisierte Handlungen** nach dem hier geltendenden Verständnis Handlungsabfolgen, die sich auf kürzere Phasen innerhalb eines Schultages oder der Schulwoche beziehen und eine feste zeitliche und inhaltliche Rahmung besitzen, die von den Akteuren wie den Beiträgen her unterschiedlich gefüllt wird. Oft wird dabei ein bestimmter Ablauf beachtet. Ihr symbolischer Gehalt ist geringer, eine besondere Dramaturgie selten. Vom Inhalt und Ablauf sind ritualisierte Handlungsabläufe von daher oft technischer, weniger emotional und vor allem im Fachunterricht bzw. als ritualisierte Arbeitstechniken anzutreffen. Sie strukturieren mehr, als dass sie beflügeln. Sie lassen ohne Schaden häufiger Kritik und

Überarbeitung zu, an der die Kinder bzw. Jugendlichen immer intensiver mitwirken. Ritualisierte Handlungsabläufe können sich zu schulischen Ritualen weiterentwickeln.

Über Chancen und Gefahren – das Potenzial schulischer Rituale

Rituale und Ritualisierungen **rhythmisieren den Schulalltag**, indem sie an markanten, schwierigen Punkten – wie den Anfängen oder Endpunkten einer Stunde, des Schultages, der Schulwoche – Akzente setzen, die durch ein wieder erkennbares Arrangement Besonderheit erlangen. Die Rahmung bleibt gleich, aber die Füllung und Nutzung des Gestaltungsfreiraums verändert sich von Mal zu Mal. Damit werden Anfang und Ende hervorgehoben, die Zeit bewusster und nuancierter erlebt.

Wiederkehrende Abläufe geben dem Einzelnen wie der Gruppe **mehr Handlungssicherheit**. In der Anfangs- und Etablierungsphase benötigen sie Schutz und klare Einhaltung des gefundenen Ablaufs, damit sich diese Souveränität überhaupt bilden kann. Wenn alle ihn beherrschen, können sie ihn zunehmend selbstständig nutzen und kreativ füllen.

Rituale **entlasten** den Schulalltag, speziell Krisensituationen. Denn die für solche Anlässe vorgesehenen und erprobten Verhaltensarrangements nehmen wortlos ihren Lauf. Die Arbeits- und Rollenaufteilung ist geklärt, bewährte Kooperationsformen greifen, verabredete Formulierungen entemotionalisieren Konflikte und erleichtern Klärung und Lösungsfindung ebenso, wie sie Schutz vor verletzender Kritik bieten.

Schulische Rituale und Ritualisierungen gehen unter die Haut. Sie sprechen mit Symbolik und Dramaturgie **die Gefühlswelt** besonders von Kindern im Grundschulalter an. Aber auch Jugendliche sind dem, wie Fantasy Spiele offenbaren nicht abgeneigt. Weil meditative Methoden, Traumreisen oder Stilleübungen die individuellen wie Gruppenerlebnisse rasch intensivieren, und Gefühle beeinflussen und manipulieren können, sind hierbei besondere Bedachtsamkeit und Vorsicht geboten. Eine freiwillige und bewusste Teilnahme muss ermöglicht werden.

Ritualisierungen und Rituale machen durch ihre Arrangements und Inszenierungen aus einem Nebeneinander ein Zusammenspiel, wirken also **gemeinschaftsbildend**. Damit stiften sie eine Perspektive für die Gruppe. Durch Symbolik und Rhetorik schafft ein Ritual eine Situation der Exklusivität, in der sich nur „Mitglieder“ angemessen verhalten können. Dadurch entsteht so etwas wie eine eigene Kultur, die sich allerdings oft nach außen abgrenzt, um innere Stabilität zu erlangen. Das Gemeinsame und weniger das Besondere der Einzelnen rückt in den Vordergrund.

Wenn jeder **einen sicheren, respektierten Platz** findet, fühlen sich alle in der Gruppe wohler. Da individuelle Bedürfnisse und spontane Interessen häufig mit jenen Anderer kollidieren, sind Ritualisierungen wichtig, um Schutzzonen für Einzel- wie Gemeinschaftsaktivitäten überhaupt erst zu etablieren. Allerdings **disziplinieren** Rituale auch, setzen Einzelne wie die Gruppe unter Druck, begünstigen Selbst- und Gruppendisziplin. Solange das Ziel und das erwartete Ergebnis von den meisten als wichtig anerkannt werden, solange der Einsatz von Energie für eine Bewältigung scheinbar gebieterischer Anforderungen als produktiv erfahren wird, so lange werden solche disziplinierenden Effekte eher als positiv erlebt. Dennoch bleibt die Prioritätensetzung in diesem Spannungsfeld zwischen Einzel- und Gruppeninteressen eine gefährliche Gratwanderung, die einen aufmerksamen Zeremonienmeister braucht.

Im Grenzbereich: Regeln, Gewohnheiten, Zeremonien, Bräuche

Zunächst ist es hilfreich zu klären, welche Verfahren im schulischen Alltag im Umfeld von Ritualen und ritualisierten Handlungsabläufen gebräuchlich oder bekannt sind. Die nachfolgende Übersicht bietet Gelegenheit, die eigene Erwartungshaltung zu klären.

Dass **Regeln** häufig zu Ritualen erklärt werden, hängt wohl damit zusammen, dass sie auf ähnliche Weise entstehen. Sie erfordern im Vorfeld und zur Etablierung des Rahmens Regelungen und Absprachen mit der Gruppe. Regeln sind aber von Zielsetzung, Adressatenbezug und Dynamik her etwas fundamental anderes als Rituale: Während Rituale das Zusammensein gestalten und füllen, bekämpfen Regeln herrschende Missstände. Regeln legen damit den Finger auf Wunden, markieren Schwierigkeiten, auch wenn sie noch so positiv und mit Perspektive formuliert sind. Sie sind Appelle, fordern Einhaltung und disziplinieren jedes Individuum auf direktem Wege zum Schutze der Gemeinschaft. Regeln reglementieren das Verhalten Einzelner, sei es bei der Arbeit oder während der Pausen. Durch Sanktionen, die mit der Gruppe verabredet wurden, soll eine dauerhafte, positive Verhaltensänderung erreicht werden. Der Regelkanon einer Klasse ist je nach der Gruppensituation Wandlungen unterworfen. Er soll Fehlentwicklungen unterdrücken, um Lernatmosphäre wie Gruppe zu schützen. Oft leisten Ritualisierungen atmosphärisch mehr, weil die Appelle an die Vernunft oder rigide Sanktionen durch etwas Attraktives ersetzt werden: Wo Regeln die Gruppe vor Störungen Einzelner schützen, wuchern Rituale mit dem Pfund der Gruppe.

In der Soziologie werden **Gewohnheiten** als Verhaltensweisen oder Einstellungen definiert, die sich automatisiert haben. Sie erweitern quasi neutral das eigene Verhaltensrepertoire und werden ohne jede Dramatik oder Emotion von Individuen wie von Gruppen umgesetzt. Weder Kritik noch Fragen werden laut. Es wurde ja immer schon so gemacht. Doch das Denken in Alternativen wird von der Gewohnheit nicht stimuliert, sondern eher erdrückt. Was die Nähe der Gewohnheit zum Ritual ausmacht, findet sich gerade in diesen Reaktionen wieder: Das Handeln wird durch eine von außen gesetzte Rhythmisierung beeinflusst. Die Schüler verhalten sich wie erwartet, ohne dass es einer weiteren Erklärung bedarf.

Zwischen **Zeremonie** und **Tradition** herrschen fließende Übergänge. Beide Kategorien heben auf Feierlichkeit im Rahmen eines stereotypen Ablaufs ab, der von einer größeren Gruppe, der Klasse oder der gesamten Schulgemeinschaft gemeinsam vollzogen wird. Als Zeremonie wird hier ein seiner Dynamik beraubtes, ein erstarrtes Ritual verstanden, das zwar noch die Feierlichkeit eines inszenierten Gemeinschaftsereignisses besitzt, aber Kreativität und Enthierarchisierungspotenzial eingebüßt hat. Noch hohler und weiter entfernt von seinen dynamischen Ursprüngen ist das zur Tradition gewordene festliche Ereignis, das eine Schulgemeinde Jahr für Jahr sinnentleert und gleichförmig verpflichtend begeht.

Bräuche, wie viele Grundschulen sie in jahreszeitlichen oder traditionellen kirchlichen Festen pflegen, sind in Anlage und Ausgestaltungsmöglichkeit oft weniger autoritär und manipulierend, vielmehr Ausdruck von Volkskultur. Im Fasching, bei Sommer-, Herbst-, Winter- oder Frühlingsfesten gibt es immer auch Gestaltungsfreiräume und dynamische Momente. Nicht von ungefähr spielen solche Feste bei aktuellen Überlegungen zu mehr Schulkultur eine wichtige Rolle.

• vorhanden
•• verstärkt
••• in besonderem Maße

Merkmale	Regeln	Ritualisierter Handlungsablauf	Ritual	Zeremonie	Tradition/Bräuche	Gewohnheit
Strukturieren		•••	••	•	•	
Rhythmisieren		•••	•••	••	•	
Stiften Sicherheit	•	••	•••			
Laufen schematisch ab		••	••	•••	••	•••
Automatisieren	•					•••
Regulieren	•••	••	••	•	•	•
Disziplinieren	•••	••	••	••	••	
Unterdrücken Einzelne	••	••	••	••	•••	••
Unterdrücken Gruppen	••	•	•	••	•••	••
Manipulieren		•	••	••	•••	•
Fördern Opportunismus	•	•	••	•••	•••	•••
Entlasten in Krisen		••	••			
Sind eher rational	•••	••	•	•		
Sind eher emotional		••	•••	•	•••	
Besitzen Symbolik		••	•••	•	•••	
Sind feierlich			••	••	•••	
Stiften Gruppenidentität	•	•••	•••	•	••	
Sind eher monoton		••	•	•••	•••	•••
Sind eher dynamisch	•	••	••			
Enthierarchisieren		••	•••			
Ermöglichen Kreativität	•	••	•••	•	•	

Leistungsvergleich verschiedener Kategorien im Umfeld schulischer Rituale

Was ist im Umgang mit schulischen Ritualen zu bedenken?

Über die Initiierung schulischer Rituale

Rituale können spontan entstehen, sich verfestigen, weitervererbt bzw. tradiert werden und sich wandeln. So wie der blaue Fleck in der Klasse zu dem Ort wird, bei dessen Betreten sofortige Ruhe herrschen muss, kann es die Gruppe sein, die aus einer Idee und Verabredung ein neues Verhaltensmuster schafft und seine Gültigkeit durch Konformität und Gruppenzwang sichert. Auf diese Weise kann eine Teppichfliese zu einem Ort avancieren, an dem Schimpfen und Dampf Ablassen erlaubt sind.

Rituale können sich langsam entwickeln, sich allmählich unter Einfluss aller Beteiligten verfestigen, wie ein Bild, das erst nach und nach seine gültigen Züge annimmt. Rituale können auch von Lehrerinnen erfunden werden, wie bei den meisten der folgenden 30 Ritualisierungen der Fall. Bei der Initiierung von ritualisierten Handlungsabläufen in der Schule ist es oft vonnöten, im Vorfeld mögliche Hindernisse und Schwierigkeiten auszuräumen. Man muss Regelungen für Zeit und Handlungsspielraum begründen und verabreden und vielleicht sogar trainieren, wie etwa die Bildung eines Sitzkreises auf das Kreissymbol hin. Darüber hinaus ist eine Vereinbarung über eine Probezeit zu treffen, nach deren Ablauf gemeinsam über Fortsetzung, Veränderung oder Beibehaltung außerhalb des rituellen Prozesses beraten wird. Wenn es sich um mehrphasige Ritualisierungen handelt, sollte man über geeignete Formen nachdenken, wie sich der Klassenraum in Kürze so verändern kann, dass der Übergang – und mithin die vorübergehende Aussetzung bestehender Strukturen – auch räumlich akzentuiert wird, bis ggf. wieder die alten Verhältnisse hergestellt werden. Variationen der Sitzordnung sind nur eine Möglichkeit dafür. Der Einsatz einer typischen, auf das jeweilige Ritual bezogenen Symbolik, die auch Veränderungen in der Hierarchie erkennbar macht, unterstützt diesen Prozess. Wenn die Entwicklungsphase zu häufig unterbrochen wird , etwa, weil die Gruppe rebelliert, wird keine kontinuierliche Entwicklung möglich sein. Positive Aspekte der Ritualisierung werden nicht spürbar, Sicherheit kann sich nicht einstellen. Wenn Widerstand, Boykott oder Entzug auch nach der Erprobungszeit bei einer beachtenswerten Minorität fortbestehen, ist ein Ritual gescheitert.

Über die Wirkungen von Zeit

Rituale können, was Rhythmisierung, Dauer und Häufigkeit anbelangt, ganz unterschiedlich sein. Sie können nur wenige Minuten in Anspruch nehmen, während andere sich über Tage (*Klassenzeitung*) oder sogar über Wochen oder Jahre erstrecken. Manchmal treten sie stündlich auf (*Stundenprogramm oder Schlussakkord*), bisweilen nur einmal im Jahr (*Zeugnis für die Lehrerin*) und manchmal gar nur wenige Male im Leben. Je seltener Rituale auftreten, desto länger brauchen sie, um sich durchzusetzen. Handlungssouveränität stellt sich umgekehrt umso schneller ein, je häufiger ein Ritual genutzt wird, wie etwa das *5-Minuten-Schreiben* zu Beginn jeder Deutschstunde. Demgegenüber benötigt etwa das ritualisierte Verfahren zur halbjährlichen Themenabstimmung mindestens ein Jahr, bei vielen sogar länger, um Teil des eigenen Verhaltensrepertoires zu werden. Insofern bedarf es der Leitung eines „Zeremonienmeisters“ länger als andere Rituale, bei denen die Hierarchie im Zusammenspiel klarer Handlungsperspektiven und sinnvoller, egalitärer Ordnung rasch entschwindet.
Häufigkeit und Rhythmisierung von Ritualen oder ritualisierten Handlungsabläufen sind das eine, die unterschiedliche Komplexität ritueller Phasen das andere. Einfach strukturierte Handlungsabläufe sind insofern überlegen, weil sie von der Gruppe leichter souverän zu handhaben sind und schneller „erlernt“ werden. Dadurch stärken sie die Einzelnen wie auch die Gruppe rascher, die durch Praxis und reflektierte Erfahrung früher Einfluss auf Modifikation und Angemessenheit nehmen kann. Je länger ein Ritual praktiziert wird, umso mehr wächst nicht nur die Sicherheit, sondern auch die Gefahr, dass es monoton wird und erstarrt, also zur bloßen Zeremonie verkommt.

Über die Kraft von Symbolen

Wenn aus einem Stuhl der Erzählersessel, aus einem blauen Zettel eine Verantwortung erwächst, wenn ein Stein über das Rederecht bestimmt und die Schulzeit zum roten Faden wird, wenn die Sanduhr die Dauer bestimmt, wenn das Zerreißen und in den Müll Schmeißen eines obszönen Wortes reicht, diesem verletzenden Wort den Garaus zu bereiten – dann haben wir das Reich der Symbole betreten. Profanes wandelt sich, wird mit Gefühlen von Hoffnung und Optimismus besetzt, scheint magische Kräfte zu entfalten.

Symbole erzeugen wortlose Verständigung und Atmosphäre. Sie befähigen eine Gruppe, sich an ihren Symbolen zu erkennen und von anderen abzugrenzen. Symbole verbinden Nennbares mit Unnennbarem. Symbole können Gegenstände, Gesten, Kostümierungen, Zeichen oder Melodien sein, die bestimmte Handlungen bei allen Gruppenmitgliedern auslösen, ohne dass darüber ein Wort verloren werden müsste. Insofern sind Symbole wie die Geheimsprache einer Gruppe. Die Güte einer Symbolik trägt sowohl zur Verankerung eines Rituals bei, wie sie auch dessen Durchsetzung beschleunigt. Symbole akzentuieren unterschiedliche Rollen und deren Zuschreibungen. Sie verschönern etwas, verwandeln Profanes in „Sakrales", versehen es mit künstlerischen Effekten, machen daraus etwas Ästhetisches, schaffen Genuss. Sie verstärken Wirkungen und begünstigen eine Abkehr vom Alltäglichen. Oft sind es akustische Zeichen, die symbolisch die Zeit in Besitz nehmen, sie zu beherrschen scheinen, wie etwa der Gong, Klangstäbe, ein so genanntes Regenrohr oder eine Kellnerklingel. Sie alle – jedes auf seine Art – markieren Anfang und Ende eines ritualisierten Handlungsablaufs. Damit hat die Stunde des Rituals geschlagen und die Zeit beginnt zu laufen, vielleicht in einer übergroßen Sanduhr, sozusagen als Herrscherin über die Dauer der Phase. Es sind nicht die sich einer Aufgabe hingebenden Individuen, es ist nicht die Gruppe, nicht die Lehrerin oder der Lehrer, die über die Zeit bestimmen – alle nutzen sie zweckbestimmt und intensiv. Für alle gibt es ein gemeinsames Ende, auf das sie sich von vornherein einstellen können. Es ist das gewählte Zeitsymbol, das das Ende einer rituellen Phase markiert. Ein symbolischer Akt ersetzt die reale Handlung und wirkt doch viel profunder. Symbole von dieser Wirkung zu (er)finden ist eine Kunst, die Kinder meistens besser beherrschen als wir. Deshalb ist es für unsere Rituale so wertvoll, ihre Ideen aufzugreifen.

Oft wirken Rituale inszeniert wie ein Theaterstück. Die „Mitspieler" sind an ihrer Kostümierung erkennbar, wie der Nachrichtensprecher an seinem Sakko oder der Geprächsleiter an Redestein und Glocke. Es wiederholen sich Szenen, die Inszenierung wird erleichtert und durch spezielle Insignien der Macht abgesichert. Auch für die Präsentation geben Schilder ebenso wie ritualisierte Fragen und Gesprächseröffnungen Sicherheit. Die Ästhetik einer – vielleicht von Bildern oder Gesang begleiteten feierlichen Präsentation – stimuliert Sinne wie Gefühle der Teilnehmer. Sie kann einen würdigen Rahmen stiften. Es gibt auch Szenarien, in denen das so angelegte Stück bewusst Raum und Schutz bietet, Lösungen für Probleme durch Rollenspiele und Probehandlungen zu erfinden. Auch Ersatzhandlungen werden damit eher möglich. Dann bereiten symbolische Akte den realen Erfolg vor. Wenn es schulischen Ritualen oder ritualisierten Handlungsabläufen gelingt, das Moment des Spielerischen zu kultivieren, den Rollen neben hilfreichen Dialogvorgaben auch Freiräume zur Gestaltung zu lassen, wachsen die produktiven Effekte für einzelne wie die Gruppe.

Dramaturgie und Dreiphasigkeit ritueller Prozesse

Die klassische Ritualtheorie (vgl. GENNEP 1909/1986) inspirierte den englischen Sozialanthropologen VICTOR TURNER (1989) dazu, auch in heutigen Ritualen drei Phasen zu unterscheiden, die für die Interpretation und Kreation schulischer Rituale insofern von Interesse sind, als sie dazu beitragen, das Erstarrungspotenzial zu verringern.

1. Phase: Trennung (Einstimmung, Vorspiel)

TURNER reduzierte im Blick auf die modernen Industriegesellschaften die Bedeutung dieser Phase. Ihre Hauptfunktion bestehe darin, die Ritualteilnehmer aus ihrem alten Zustand herauszulösen, häufig durch räumliche Veränderungen symbolischer Art. Diese Trennung vom Ist- oder Normalzustand (oder der „Struktur“) sei als Übergang und Transfer unerlässlich und bereite die Gruppe darauf vor, sich auf den Lauf der Dinge einzulassen. Es sei ein rituell begrenzter Abschied von Normen, Struktur und Logik und insofern eine Art Vorspiel von variablem Umfang und flexibler Dauer.

Im schulischen Kontext zeigt sich diese erste Phase oft in räumlichen Veränderungen, einer Aufhebung der alten Sitzordnung, einer Integration der Lehrkraft, die vorübergehend zu einem gleichberechtigten Teil der Klasse wird und damit das bestehende hierarchische Verhältnis vorübergehend außer Kraft setzt. Diese Einstimmungsphase braucht eine besondere Symbolik, etwa bestimmte akustische Erkennungszeichen, um nonverbal immer gleiche Gruppenaktivitäten bei bestimmten Anlässen auszulösen. Je spezifischer das akustische Symbol mit einem Ritual (auch vom Gehalt her) vernetzt und ausschließlich in seinem Kontext verwandt wird, desto größer die Wirkung für Einstimmung und Vorbereitung. Bilder, Zeichen oder Gesten wie das Kreiszeichen, das Bild vom Reigen oder die Fotografie vom Gesprächskreis können Startimpulse geben, die Klasse aus der Normalität zu lösen.

Bei einem mehrgliedrigen Ritual wie der *Klassenzeitung*, das an mehreren Tagen der Woche zu unterschiedlichen Themen vom Schulalltag Besitz ergreift, sind spezifische Einstimmungsphasen erforderlich: etwa montags die Einrichtung des Korrekturbüros und dienstags das Wochenspiegel-Arrangement mit Bildschirm, Nachrichtensprecher und Kinoreihen.

2. Phase: Grenzüberschreitung

Intensität, Ausmaß und Tiefgang dieser Phase seien nach TURNERS Einschätzung in modernen Industriegesellschaften schwächer geworden. Das spielerisch-experimentelle Moment sei im Fluss dieser entscheidenden Phase heutzutage besonders wichtig. Es befähige eine Gruppe zu einer Gemeinschaftsleistung, einem Erleben ihrer Gemeinschaft (Communitas). Dies zeige sich etwa in spontanen Inszenierungen einer Gegenwelt. Auch wenn sich Anlass, Rahmen und Wirkung eingeschränkt, verlagert und relativiert hätten, bietet diese Phase seiner Auffassung nach immer noch Modelle für künftiges Verhalten. Mitmachen und Überschreiten sollten allerdings, wie bei Spiel und Unterhaltung üblich, Ergebnis individueller Entscheidung sein, also dem Freiwilligkeitspostulat entsprechen. Solche Phasen sind im Kontext der Klasse etwa daran zu erkennen, dass einzelne Kinder oder Gruppen die Leitung und Gestaltung übernehmen, etwa im Klassenrat, beim Wochenspiegel oder beim Schlussakkord. Damit setzen sie nicht nur vorübergehend die hierarchischen Strukturen außer Kraft, sondern ermöglichen es auch den anderen, sich in den Fluss des Geschehens mit einzubringen, gestützt und abgesichert durch Symbolik und inszenierte Handlungen. Dann besteht die Chance, dass sich der Einzelne wie die Gruppe neu erfahren und intensiv kreativ erleben kann. Grenzen und Übergangsriten schützen die Gruppe vor einem völligen Entgleiten, sie garantieren die sichere Rückkehr. Rituale und Rahmungen sowie unsere Vorbereitungen sollen den Schülern die Bedeutung dieses Prinzips erläutern und ihnen Raum und Chance zur Partizipation wie auch zum Rückzug gewähren. Das Moment des Spielerischen ist nicht hoch genug zu schätzen. Es stiftet Sicherheit und Handlungskompetenz, vor allem aber eine Begeisterung und Kreativität für das Erfinden neuer Lösungen für Konflikte und für die Umgestaltung und langfristige Verbesserung von Lernen und Kooperation in der Klasse.

3. Phase: Wiedereingliederung

Hiermit schließt sich für Turner ein Ritual, gliedern sich die Ritualteilnehmer wieder ein. Nicht so, wie es vordem war, sondern durch den rituellen

Die drei Phasen des ritualisierten Handlungsablaufs (nach TURNER)

Prozess unterschiedlich stark verändert. Die Wirkungen sind für jedes Individuum anders, wie umgekehrt auch alle individuellen Veränderungen Folgen für die Gruppe haben können. Diese Phase der Wiederherstellung alter Zustände, von Machtstrukturen unter veränderten Vorzeichen wird häufig von räumlichen Veränderungen und Auflösungen begleitet.

Angliederungsphasen schulischer Rituale sind etwa dadurch erkennbar, dass ein Sitzkreis sich auflöst und die alte Sitzordnung wieder herstellt wird oder der Redestein, ein Ausweis oder das Klassenratsbuch wieder an seinen Platz zurückgelegt wird. Oft kann solch ein Abschluss oder die Reintegration auch dadurch an Kontur und Attraktivität gewinnen, dass akustische Zeichen, Lieder, Abzählreime oder Kassetten an dieser Stelle Zeichen setzen und damit die Rückkehr markieren.

Die folgende Detailanalyse kann exemplarisch die Komplexität von Ritualisierungen verdeutlichen. Sie ermöglicht Abgrenzungen und hilft, bereits etablierte bzw. praktizierte Rituale in ihrer Wirkung zu überprüfen. Im Mittelpunkt steht zunächst das Handheben als Ruhezeichen.

Beispiel: Ist das Handheben ein Ritual?

Beschreibung: In Sekundarschulen ist zu beobachten, dass ein Lehrer oder ein oder mehrere Schüler die Hand heben als Zeichen dafür, dass sie ruhig und aufmerksam sind. Manchmal wird so lange gewartet, bis alle den Arm heben. Erst wenn Ruhe eingekehrt ist, beginnt die Stunde oder ein gemeinsames Gespräch bzw. macht die Lehrerin eine Ansage.

Mit der erhobenen Hand signalisieren Einzelne bisweilen auch im laufenden Unterricht, dass sie Ruhe fordern oder selbst ruhig sein möchten.

Ritueller Gehalt: Die stereotype Rahmung besitzt einen Wiedererkennungseffekt, der wortlos verstanden wird. Das Handzeichen wird zu einem Symbol und signalisiert: „Ich bin bereit und schenke meine Aufmerksamkeit der Gruppe“. Das Heben der Hand von Einzelnen oder vielen braucht aber weder eine andere hierarchische Struktur, noch leitet es einen Enthierarchisierungsprozess ein. Es sorgt allenfalls für Ruhe.

Ergebnis und Zuordnung: Das Ruhezeichen ist eine Verabredung, die in einer Gemeinschaft getroffen wurde. Es soll die Menge zum Schweigen bringen und zwar wortlos mit Hilfe eines gemeinsamen Erkennungszeichens. Insofern reguliert es eine störungsanfällige Situation. Das Handzeichen signalisiert zum einen die eigene Bereitschaft zum Zuhören. Es appelliert aber zugleich – nonverbal – an alle anderen, leiser zu sein, Ruhe zu bewahren, zu schweigen und zuzuhören. Insofern soll es Druck auf jeden Einzelnen ausüben, sein Verhalten zu ändern und seine subjektiven Bedürfnisse zugunsten der anderen zurückzustellen. Es soll disziplinieren, Auswüchse unterdrücken oder Voraussetzungen für etwas schaffen, das nicht automatisch mit diesem Signal verknüpft ist. Denn die darauffolgende Phase wird unterschiedlich gefüllt. Es herrscht demnach keinerlei Sicherheit über Gestaltungsmöglichkeiten. Vielmehr nutzt die Lehrperson zumeist die entstehende Aufmerksamkeit für sich und ihre Zwecke.

Es handelt sich also hier nicht um ein Ritual, weil ihm jede Form einer gemeinsam zu gestaltenden Grenzüberschreitung, nach Turner das Kernstück von Ritualen, fehlt. Es benötigt auch keine Rückkehr, keinen besonderen Ausklang, weil es die Gruppe gar nicht auf die Reise in ein anderes „Land der Möglichkeiten“ hat gehen lassen. Allerdings kann das Ruhezeichen Teil eines Rituals werden, wie wir es im folgenden Beispiel erleben.

Montagskreis-Deutung nach dem Drei-Phasen-Modell

1. Phase: Trennungs- und Eröffnungsphase

Beschreibung: Das Anmalen eines Kreises an die Tafel bewirkt, dass die Schülerinnen und Schüler selbstständig einen Stuhlkreis bilden, sich hinsetzen und (beispielsweise) mit der erhobenen Hand (s. o.) signalisieren, dass sie für den Übergang in die nächste Phase bereit sind. Ein Gongschlag signalisiert akustisch das Ende der **Eröffnungsphase.**

Ritueller Gehalt: Die stereotype Rahmung und der Einsatz von Symbolen (Kreiszeichen/Handheben) strukturiert das Verhalten des Einzelnen sowie die Kooperation mit den anderen. Es wird eine gemeinsame, geordnete Aktivität ausgelöst, in deren Folge ein Gemeinschaftswerk (Stuhlkreis) entsteht. Die Aktivität des Handaufhebens tritt an die Stelle der Aktivitäten „Sprechen" und „Sich-Bewegen", sie dient als visuelles Zeichen innerer Bereitschaft für die Anliegen der anderen. Der Gongschlag markiert vernehmlich den Abschluss der Eröffnung und aktiviert den Hörsinn als Überleitung zur nächsten Phase.

Ergebnis und Zuordnung: Die Schülerinnen und Schüler trennen sich von der Normalität, verändern die Gestaltung des Raumes und nehmen einen anderen Platz ein, von dem aus sich alle sehen können. Sie schaffen durch ihre Aktivität eine neue, enthierarchisierte Ordnung. Sie signalisieren ihr Ankommen durch das Handzeichen. Der akustische Abschluss leitet zur Hauptphase über.

2. Phase: Hauptphase – Vom Murmeln zum gemeinsamen Gespräch

Beschreibung: Die Schüler unterhalten sich mit ihren Nachbarn leise über Erlebnisse am Wochenende. Ein dreimaliger Gongschlag nach Ablauf der eingestellten Uhr macht diesem Gemurmel ein Ende und signalisiert den Beginn eines gemeinsamen Austausches. Auf einem Samttuch liegt ein Redestein. Wer ihn an sich nimmt, besitzt das Rederecht, erzählt kurz das ihm Wichtige und darf maximal drei Nachfragen gestatten. Ist er fertig, legt er den Stein zurück, bis ein anderer Schüler ihn ergreift, dabei auf die anderen achtend. Mit dem Ruhezeichen zeigen die Schüler wachsende Unruhe, schwindende Zuhörbereitschaft oder Gestörtsein nonverbal an, wodurch sie selbst Hinweise zum Übergang in die nächste Phase geben.

Ritueller Gehalt: Alle können sich am Montagskreis beteiligen durch Sprechen, Nachfragen, Zuhören – sie müssen es aber nicht. Allerdings bleibt als Grenzziehung das Schweigen als unerlässliche Voraussetzung. Es schützt das Prinzip der Freiwilligkeit und gibt durch die wechselnde Reihenfolge mehr Spielräume und Entscheidungsmöglichkeiten. Das eigene Sprechbedürfnis und die Einschätzung, dass es nicht nur für mich wichtig ist, sondern auch für die anderen von Interesse, ist entscheidend. Die Realisierung des Mitteilungswunsches hängt von der Inbesitznahme des Redesteins ab. Die Chancen für Neues, für Veränderungen sind durch diese Rahmungen groß. Die Füllung des Rituals (z. B. der Umgang mit dem Redestein) kann sich verändern. Der Rahmen des Montagskreises wird Woche für Woche variabel gefüllt, abhängig von der Zahl der Redner, von Inhalt und Dauer der Beiträge und der Rednergruppe. Mit der Beteiligung wird auch die Aufmerksamkeit der Zuhörerschaft von Mal zu Mal schwanken, ist also variabel. Ein Gemeinschaftserlebnis (Communitas) ohne Hierarchie im TURNERschen Sinne ist insofern möglich, als jeder den Redestein ergreifen kann und die Lehrkraft keine Privilegien mehr besitzt. Das an den Redestein gekoppelte Rederecht verleiht der kommunikativen Situation Struktur und Verbindlichkeit. Sie setzt kreative Prozesse frei und bleibt dynamisch, weil der Redestein und mithin das Rederecht nicht reihum kreisen, sondern immer wieder auf das Samttuch zurückkehren – nach dem eigenen Beitrag und der Beantwortung von maximal drei Nachfragen.

Die wortlose Abstimmung ist schwierig und setzt Respekt und Rücksichtnahme voraus. Nach dem nachbarschaftlichen Gemurmel entscheidet jedes Kreismitglied für sich, ob es den anderen noch etwas Wichtiges zu erzählen hat. Wenn einige ihre Aufmerksamkeit verweigern und die verabredeten Zeichen nicht greifen, muss ein offener Prozess einsetzen, der eine spezifische Füllung verlangt. Mit Murmeln, Gong, Redestein und Ruhezeichen treten neben ernsten Elementen auch deutlich symbolisch-spielerische hervor. Durch die der Gruppe vertraute Symbolsprache wird auch eine nonverbale Kommunikation möglich, wodurch das Gemeinschaftserlebnis verstärkt, die einhergehende individuelle Reglementierung kompensiert und mehr in ihren positiven Wirkungen erfahrbar wird.

3. Phase: Ausklang und Übergang

Beschreibung: Spätestens wenige Minuten vor Stundenschluss läutet eine Uhr, die vorher eingestellt wurde. Der dreimalige Gongschlag signalisiert das Ende des Montagskreises. Der Kreis löst sich geordnet auf. Die alte Sitzordnung wird wieder hergestellt, der Redestein und der Gong wandern an ihre festen Plätze. Auch die Schülerinnen und Schüler, Lehrerin oder Lehrer nehmen ihren Stuhl und alten Platz wieder ein.

Ritueller Gehalt: Die Auflösung des Kreises stellt die alten Ordnung wieder her, was durch die Abgabe der Symbole (Redestein/Gong) eingeleitet und unterstrichen wird. Damit wird die Kraft der Symbole betont. Jeder erreicht seinen alten Platz anders, er ist um Gruppenerfahrungen reicher, hat sich vielleicht selbst vor der gesamten Gruppe geäußert, eine Frage gestellt, darauf verzichtet zu reden etc. Auch wenn diese Veränderungen uns minimal erscheinen, ist die Chance, die in der freiwilligen Nutzung einer enthierarchisierten Kreissituation entsteht, immer wieder aufregend, herausfordernd und in ihren Wirkungen unübersehbar. Die bessere Kenntnis über einander ist eine Quelle von gegenseitiger Wertschätzung und Vertrauen. Die Wirklichkeit hat sich durch Beiträge, Gedanken, Erlebnisse und Erfahrungen für alle mehr oder weniger verändert.

Fazit – Wirkungen des Montagskreis-Rituals

Beim Montagskreis handelt es sich schon seiner dramatischen Struktur wegen um ein Ritual: Es besteht aus drei Phasen: Der Eröffnung oder Vorbereitung, der gemeinsamen Grenzüberschreitung in einen ernst-spielerisch-kreativen, enthierarchisierten Raum, der in Zeit und Gestaltung variabel gefüllt wird, und der Phase des Ausklangs sowie der Wiedereinführung alter Strukturen, die allerdings von den transformierenden Wirkungen des erlebten Rituals beeinflusst werden.

Das Interesse der Schüler und Schülerinnen füreinander wird kultiviert, indem sie sich Wichtiges über sich mitteilen. Sie sind es, die entscheiden, was sie den anderen preisgeben. Sie wiederum schenken auch ihren Mitschülern ihre Aufmerksamkeit und ihr Ohr. Sie finden in der Anti-Struktur Gelegenheit zu Äußerung und Nachfrage. Sie können sich darauf verlassen, dass jeder Wochenbeginn dieselbe Rahmung findet, der Inhalt jedoch von ihnen selbst bestimmt wird. Die Chance, ein Gemeinschaftserleben zu ermöglichen, wird durch die Kreisform, durch die sich alle sehen können, die drei Phasen des Ablaufs sowie den Redestein begünstigt. Die Verabredungen über Rahmung, Symbole und Gestaltungsfreiräume lassen etwas entstehen, das nur diese Gruppe kennt, was sich so nur durch sie und mit ihr konstituiert. Der Montagskreis lebt von seiner Enthierarchisierung. Die Symbole gelten für alle gleichermaßen. Das Rederecht ist an den Besitz des Steins gebunden und für alle zu erlangen. Auch das Schlagen des Gongs oder das Anmalen des Kreises sowie das Wachen über die Zeit kann in Schülerhände übergehen und ist nicht länger an die Macht der Lehrperson gebunden. Sich dem rituellen Ablauf hinzugeben, verändert das Lehrer-Schüler-Verhältnis durch gemeinsames, spielerisches Tun.

Gütekriterien

Zwischen Freiwilligkeit und Pflicht

Das Postulat freiwilliger Teilnahme an Ritualen ist im schulischen Kontext kaum zu realisieren. Wenn jedes Kind es lernt und von uns dabei unterstützt wird, für sich selbst und die Gruppe Verantwortung zu übernehmen, wird eine bewusste Teilhabe ebenso möglich wie ein persönlicher Rückzug, bleibt die persönliche Integrität geschützt. Dafür gilt es aber zunächst einmal, Rituale mit allen zu etablieren, oftmals mit Argumenten und strenger Konsequenz, zumindest in der Entwicklungsphase, um die Wirkungen der Rituale überhaupt erst für den Einzelnen wie die Gruppe erfahrbar zu machen. Da wir uns mit unseren Ritualisierungsideen auf ein Terrain wagen, das Gruppenverhalten reglementiert und für einen bestimmten Zeitraum und Anlass besondere Rahmungen und Konturen erzeugt, sind wir als Lehrkräfte hier gefordert, zumal die erwünschten Effekte umso schneller eintreten, je gleichförmiger und regelmäßiger ein Ritual praktiziert wird. Meditative Verfahren wie Stille-Minuten, Fantasie- und Traumreisen bedürfen nicht nur einer behutsamen Vorbereitung und Erläuterung, sondern auch Verabredungen, wie sich Einzelne entziehen können und wann neuerlich gemeinsam über eine Beibehaltung entschieden wird.

Spielerische Enthierarchisierung

In welchem Maße schulische Rituale tatsächlich dafür sorgen, die hierarchischen Verhältnisse vorübergehend außer Kraft zu setzen, wird sich zeigen. Denn die institutionellen Zwänge und unsere Verantwortung für die Gruppe lassen diese Möglichkeiten schrumpfen. Die besondere Position der Lehrerin, etwa als „Zeremonienmeister", wird bei vielen Gelegenheiten im rituellen Prozess deutlich. Langfristig aber sollten viele Ritualisierungen enthierarchisierend wirken, indem sie die Möglichkeiten der Schüler ausweiten, die Rituale und die darin etablierten Freiräume selbstständig zu nutzen, weil sie mutiger und sicherer in der Gruppe und im Umgang mit Raum und Zeit werden.

Bilanzierung und Infragestellen

Den besten Schutz vor Erstarrung und Deformation bieten ritualisierte Bilanzierungsprozesse, wie sie sich in vielen der hier vorgeschlagenen Beispiele finden. Denn sie halten inne, ermöglichen rationale Kritik sowie Argumente und konstruktive Verbesserungsideen. Konstruktive Kritik, Einspruch oder Veränderung sind hier gefragt. Es ist ein Sich-Lösen aus dem Prozess, ein Schauen auf Ablauf und Wirkungen. So verstandene Bilanzierungen sind meines Erachtens der beste Garant dafür, dass unsere Ritualisierungen und Rituale nicht zur Zeremonie verkommen und erstarren, sondern dass sie sich ihre Dynamik und ihr Veränderungspotenzial bewahren. Wenn Prinzipien wie Freiwilligkeit, Enthierarchisierung und Dynamik greifen, wird die Re-Ritualisierung an deutschen Schulen ein spannender Prozess, den nicht nur wir Lehrerinnen prägen.

Von anderen lernen – der Blick über den Tellerrand

Herrschte in vielen Grundschulen zum Ende der Zeit hin eine vertraute Atmosphäre, in der jeder jeden kannte und jedem bekannt war, so verändert sich dies mit dem Übergang auf die Sekundarschule: Die zunächst unübersichtliche Menge fremder Mitschüler, die unbekannten Räumlichkeiten, die vielen neuen Fächer und Lehrer stellen vorhersehbare Probleme des Anfangs dar. Diese werden aber oftmals verdrängt. Die Entwicklung zur Klassengemeinschaft wird gemeinhin als selbststverständlich und als natürliche Konsequenz des Zusammenseins betrachtet. Der Fachunterricht und seine Anforderungen und Gebote erlangen unverzüglich Priorität, zumindest vom Anspruch her. In der Realität wachsen dagegen Disziplinschwierigkeiten und Unterrichtsstörungen, nehmen Konflikte und gewaltsame Auseinandersetzungen zu. Unterricht wie Atmosphäre, Lernen und Kooperation sind vielfachen Belastungen ausgesetzt. Oft rebelliert die Gruppe, drängt sich in den Vordergrund, wird zum Thema.

Die Pflege von Bräuchen, Zeremonien und Festen, von Geburtstagsfeierlichkeiten im Rahmen der Klasse ist in vielen Grundschulklassen Praxis. In den Sekundarstufen sucht man danach meistens vergebens. Dass auch Jugendliche emotionale Bedürfnisse nach persönlicher Anerkennung und Würdigung besitzen und deren Befriedigung sich wohltuend auf die Klassen- und Schulatmosphäre auswirken kann – diese Gedanken wurden an vielen weiterführenden Schulen lange Zeit ignoriert. Die negativen Folgen dieses Mangels an einer Kultur der Kooperation und des Zusammenseins blieben nicht aus. Dabei offenbart sich etwa im Freizeitbereich, bei Fußballspielen, „Love Parades“ oder Fantasyspielen, welch hohes Interesse Jugendliche gerade an Gemeinschaftsaktivitäten haben, die mit ritualisierten Grenzüberschreitungen zu spielen scheinen.

Wie kann Schule zu einem Ort werden, an dem sich Jugendliche wohlfühlen und gegenseitig respektieren, an dem ihre Interessen gefragt sind und an dem sie zu Leistungen angeregt und herausgefordert werden? Wie kann eine Schulkultur entstehen, obwohl die äußeren Rahmenbedingungen von Enge, Pflicht und Zensur geprägt sind? Auf der Suche nach Antworten sind Erfahrungen im In- und Ausland von Nutzen.

Einige deutsche Reformschulen wie die Bielefelder Laborschule, die Helene-Lange-Schule in Wiesbaden oder die Glockseeschule in Hannover besitzen eine lange Tradition von Ritualisierungen in der Schulzeit und im Schulalltag. Das gilt im besonderen Maße auch für die Waldorfschulen, deren Ansatz ein anderer ist. Anregungen finden sich auch im Ausland. Hier soll der Blick nur auf die Ecole d'Humanité in der Schweiz, die von der Humanpsychologin Ruth Cohn inspiriert wird, sowie auf Ritualisierungen in japanischen Grundschulen gerichtet werden, und zwar auf solche, die auch für hiesige Sekundarschüler Herausforderungen selbstständigen Lernens darstellen. In den alljährlichen Wettbewerben der Bertelsmannstiftung wird man zusätzliche Anregungen erhalten.

Der Blick auf Klassiker der Schulreform lohnt sich also ebenso wie eine kontinuierliche Auswertung vergleichender Schulforschung. Allerdings steht eine vergleichende Analyse praktizierter Ritualisierungen sowohl für den Grundschul- als auch für den Sekundarstufenbereich noch aus. Deutlich wird anlässlich der Lektüre von Erfahrungsberichten, wie facettenreich und anregend die Schulwirklichkeit ist.

Beispiel 1: Die Große Versammlung an der Bielefelder Laborschule

Mit der Großen Versammlung beschließt die Stammgruppe einer Klassenstufe den Grundschultag gemeinsam. Die vorangehenden separaten Einzel- und Gruppenaktivitäten der Arbeits-, Werkstatt- und Bewegungszeiten werden hier zusammengeführt. Dauer und Ablauf variieren mit den Angeboten. Zunächst ist sie der Ort für Ansagen, die alle betreffen. Gemeinsame musische Aktivitäten wie Bewegungslieder oder gemeinsames Musizieren finden hier statt. Manche Gruppen haben vielleicht eine Aufführung vorbereitet. Neue Vorhaben mit veränderter Zusammensetzung werden hier angedacht und geplant. Insofern ist die Große Versammlung ein Garant des produktiven Zusammenspiels von Individualisierung des Lernens auf der einen und des Zusammenwachsens der Stammgruppe zum Voneinander- und Miteinander-Lernen auf der anderen Seite. Ohne sie entstünde weder ein Gruppengefühl noch das Empfinden, für die anderen wichtig zu sein, ernst genommen zu werden und im Zweifelsfall auf die Unterstützung der anderen bauen zu können. Die Große Versammlung gibt tagtäglich Gelegenheit, Ergebnisse von Lernen und Arbeit zu würdigen – ermutigend wie kritisch-konstruktiv. Ihr fester Platz im Tagesstrukturplan schafft Sicherheit. Sie ist eine bedeutsame Rahmung, ein Schlussakkord des Arbeitstages, der täglich anders gefüllt und gestaltet wird. Insofern ist jede Große Versammlung, aller Regelmäßigkeit zum Trotz, immer auch ein Unikat. Wiederholung mischt sich mit veränderten Inhalten und Akteuren, was die besondere Güte und Attraktivität der Großen Versammlung ausmacht.

Beispiel 2: Waldorfschulen – Die Monatsfeier

Waldorfschulen sind bekannt für ihre Feste, Vorträge, Theateraufführungen, Konzerte, Debatten und Ausstellungen. Diese sind Höhepunkte des Schullebens. Sie werden lange vorbereitet, bis sie vollendet und damit aufführungsfähig sind. Nicht so beim Ritual der Monatsfeiern. Hier wird der Schulöffentlichkeit etwas aus dem gewöhnlichen Schulalltag vorgestellt. Die Monatsfeiern haben insofern eher einen Werkstattcharakter. Die Klassen zeigen sich gegenseitig, woran sie gerade arbeiten, und zwar von den ersten bis zu den Abgangs-Klassen. Die Pädagogen stellen den Zuhörern kurz vor, in welchem Zusammenhang der gezeigte Ausschnitt steht, was man erreicht zu haben meint und woran es noch zu arbeiten gilt. Das Programm ist vielschichtig komponiert, enthält mehrsprachige Auftritte ebenso wie musische und künstlerische Darbietungen. Die damit verfolgten Ziele für die einzelnen Schüler, die unterschiedlichen Klassen und die Schulgemeinschaft insgesamt sind differenziert: Zunächst werden Zwischenergebnisse öffentlich vorgestellt. Dadurch erfährt ein jeder, dass das Gelernte von Bedeutung ist – nicht nur für einen selbst, sondern auch für die anderen. Die erbrachte Anstrengung wird durch die Veröffentlichung honoriert. Eine Würdigung von Arbeit und Auftritt geschieht durch den sicheren Rahmen der Monatsfeiern. Dass dies regelmäßig und nicht nur von einigen wenigen geschieht, sondern für jeden einmal die Stunde schlägt, ist ein wichtiger demokratischer Aspekt, der die Ernsthaftigkeit und Wertschätzung aller fordert und unterstützt. Darüber hinaus wird durch die Monatsfeier das ästhetische Urteil der Schüler geschärft. Da alle unterschiedlichen Altersgruppen und Klassen auftreten, werden angemessene Vergleichsmaßstäbe entwickelt, um Verbesserungen anzuregen. Alle Schüler sammeln wichtige Erfahrungen im öffentlichen Auftreten, der Bewältigung von Nervosität und Angst. Sie erleben am eigenen Leibe die Unterstützung ihrer Klassenkameraden. Sie stellen sich dem Urteil der Öffentlichkeit, einer solidarischen Schulöffentlichkeit, die aufgrund dieses Rituals – schon allein wegen der eigenen jahrelangen Auftritte – einen großen Erfahrungsschatz über Schwierigkeitsgrad und Erfolg sammeln konnte. Aber es sind nicht nur die Kinder oder Jugendlichen, die sich und ihre Leistungen zur Schau stellen und sich dem Urteil der anderen stellen. Es sind zugleich auch die Lehrer und Lehrerinnen, die als Organisatoren von Unterricht und Präsentation ihre Karten offen legen.

Wenn die Monatsfeiern – was häufig der Fall ist – nicht nur einer schulinternen Öffentlichkeit geboten, sondern auch den Eltern offeriert werden, dann weitet sich dadurch ohne Mehraufwand Würdigung, und Wertschätzung. Die Eltern sind nicht nur stolze Gutachter, sondern auch erfreut, so kontinuierlich über die Arbeitsprozesse informiert zu werden.

Beispiel 3: Ecole d'Humanité

Dreimal im Jahr, zum Abschluss eines jeden Trimesters, finden in der Ecole d'Humanité Veranstaltungen statt, die dem Ende und dem Neuanfang gewidmet sind. Diese Schule steht in der Tradition der Odenwaldschule und hat sich in den letzten Jahrzehnten von Ruth Cohns Vorstellungen zur Themenzentrierten Interaktion inspirieren lassen. Dadurch soll die Selbstständigkeit der Lernenden stimuliert werden, die Gruppe ihren angemessenen Platz erhalten und eine Balance mit den Geboten des Stoffes hergestellt werden. In diesem Kontext haben sich inspirierende Bilanzierungsrituale zum Abschluss eines jeden Trimesters entwickelt. Denn sie lassen in großer Ausgewogenheit sowohl den Blick auf den Einzelnen und seine Selbstbeurteilung wie auf die Gruppe oder die Güte des fachlich Gebotenen sowie die Tätigkeit des Lehrers oder der Lehrerin zu. Jede Bilanzierung beginnt damit, dass jeder Schüler oder jede Schülerin sich zum Abschluss einer Kursperiode ehrlich nach seinen ganz persönlichen Ergebnissen fragt: „Was muss ich? Was will ich? Was benötige ich noch zur Erreichung meines Schulziels?" Diese Selbstreflexion ist unerlässliche Voraussetzung für Gesprächsstunden in den Kursen, in denen über die gemeinsame Arbeit nachgedacht wird: „Was habe ich gelernt? Wie habe ich gelernt? Was war schwierig, was einfach mit dem Stoff, mit mir, mit der Gruppe, mit dem Lehrer, mit einem bestimmten Einzelnen?“(vgl. LÜTHI 1987, S. 46) Da die Kurse in dieser Zusammensetzung nicht mehr fortgesetzt werden, handelt es sich immer auch um einen Abschied von der Gruppe. Deshalb ist die Frage wichtig, die sich an die Adresse der anderen richtet, der Lehrer wie der Mitschüler. „Was möchte ich dir noch sagen, du Weggehender? Du Zurückbleibende?“

Diese Gespräche, durch Selbstreflexionen vorbereitet, dienen darüber hinaus dazu, einen Bericht über sich selbst zu verfassen, die eigene Leistung zu beurteilen. Kein anderer ist aufgerufen, diesen Bericht oder Brief an sich selbst zu korrigieren oder zu bewerten. Schließlich ist der Lernende selbst der Experte für sich und sein Lernen. Er kann am besten die Wirkungen beschreiben und reflektieren, die das Thema, die Gruppe und die Lernangebote unter Einschluss der Kapazitäten des Lehrers oder der Lehrerin auf ihn hatten. Diese Berichte, die alle Schüler für sich verfassen, werden ergänzt und erweitert durch Berichte der Lehrenden über die Gruppe und über jeden Einzelnen. Sie stellen keine Bewertung oder Benotung dar und sind nicht standardisiert, sie runden das Bild durch die Wahrnehmung und Reflexion anderer ab. Dieser vielschichtige Rückblick ist aber nur der eine Teil zur Bilanzierung der Kursarbeit.

Wie es sich für eine ausgewogene Bilanzierung gehört, wird er um eine Reflexion möglicher Perspektiven bereichert. Auch hier geht es wieder darum, die vielen Einzelperspektiven zu erfragen, um sie im Rahmen einer Neukonzeption angemessen zu berücksichtigen oder begründet zu vertagen bzw. unbehandelt zu lassen. Dafür sind zwei wichtige Schritte zu absolvieren, die in einer festgelegten Schulstunde von allen parallel absolviert werden. Der erste berührt die Utopie: Denn alle Schüler dürfen sich nun – und unabhängig von allen Notwendigkeiten und Angeboten – überlegen, was sie gerne bearbeiten würden. Viele schrecken vor dieser Utopie zurück, sie denken nur in den Bahnen des Machbaren oder der Pflichterfüllung. Erst langsam lernen sie, die Welt als etwas zu sehen, in der es so viel Interessantes zu entdecken gibt, das es nur aufzuschreiben und zu behandeln gilt. Neben diesen so formulierten „Herzenswünschen“, die den Lehrern bei ihren Kursangeboten für das kommende Trimester Anregung und Auftrag zugleich sein sollen, entstehen individuelle „Dringlichkeitslisten“, die die jeweilige Schullaufbahn mit ihren Pflichten und Möglichkeiten abgleichen und die Schüler individuell bei der Kurswahl gemäß den Erfordernissen beraten sollen. So entstehen Kursangebote, die öffentlich aushängen und aus denen sich die Schüler – je nach ihren Wahlmöglichkeiten – drei sowie einen Ersatzwunsch auswählen dürfen. Neben diesen Möglichkeiten, auf der Basis einer realistischen Selbsteinschätzung und der Formulierung von Wünschen auch über Programm und die eigene Wahl mitbestimmen zu dürfen, gibt es in dieser besonderen Schule noch etwas, was der Erwähnung wert ist. Denn hier wird nicht nur die Eröffnung besonders begangen, sondern auch der Abschied beeindruckend gestaltet. Diese so genannte Abschiedsschulgemeinde ist sicherlich Ausdruck des Einflusses von Ruth Cohn und ihres humanistischen Ansatzes. Auch ist er nicht denkbar ohne die Erfahrungen, die die Schüler- und Lehrerschaft in den letzten Schuljahren mit dem TZI-Modell bemacht haben. Denn es setzt eine intensive Arbeit und Reflexionsfähigkeit der Einzelnen und der Gruppe voraus; Erfahrungen, sich anderen mit seinen Gefühlen solidarisch mitzuteilen, wohl wissend, wann welche Worte angebracht sind. Insofern überrascht es nicht, dass die Abschiedsschulgemeinde starke Gefühle auslöst, von manchen als Höhepunkt empfunden, von anderen deshalb gefürchtet. Sie fängt mit einigen Sätzen über den Sinn des Zusammenseins und des voneinander Abschiednehmens an. Anschließend werden die Namen aller Schüler und Mitarbeiter verlesen, die die Schule verlassen. Die Leiterin bittet alle, einige Zeit zu schweigen und abzuwarten, ob jemand jemand anderem oder allen noch etwas sagen möchte. Keiner solle sich dazu aufgerufen oder gedrängt fühlen. Es wird geschwiegen. Das Schweigen kann lange dauern. Es wird nicht – wie bei unerfahrenen Gruppen so oft – als belastend empfunden und in verlegene Heiterkeitsausbrüche umgelenkt. Vielmehr scheinen alle geübt, nachdenklich und schweigsam zu sein, sich Erinnerungen zu gestatten. Wenn eine Äußerung getan wird, ist dies oftmals eine Orientierung für die weiteren Wortmeldungen. Äußern können sich die Gehenden ebenso wie die Bleibenden.

Beispiel 4: Ritualisierungen in japanischen Grundschulen

Eine vergleichende Untersuchung der Max-Planck-Gesellschaft liefert allen Unterschieden zum Trotz anregende Einblicke in ritualisierte Praktiken an japanischen Grundschulen.

Konstruktive Klassenziele: In vielen Grundschulklassen werden regelmäßig gemeinsam positive Ziele für die Klassengemeinschaft formuliert. Die Verwirklichung wird durch diverse flankierende Maßnahmen wie kontinuierliche Transparenz über zeitliche und inhaltliche Strukturierung von Tages- und Wochenablauf, durch Aufräum- und Vorbereitungsphasen sowie

Pünktlichkeit unterstützt. Die Arbeitsgruppen, ihre Mitglieder und Aufgaben stehen mit Namen an der Wand, wie auch die Tagesordnung der täglichen Klassenkonferenz nicht fehlt. Indem die Ziele positiv formuliert sind, rückt der Erfolg der individuellen und gemeinsamen Anstrengungen in greifbare Nähe. Insofern prägt sich die Aufgabe und nicht das Verbot ein.

Kleingruppen: Um die Gruppe zu fördern, muss man jeden Einzelnen fördern. Der Aufbau von Selbstvertrauen und Selbstständigkeit geht mit einem Lernen in festen Kleingruppen von vier Kindern einher, die bei vielen Anlässen – mehrmals täglich – etwas gemeinsam machen: arbeiten, essen, spielen, planen oder diskutieren.

Diese Gruppen sind bewusst nicht leistungshomogen zusammengesetzt. Von unterschiedlichem Charakter und Intellekt, unterstützen sie sich gegenseitig. Die Kleingruppe ist für die Kinder eine Art Familie – überschaubar und verlässlich. Schon in der Vorschule gibt es feste Kleingruppen, die über ein Jahr lang zusammenarbeiten. In der ersten Klasse hingegen wird häufiger gewechselt, etwa alle zwei Monate. Aufgabe des Lehrers oder der Lehrerin ist ein Lernarrangement, das den Gruppen angenehme Erfahrungen und Erfolge ermöglicht, was den Gruppenbildungsprozess begünstigt.

Hansei: das Nachdenken über sich selbst und das eigene Handeln. Dieses Ritual findet bis zu zweimal täglich statt. Es bildet den Grundstock einer Kultur gemeinsamen Nachdenkens über Unterricht und das eigene Verhalten. Manche Lehrer beenden jede Unterrichtsstunde mit einer Auswertung. Dann können die Kinder in kleinen Gruppen überlegen, ob sie gut zusammengearbeitet haben. Dabei messen sich die Kinder an formulierten Zielen. Ein gemeinsames Gespräch über die Stunde, den Tag oder die Woche mit folgenden Fragen könnte den Schluss bilden: „Was hast du Gutes für andere getan? Hast du anderen etwas angetan? Was hat dir am meisten, was am wenigsten gefallen?" Während dieses Rückblicks entscheiden die Kinder, ob sie sich am Gespräch beteiligen oder für sich reflektieren. Sie können allerdings auch mit der Gruppe und der ganzen Klasse über Tätigkeiten des Tages oder der Woche diskutieren und sich an besonders schöne Momente oder Probleme erinnern. Wenn das Hansei Früchte trägt, begünstigt das wachsende Selbstvertrauen auch Selbstkritik.

Schüler in der Lehrerrolle – das Ritual des Toban-Systems: Von der ersten Klasse an delegieren die Pädagogen bestimmte Unterrichtsphasen an Kinder, die Führungsarbeit übernehmen. Meistens teilen sich ein Mädchen und ein Junge die Leitungsaufgabe. Es können aber bis zu sechs Kinder pro Klasse sein. Die täglich wechselnden Kinderlehrer werden Toban genannt. Ihre Aufgaben sind: die Klasse zu beruhigen, Diskussionen zu leiten, das Verhalten anderer Schüler zu bewerten oder Streitgespräche zu moderieren. Dafür kommen sie nach vorn und machen mit der Klasse tägliche Übungen. Sie sind es, die entscheiden, wann die Klasse ruhig genug ist, um eine spezielle Tätigkeit zu verrichten. Sie sagen an, wann Essen und kleine Mahlzeiten zu verteilen sind. Auch dürfen sie einzelnen Kindern erlauben, draußen zu spielen. Auf diese Weise müssen die Toban Selbstverantwortung und Verantwortung für die anderen übernehmen.

Der so praktizierte Rollenwechsel erhöht Selbstdisziplin und gegenseitigen Respekt. Dadurch, dass jedes Kind in die Rolle des Toban schlüpft, erfahren nach und nach alle am eigenen Leibe, wie schwer Leitungsarbeit und wie sehr jeder Leiter auf die Mithilfe der anderen angewiesen ist. Dadurch steigen die Kompetenzen, Regeln für das Klassenleben zu finden und umzusetzen: Erfolge wie Misserfolge der Schüler werden bei dieser Gelegenheit genau registriert. Hinzu kommt, dass sie wie die Gesellschaft an die gute Natur von Kindern glauben. Fehlverhalten wird als „merkwürdig“ empfunden. Kinder verletzen Regeln nach diesem Verständnis nicht absichtlich, sondern „vergessen“ sie bestenfalls oder haben sie noch nicht verstanden. Insofern wird aus Fehlern und Versäumnissen ein „Anlass zum Lernen“.

3 Ritualisierung der Schulzeit

Schulpflicht bedeutet in Deutschland, dass das Jahr in vierzig Schulwochen und zwölf Wochen Ferien oder unterrichtsfreie Zeit aufgeteilt wird. Ob eine Schulwoche aus fünf oder sechs Tagen besteht, ob die Schulangebote weit in den Nachmittag hineinragen oder ganztags ausgerichtet werden, ist von Bundesland, Schultyp oder Schulprogramm abhängig. Welche Fächer in welchem Umfang die Stundentafeln bestimmen, ist in allen Bundesländern vergleichbar, um die gegenseitige Anerkennung der Schulabschlüsse zu sichern. Die Bundesländer haben mit eigenen Schulgesetzen Rahmen und Spielraum charakterisiert, den zu füllen die Schulen aufgerufen sind, zu einem Zeitpunkt, an dem schulische Autonomie in materieller und pädagogisch-konzeptioneller Hinsicht hoch im Kurs steht. Allerdings gilt es viele institutionelle Vorgaben zu berücksichtigen: Jährliche Klassenstufenwechsel, halbjährliche Zeugnisse, klassen- und schulformbezogene Stundentafeln, äußere Differenzierungsmaßnahmen, Kurs- oder Klassensysteme strukturieren die Schulzeit. In welchem Maße die 45-minütige Unterrichtsstunde den Schulalltag bestimmt, weil schrilles Klingeln Unterricht und Pausen fünfmal oder öfter zerreißt, ist von schulinternen Regelungen sowie von möglichen Zwängen der Stundentafel, von Fachunterricht und Lehrerversorgung abhängig. Vielerorts verstärkt sich in den weiterführenden Schulen – zumindest in den reformorientierteren – die Tendenz, die Pausengongs zur kleinen Pause abzustellen, um sinnvollere Arbeitsphasen von eineinhalb Stunden zu schaffen und so die vorherrschende Zerstückelung des Schultags zu reduzieren.

Eine Schulwoche entspricht etwa einer 35- bis 40-Stunden-Woche, wenn man von einem sechsstündigen Schulvormittag und ein bis zwei Stunden Hausaufgaben ausgeht. Mithin verbringen die Schüler und Schülerinnen im Alter von 10 bis 17 Jahren einen Großteil ihrer Lebenszeit in und mit der Schule. Auch nachmittags und am Wochenende beschäftigen sie sich oft mit schulischen Aufgaben. In welchem Maße die Schule ihr Leben beeinflusst, ist von vielen subjektiv schwankenden Faktoren, vom Alter und nicht zuletzt von der Güte des Unterrichts sowie dem Zugehörigkeitsgefühl von Klasse oder Kurs abhängig. Auf jeden Fall ist Schule für sie nicht nur ein Ort, der sie inhaltlich fordert, zum Üben und Lernen treibt und sie mit den unterschiedlichsten Angeboten und Lernvermittlern konfrontiert, sie langfristig interessiert oder demotiviert, sie durch Bewertungen entmutigt oder stimuliert, Kooperation oder Konkurrenz begünstigt. Schule wird für Sekundarstufenschüler vor allem zu einem Ort der Begegnung mit Gleichaltrigen, Älteren und Jüngeren. Hier ist der Ort, an dem sich Freundschaften bilden und auflösen, aber auch Feindschaften und Cliquen. Die Gruppe, ihre innere Beziehung, gewinnt an Gewicht, denn sie stellt die eigentliche Kontinuität und Sicherheit dar. Die Position des Klassenlehrers büßt im Vergleich zur Grundschule an Bedeutung ein. Immer mehr Stunden werden von Fachkollegen unterrichtet. Hinzu kommt, dass die Sekundarstufenschüler nach Überwindung des verunsichernden Schulwechsels zunehmend an Selbstständigkeit gewinnen, was sich auch in einem kritikvolleren Umgang mit uns und unseren Angeboten niederschlägt. Unterschiedliche Stile und Präferenzen, wie sie die Lehrerpersönlichkeiten in die Lerngruppen tragen, konfrontieren die Gruppe immer wieder aufs Neue mit Impulsen, auf die sie zu reagieren hat. Dies ist ein Wechselbad, das jeder Klasse, jedem Kurs tagtäglich zugemutet wird: Unterschiedliche fachliche Anforderungen sind nur das eine; zum Teil sich widersprechende Auflagen an ihr Sozialverhalten das andere. Es wird vieles vorausgesetzt oder als fehlend moniert, was augenscheinlich gar nicht selbstverständlich ist. Es findet oft kein Austausch darüber statt, wie die Klassencharta denn auszusehen habe. Jeder füllt sie mit anderen Inhalten, keiner kennt sie genau. Daraus ergeben sich oft jahrelang schwelende Konflikte, die selten beendet werden, wenn sie nicht ernst genommen wurden. Die neue Zusammensetzung einer Klasse, eines Kurses, der Schulbeginn in der Sekundarschule – sie alle fordern ihr Recht, benötigen Zeit und stellen allen fachunterrichtlichen Ambitionen zum Trotz das eigentliche Thema des Anfangs dar. Das gilt nicht nur für den Klassenlehrer oder die Klassenlehrerin, sondern gleichermaßen für die Fachlehrer (vgl. *Halbjahresritual zur Themenmitbestimmung S. 76–80; Zeugnisse für Lehrerinnen und Lehrer S. 83–85*). Für die Entwicklung der Gruppe ist das Innehalten hier entscheidend.

Welches Klima in den Klassen herrscht, wie sich das Verhältnis zwischen den Geschlechtern entwickelt, ob Einzelne ausgegrenzt oder integriert werden, dies hängt zum großen Teil von unserem Engagement für jeden Einzelnen wie für die Gruppe ab. Ritualisierungen und Rituale des gemeinsamen Lernens können maßgeblich dazu beitragen, einen Rahmen für die Gruppe zu etablieren, innerhalb dessen Entfaltung und Kreativität möglich und Selbstständigkeit erfahrbar wird. Dies erscheint umso notwendiger, als verunsichernde Brüche nicht nur den Schulalltag prägen. Auch lebensgeschichtlich ist diese Zeit für die Jugendlichen schwierig: Sie durchleben mit der Pubertät eine konfliktträchtige Übergangsphase, die sie psychisch wie physisch verunsichert und fordert, in der ihr Verhältnis zum anderen Geschlecht neuen Komplikationen unterworfen wird und auch ihre Beziehungen zu den Erwachsenen aufgewühlt werden. Auf welche Weise diese Prozesse ablaufen, ist von vielen Faktoren, vor allem aber von innerer Stabilität sowie gegenseitigem Vertrauen abhängig. Freundschaften, Gespräche und Austausch mit Freunden schaffen ein Ventil und einen Ausgleich. Auch sportliche Aktivitäten und Erfolge können Selbstvertrauen in der Gemeinschaft mit anderen aufkommen lassen. Geschlechtsspezifische Präferenzen sind unübersehbar, sie zeigen sich in jeder Unterrichtsstunde. Inmitten aller persönlichen Brüche und Veränderungen schafft das Zusammensein mit den anderen in einer Schulklasse Kontinuität. Ob gegenseitiges Interesse die Atmosphäre prägt oder ob im Gegenteil Gleichgültigkeit oder gar Mobbing auf der Tagesordnung stehen, hängt maßgeblich von der Gestaltung des täglichen Zusammenseins in der Klasse ab.

Schulzeit wird von Sekundarstufenschülern oft wie ein Theaterstück erlebt, das man sich nicht selbst ausgesucht hat. Es wirkt wie ein Mitmachtheater mit scheinbar festgelegten Rollen und Szenen. Dauer, Abfolge des Programms und die Möglichkeiten zur Entfaltung von Eigenaktivität werden von verschiedenen Regisseuren unterschiedlich ausgelegt. Das Schülerpublikum reagiert schwankend auf die stündlich und täglich wechselnden Programme und Versatzstücke. Als „Zeitmeister" obliegt es unserer Verantwortung, dass Jugendliche ihre Schulzeit nicht vor allem als belastend und anstrengend, zermürbend und ohne Einschnitte in einen scheinbar endlosen Strom mündend erleben. Es ist von Vorteil für den Einzelnen, die Gruppe wie uns selbst, wenn wir es schaffen, Zeit stärker zu akzentuieren und zu gestalten, wenn sie intensiv und effektiv genutzt wird, wenn – und dazu sollen die folgenden Handlungsvorschläge beitragen – ritualisierte Akzente gesetzt werden, die bei den unterschiedlichsten zeitlichen Stufen von Schulzeit verharren. Oft richten sie den Blick aller auf Lern- und Arbeitsfortschritte. Damit bahnen sie regelmäßig Reflexionsprozesse an, strukturieren und rhythmisieren zugleich. Insofern sind sie ein unerlässliches Pendant zu Phasen selbstständigen Lernens, ganz gleich, ob dies allein, zu zweit oder in Gruppen geschieht. Ohne solche gemeinsamen ritualisierten Zwischenstopps schwindet nicht nur das Gefühl füreinander, sondern es entsteht keine Einschätzung des in einem bestimmten Zeitraum Geleisteten. Alles scheint zu verschwimmen; Anstrengung scheint sich nicht zu lohnen; wie viel andere in der gleichen Zeit schaffen, wie unterschiedlich gelungen die Ergebnisse sind, welche Fortschritte jeder Einzelne macht, all dies gerät in Vergessenheit. Erfolge können ihre Mut machenden Effekte nur zufällig entfalten, wenn es nicht in ritualisierter Form geschieht. Durch einen Wechsel zwischen anstrengenden und erholsamen Phasen, von Erfolg- und Aufgabenbilanzierung jedes Einzelnen sowie der Gruppe werden sich positive Wirkungen für die Gruppe als gemeinsam lernende Einheit einstellen: Wachsende Zufriedenheit über Geleistetes, Gelungenes und Gestaltetes setzt Energie für neue Aufgaben frei.

Wenn die ritualisierten Handlungsabläufe mit der kleinsten Zeiteinheit – der Stunden- oder Arbeitsphase – beginnen und mit ritualisierten Anfangs- und Abschlussarrangements für die Sekundarstufenschulzeit enden, dann soll damit nicht einer Zerstückelung des Schultags oder der Schulwoche das Wort geredet werden. Es trägt vielmehr der Realität Rechnung, dass der Schultag oftmals unzusammenhängend in verschiedene Fächer zerschnitten und von verschiedenen Fachlehrern verantwortet wird.

Der Schultag scheint nur aus den **Schulstunden** zu bestehen. Hier ist auf einfache Art Kontinuität und Überblick herzustellen: etwa mit einem thematisch spezifizierten Stundenplan, der täglich an der Tafel die Themen des Tages und das jeweilige Schülerfeedback veröffentlicht. Dann kann man sich als Fachlehrer zumindest grob in den **Schultagesverlauf einer Klasse** einreihen. Der **wöchentliche Rhythmus** stellt für Sekundarstufenschüler eine angemessene zeitliche Zäsur dar und ist für Ritualisierungen sehr geeignet (s. *Rituale für die Woche*). Monatliche Akzente finden in der herrschenden Schulorganisation kaum Raum, sind aber denkbar. Mehr noch bieten sich die Zeiten vor und nach den Ferien zu einem ritualisierten Innehalten und Gestalten an. Das Schuljahr mit seinen halbjährlichen Zeugnissen und die Versetzung in die nächste Klassenstufe ist schon von der Schulorganisation her eine bedeutende Zäsur, die mit Ritualisierungen kreativ und produktiv zu nutzen ist. Die Klassenlehrer oder Klassenlehrerinnen sind oft die eigentlichen „Zeremonienmeister“ der vorgeschlagenen Ritualisierungen. Ohne sie und eine enge Kooperation mit dem Klassenkollegium wird es schwer halten, Ritualisierungen für Stunden, Tage, Wochen oder Schuljahre zu praktizieren und in den Genuss ihrer Wirkungen zu kommen.

Rituale für die Stunde oder Arbeitsphase

Eine Unterrichtsstunde oder Arbeitsphase birgt vor allem zwei Klippen: den Anfang und das Ende. Ritualisierungen, die hier greifen und sich mit der Klasse weiterentwickeln, helfen die Situation zu entschärfen.

Die **Startschwierigkeiten** erwachsen nicht allein aus dem unumgänglichen personellen Wechsel: Jeder neue Lehrer schafft eine veränderte Gruppensituation. Probleme ergeben sich auch daraus, dass wir als Lehrkräfte über einen Informationsvorsprung verfügen: Wir haben uns Gedanken über Inhalt und Ziele, Ablauf und Methoden von Arbeitsphasen gemacht, die die Schüler meistens nicht kennen. Sie haben ihrerseits bestimmte, davon abweichende Interessen und Wünsche.

Die Stimmung der Schülerinnen und Schüler ist Schwankungen unterworfen, die sich aus familiären oder schulischen Faktoren speisen. Diese sind unvorhersehbar und wirken sich auf das Verhältnis zu uns wie zur Gruppe (Klasse) und zu den unmittelbaren Nachbarn aus. Sie beeinflussen Motivation, Leistungsfähigkeit sowie Kooperationsbereitschaft. Atmosphärische Schwankungen sind eine natürliche Folge. Es ist kompliziert, sich in wenigen Minuten zu Stundenbeginn einen angemessenen Eindruck der Situation zu verschaffen. Der mögliche Erfolg ist aber dennoch den Versuch wert, erst einmal anzukommen, Fäden zu knüpfen, mit der Gruppe warm zu werden und damit auch zu signalisieren, ich bin an euch, an jedem von euch interessiert und brauche Hinweise, wenn eure Fähigkeit zur Mitarbeit aus welchen Gründen auch immer gefährdet oder besonders beflügelt ist. Erst dann kann ich mich als Lehrerin oder Lehrer auf wichtige Veränderungen einstellen und angemessener reagieren.

Geschieht dies in ritualisierter Form, steigen die Chancen, einen festen Platz für Ärger, Unzufriedenheit, Freude oder Begeisterung zu etablieren. Sicherheit und Verbindlichkeit für die Gruppe werden wachsen. Wenn eine Stunde oder Arbeitsphase angenehm beginnt und die Schüler im besten Sinne einstimmt, sei es mit einem Spiel oder Lied zur Thematik, ist diese Zeit nicht verschenkt, sondern bereitet vor, insbesondere dann, wenn Schüler und Schülerinnen die Gestaltung dieser Anfangssituation in Eigenregie übernehmen und dafür einen festen Zeitraum erhalten, den sie z.B.

mit einer spielerisch gestalteten Wiederholung nutzen. Es ist wichtig, dass die Schüler das Stundenthema nicht nur verkündet bekommen, sondern dass ihnen dessen Relevanz begründet wird: Was sie dadurch insbesondere lernen können, wobei sie sich besonders anstrengen müssen, warum welche Methode gewählt wurde und welche Herausforderungen diese wiederum an Konzentration und Kooperation darstellt. Ein solches Arbeitsprogramm, das unsere Planung und Ziele transparent macht und begründet, stiftet Engagement für die Sache und verstärkt mit der begründeten Methodenwahl auch die Fähigkeit zu selbstständigem Lernen und zur Teamarbeit.

Das **Ende von Stunden oder Arbeitsphasen** ist insofern kompliziert, als es aus schulorganisatorischen Gründen von außen erzwungen wird. Oft ist es ein „Abschied" vom Fach, vom Thema sowie vom Lehrer oder der Gruppe. Gleich ob es sich um eine 45-minütige Unterrichtsstunde handelt oder um eine variable Arbeitsphase im Rahmen eines Tagesstrukturplans – es gibt ein Ende, das es zu gestalten gilt. Denn die Schüler haben Energie aufgebracht, sich inhaltlich auseinander gesetzt, Lösungen gefunden, Erfolge oder Misserfolge erlebt, allein, zu zweit oder in der Gruppe. Sie sind mit sich zufrieden oder resigniert, haben neue Fragen, möchten den anderen etwas mitteilen, forden Anerkennung, bevor sie pausieren. Wie viel wird verschenkt, wenn wir uns nicht gegenseitig, etwa mit Hilfe des ritualisierten Schlussakkords, darüber informieren? Die Reflexionsfähigkeit der Klasse wächst damit ebenso wie eine Kultur gegenseitiger Ermutigung. Dies braucht nicht in jedem Falle viel Zeit, wohl aber einen geschützten, festen Platz im Laufe einer Stunde, einer Woche, eines Jahres. Die vielfältigen Möglichkeiten für ein Feedback von Einzelnen, von der Gruppe insgesamt sowie Formen der Selbstbeurteilung und gegenseitigen Bewertung werden auf diese Weise erprobt und erhöhen nicht nur das Repertoire, sondern auch die Fantasie der Beteiligten. Dann wird eine Feedbackkultur entstehen, die lernpsychologisch sowie atmosphärisch Wirkung zeigt.

Das Stunden- oder Arbeitsprogramm

- **Einsatz:** Alle Fächer; alle Klassen; Dauer: 1 bis 2 Minuten; max. 5 Minuten

- **Ablauf/Beschreibung:** Zu Beginn einer Stunde veröffentlicht die Lehrperson, was die Schüler und Schülerinnen in der 45- oder 90-minütigen

Arbeitsphase erwartet, was sie in dieser Stunde lernen können, warum gerade dieses Thema für sie relevant ist, warum diese Methoden, und worauf sie besonders achten müssen – entweder mündlich, besser schriftlich an der Tafel, am Overheadprojektor oder auf einem Plakat. Unter dem oft als Frage formulierten Stundenthema werden die wichtigsten Schritte als Zwischenüberschriften oder mit Symbolen vorgestellt und begründet. Grobe Zeitangaben sind für alle sinnvoll.

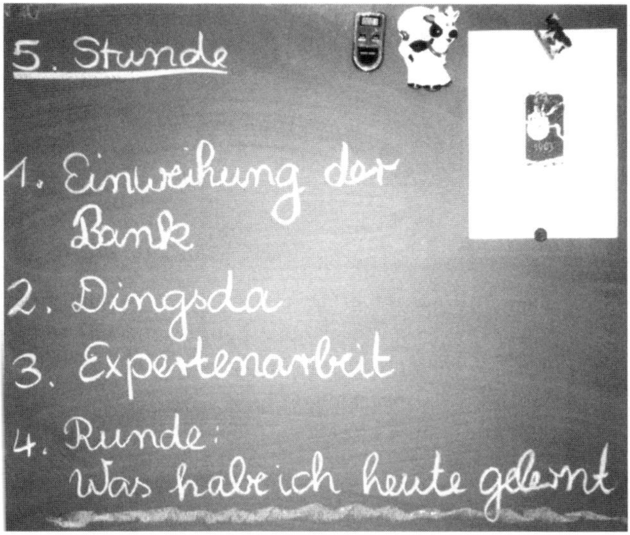

Stundenprogramm

Ziel/Funktion/erwartete Wirkung: Wenn wir mit dem Stundenthema auch die Aufgaben und Ziele veröffentlichen, unsere Methodenwahl begründen und die Stundenkomposition darlegen, sind die Schüler als Adressaten unserer Bemühungen an grundlegenden Prozessen zielgerichteten Lernens beteiligt. Denn unsere Vorstellung schließt eine thematische wie methodische Begründung mit ein. Neben planerischen Fähigkeiten wächst auch die Fähigkeit zum bewussten Umgang mit Zeit. Arbeitseffektivität und Zufriedenheit steigen, wenn Unterrichtszeit thematisch wie methodisch übersichtlich in Phasen zerlegt wird. Berechtigte Schülerfragen nach Thema, Methodik und Relevanz werden so im Vorwege beantwortet. Informationsbedürfnisse werden gestillt und Hemmnisse des Anfangs produktiv gewendet. „Reste" aus der Pause oder anderen schulischen Erlebnissen verlieren durch die Dynamik eines interessanten Stundenprogramms an Bedeutung.

Auch uns Lehrer entlastet ein veröffentlichtes Stundenprogramm in mehrfacher Hinsicht: Wir sparen durch Struktur, Begründung und Klärung an Zeit, reduzieren frontale Phasen und Unterbrechungen von laufenden Arbeitsprozessen und können weitgehend auf neue Arbeitsaufträge verzichten. Da das Stundenprogramm gemeinsame wie selbstständige Lernphasen voneinander trennt, dienen die hier markierten Phasenübergänge auch zum Innehalten, um neue Kraft zu schöpfen und für Ermutigungen. Abänderungen der Planung können auf diese Weise geordnet geschehen und der Stundenausblick mit einem Rückblick auf das Geleistete sinnvoll verwoben werden.

■ **Ideen zur Initiierung**: Das Stundenprogramm steht gut lesbar an der Tafel oder auf Packpapier und bleibt präsent, um seine Informationsfunktion zu erfüllen. Auch das Anschreiben vor den Augen der Klasse ist denkbar, werden doch die Schüler dadurch als Zeugen zum Lesen und Nachdenken sowie zum Gespräch veranlasst. Sie stellen sich auf das Thema ein, sind für Erläuterungen empfänglich und formulieren erste Fragen. Vorüberlegungen, warum das Stundenthema wichtig ist und was man dabei lernen kann, sollten bereits zu diesem Zeitpunkt veröffentlicht werden. Sie geben Orientierung, motivieren und vermeiden spätere Fragen nach dem Warum, wenn das Stundenprogramm von Aufbau und Strukturelementen her gleich ist und nur die Inhalte sich verändern (Beispiel: Stundentitel, möglichst als Frage, wird fett unterstrichen, die Phasen werden durchnummeriert und nach Bedarf mit Zeitangaben oder Dauer versehen). Die **Arbeitsformen** werden häufig **mit verabredeten Symbolen visualisiert** (der Kreis für ein gemeinsames Unterrichtsgespräch im Kreis; die Einzelarbeit durch ein Strichmännchen, die Partnerarbeit durch zwei Strichmännchen, die Gruppenarbeit durch die entsprechende Anzahl von Strichmännchen, das Haus für die Hausaufgabe, das aufgeschlagene Buch für das leise Lesen, die Brille als Zeichen für Selbstkontrolle, der Stift als Zeichen für eine Schreibaufgabe). Dadurch verstärkt man den Wiedererkennungseffekt, fördert eine schnellere Durchdringung und schafft eine Gedächtnisstütze. Zugleich qualifiziert diese Version von Stundenprogramm die Schüler, die äußere und innere Gestaltung in Eigenregie zu übernehmen. Hier wird sich im Laufe der Zeit mit den Schülern und der ganzen Klasse eine Art Geheimsprache entwickeln, die nicht nur der Selbstständigkeit im Unterricht zugute kommt, sondern auch ein Gemeinschaftsgefühl entstehen lässt. Bei einem Phasenwechsel (etwa vom zweiten zum dritten Punkt) kann der Verweis auf das

Stundenprogramm Gelegenheit zu einer Ruhepause und zugleich für einen Ausblick sein.

Ferner kann es die Gestaltung des **Endes von Unterrichtsstunden** erleichtern. Denn damit ist es leichter, den Schülern die absolvierten Etappen noch einmal in Erinnerung zu holen, insofern die Eindrücke aller zu konkretisieren, die Planung mit der Realität abzugleichen – insbesondere in zeitlicher Hinsicht – und alle auf eine differenzierte Reflexion der Stunde einzustimmen: persönlich, auf die Gruppe, die Inhalte und Methoden bezogen. Der Rückblick auf die Themenstellung und den persönlichen Lernertrag, verzahnt das Ende mit dem Anfang.

Gefahrenpotenzial und Handlungsmöglichkeiten: Nicht selten weicht die Realität von der Planung ab, oft schon zu Beginn der Stunde. Dies wird besonders dann deutlich, wenn die genaue Zeitplanung transparent gemacht wurde und nicht nur die Reihenfolge der Arbeitsschritte. In einem solchen Falle sollte man kurz innehalten und der Klasse die programmatischen Neuerungen erläutern. Begründetes Abweichen und Vertagen bezieht die Klasse in die weitere Planung mit ein und erleichtert eine geordnete Weiterarbeit. Das Stundenprogramm ist schließlich kein Medium, das uns wider alle Vernunft auf einen bestimmten Ablauf festlegte.

Genaue Zeitangaben (z.B. 12 Uhr 15: Selbstständige Arbeit) verführen manche Schüler dazu, nur noch auf die entsprechende Uhrzeit zu achten. Dies wird sicher nicht auf Dauer so sein. Dennoch können detaillierte Angaben, so viel Sinn sie bei bestimmten Anlässen haben mögen, zur Geißel werden. Es ist vorab zu klären, wann genaue Zeitangaben wichtig sind und wann grobe Informationen über die Dauer genügen. Konkretisierungen können bei Bedarf und unter dem Eindruck der laufenden Stunde nachgereicht werden. Dann bewahrt man sich mehr Flexibilität in der Sache und den realen Lern- und Arbeitsprozessen gegenüber. Gegen dieses Ritual wird bisweilen eingewendet, es zerstöre Neugierde und Lernbereitschaft, weil mögliche Impulse von Überraschung und Geheimnis verpufften. Doch die Kurztitel der Stundenphasen werden keineswegs alles verraten, sondern vor allem Auskunft über Thema, Aufgabe, Methodik und Zeit geben. In einigen Fällen macht es aber Sinn, das Programm erst im Anschluss an einen das Problem akzentuierenden Stundenstart zu offenbaren. Dies kann auch mündlich geschehen. Aber man wird erleben, dass die Schüler durch Transparenz generell mehr Sicherheit und Motivation für ein Thema entwickeln als durch bloßes Raten und Überrascht-Werden.

Oft wird das Stundenprogramm nur formal vorgestellt und abgehakt. Damit wird das Stundenthema nicht automatisch zum Thema der Klasse. Zwar tut man als Lehrer dann dem Transparenzgedanken genüge, aber man versäumt es, die Relevanz von Thema und Lernertrag zu akzentuieren. Damit vergibt man eine große Chance. Denn Klarheit im Ablauf allein reicht nicht, um Interesse und Motivation zu wecken. Nur wenn Inhalte und Aufgabenstellungen die Schüler als wichtige zu lösende Probleme erreichen, wird das Stundenprogramm nicht zu einem Zeremoniell verkommen.

Der Schlussakkord zum Stundenschluss

Einsatz: Alle Fächer und Klassenstufen; Dauer: die letzten 5 Minuten (manchmal 10 Minuten)

Ablauf/Beschreibung: Sechs Minuten vor Schluss einer Stunde oder Arbeitsphase läutet die anfänglich eingestellte Uhr als Signal, die Arbeit umgehend einzustellen und mit dem Schlussakkord zu beginnen. Anhand einer Klassenliste zeigt sich, welche Schüler (1 bis 2) die Leitung innehaben. Folgende drei Fragen hängen auf dem gemeinsam erstellten Plakat an der Tafel neben dem Stundenprogramm. Diese werden nacheinander vom Leiter vorgelesen und abgestimmt:

1. **Wie** gut habe ich diesmal gearbeitet? (gut/mittel/schlecht) Warum?
2. **Wie** gut hat die Zusammenarbeit geklappt? (gut/mittel/schlecht) Warum?
3. **Wie** interessant war das Thema für mich? (sehr/mittel/gar nicht) Was habe ich gelernt? Was war besonders wichtig?

Um Gleichzeitigkeit zu ermöglichen und Zeit zu sparen, kann dies per Daumenprobe – den gehobenen Damen für gelungen, den zur Seite zeigenden für mittelprächtig und den nach unten gerichteten für missraten –, mit selbstgefertigten Smiley-Schildern mit den entsprechenden Mundstellungen oder einer mit den Fingern anzugebenden Benotung (1 bis 6) geschehen. In Feedback erfahrene Klassen können die „3 Wies“ unter dem Tagesdatum auch in einem eigenen Lerntagebuch schriftlich beantworten.

Die Leiter des Schlussakkords werden wie die Klasse durch die Regelmäßigkeit immer geübter darin, ihr Votum bei Bedarf zu begründen. Es obliegt ihrer Entscheidung, ob Fragen und Äußerungen aufgegriffen werden oder nicht. Der Blick auf die verbleibende Zeit fördert Gesprächsdisziplin. Auch unsere Meldungen mögen der knappen Zeit zum Opfer fallen. Ob die Schlussverantwortlichen das letzte Wort haben oder die Lehrerin ein

Fazit zieht und einen Ausblick zur Weiterarbeit gibt, hängt von der Gruppe, ihren Erfahrungen sowie vom Lerngegenstand und der Situation ab.

Ziel/Funktion/erwartete Wirkung: Durch diese Struktur, die vergleichsweise problemlos von den Schülern selbst zu handhaben ist, verstärkt sich die Verantwortung aller, zu einem gemeinsamen Schluss zu gelangen, Zeit sinnvoll und effektiv zu nutzen und konstruktiv über mögliche Probleme nachzudenken. Denn die Würdigung des Engagements eines jeden wie der Gruppe wird zum festen Bestandteil jeder Stunde. Schwierigkeiten und Kritik sind gefragt, Lösungen erwünscht. Zufriedenheit über eigene und gemeinsam errungene Leistungen ist legitim und unerlässlich, um zu einem konstruktiven Umgang mit Fehlern zu gelangen. Der Blick auf sich selbst ist zu Beginn wichtig, weil sich das Folgende dadurch relativiert und die eigenen Anteile am Gesamtgeschehen und Ertrag akzentuiert werden. Die Qualität und Angemessenheit unserer Lernangebote profitieren von dieser Feedbackart um so mehr, als sie uns rasch, kontinuierlich und aus der Distanz heraus einen detaillierten Einblick in Wirkungen ermöglicht und ein sehr differenziertes Bild entstehen lässt.

Alle Schülerinnen und Schüler spüren schon bald die positiven Wirkungen dieses Rituals. Denn sie lernen, mit einem konstruktiven, wertschätzenden Blick auf sich, die Gruppe, das Thema und die Lehrkraft zu schauen. Dieser Blick wird immer genauer und realistischer, je mehr die Sicherheit wächst, mit seiner Bewertung gefragt zu sein und Wirkungen zu erzeugen. Stolz auf die eigenen Leistungen kann durch solche Ritualisierungen zum Grundstock einer selbstbewussten Klassenkultur werden, die Schutz vor abträglichen Bemerkungen anderer gewährt.

Ideen zur Initiierung: Mit der gemeinsamen Verfassung des Schlussakkordsplakats, dem eigenen Vormachen, dem Anlegen einer Liste von freiwilligen Leitern sowie der Uhr und vielleicht einer Kellnerklingel als Ruhesignal verfügen die Schüler über ausreichende Strukturierungshilfen, den Schlussakkord mit den „3 Wies“ zunehmend selbstständig zu gestalten. Unerlässlich ist es, ihnen zu begründen, weshalb die Fragestellungen so wichtig sind, warum es sich lohnt, über sich selbst, die Güte der Kooperation sowie Interesse und Lernertrag nachzudenken. Auch ein Austausch über mögliche Bewertungskriterien ist für die Präzisierung der eigenen Maßstäbe bei aller natürlichen Subjektivität notwendig – etwa einmal laut zu überlegen, wann ich mit mir persönlich zufrieden bin und warum, wodurch sich eine gute Zusammenarbeit auszeichnet oder woran ich feststelle, dass etwas interessant ist oder ich etwas dazu gelernt habe.

Schließlich darf ein Gespräch über mögliche Ursachen, die einer Bewertung zugrunde liegen, nicht fehlen, qualifiziert es doch die Schüler in zunehmendem Maße, ihr Urteil immer differenzierter zu begründen. Hier hilft in der Anfangszeit die persönliche Nachfrage der Lehrerin oder ein „Warum?“-Schild, das wortlos um die Argumente bittet. Wenn Smileys oder Fragebögen selbst hergestellt werden, wird dies Gelegenheit bieten, gemeinsam über den möglichen Einsatz und sinnvollen Umgang nachzudenken.

Zunächst mögen sich einige mit dem Schlussakkord schwertun, weil all diese Überlegungen nicht nur eine Chance, sondern auch anstrengend sind. Insofern ist die Lehrkraft gefordert, für eine Verankerung des ritualisierten Abschlusses Sorge zu tragen, um den Schülern die positiven Erfahrungen überhaupt zu ermöglichen. Ob der Schlussakkord mit einem gemeinsamen Lied oder kleinen Spiel endet oder damit eingeläutet wird, ist eine Frage der Zeit, der Situation und der Gruppe.

■ **Gefahrenpotenzial und Handlungsmöglichkeiten**: Zu Beginn wird man feststellen, dass viele unsicher sind, wie sie sich und die anderen angemessen einschätzen können. Oft bewerten sie sich zu gut oder zu schlecht. Die Regelmäßigkeit dieses Feedbackrituals wird alle langfristig zu einer realistischeren Selbst- und Fremdwahrnehmung befähigen. Unerlässlich ist allerdings die Vorgabe, dass jede persönliche Kommentierung von anderen zu unterbleiben hat. Es wird unterschiedlich lange dauern, bis die Schüler genug Kriterien und Vertrauen gesammelt haben, um sich auf ihr Urteil und die von ihnen angestrebten Konsequenzen zu verlassen. In manchen Fällen brauchen sie den geschützten Raum eines Beratungsgesprächs, um den eigenen Möglichkeiten angemessenere Maßstäbe herauszufiltern.

Die Zeit reicht manchmal nicht für alle drei Punkte, weil sich Kontroversen ergeben. Wenn es möglich ist, das Kernproblem einzukreisen, ist schon viel gewonnen. Eine Lösung ist hier nicht möglich, vielmehr mit dem nötigen Abstand im Klassenrat oder der nächsten Stunde zu erörtern.

Die Lehrerin oder der Lehrer möchte vielleicht irgendwo nachhaken und richtig stellen, steht aber in Konkurrenz zum Leiter des Schlussakkords. Es widerspräche dem rituellen Gehalt dieses Arrangements, schwächte die Schülerleitung und verzögerte die Effekte, wenn wir Lehrer Schüleräußerungen oder Voten sogleich kommentieren, hinterfragen oder problematisieren würden. Wir desorientierten damit die Mitschüler, die nicht mehr wissen, wo die Verantwortung eigentlich liegt und wer in dieser Phase die Autorität besitzt. Wir müssen gleichermaßen zuhören, beobachten und uns melden, wenn wir uns einbringen wollen. Wenn wir uns zu lebhaft einschalten, halten wir die Schüler davon ab, behindern sie in ihrem Versuch, ein realistisches Selbstbild aufzubauen und Verantwortung für ihr eigenes Lernen zu übernehmen. Wir erzeugen neue Abhängigkeit, wo wir Autonomie propagieren. Die verschiedenen Voten und Begründungen der Kinder geben uns ausreichend Stoff zum Nachdenken und zur Verbesserung.

Variationen: Es besteht auch die Möglichkeit, die Schlusszeit mit schriftlichen Verfahren sinnvoll zu füllen. Die Schülerinnen können die Fragen in einem **fachbezogenen Lerntagebuch** beantworten. Ob sie dies mit den verschiedenen Smiley-Gesichtern machen oder mit Noten, ist zu verabreden. Wichtig wäre es auch, die Gründe festzuhalten, die sie zur Bewertung führten. Wenn jeder die ersten zwei Minuten still für sich verbringt, bliebe noch Zeit zu einem Erfahrungsaustausch. Dieser könnte etwa mit der Nachbarin, der Tischgruppe oder im Plenum erfolgen. Die drei Varianten des Austausches haben unterschiedliche Vorteile: Beim Gespräch mit dem Nachbarn wird die unmittelbare Teamarbeit unterstützt. Es handelt sich um einen geschützten Raum, alle äußern sich parallel zueinander. Der Austausch in der Tischgruppe bedarf einer gewissen Organisation und Verabredung, um alle zu ihrem Recht kommen zu lassen. Dann zieht die Selbstreflexion weitere Kreise. Die Zusammenführung der schriftlichen Reflexion im Plenum setzt wiederum eine Leitung voraus, verlängert das Verfahren und reduziert die Beteiligung. Auf der anderen Seite gewinnt dadurch die gegensei-

TOP oder FLOP ?

Datum			
5. 12. 2001 Mathe	||	𝍸 ||	||
5. 12. 2001 Deutsch	𝍸 ||	𝍸 ||	|||

Top oder Flop – deine Gründe sind gefragt!

tige Wahrnehmung innerhalb der Klassengemeinschaft. Es bietet sich an, mit den Schülern die verschiedenen Varianten zu praktizieren, zu reflektieren, um sie zu befähigen, das für sie geeignete Verfahren auszuwählen. Dadurch wird es den wechselnden Leitungen möglich, selbst eine Entscheidung über den Rahmen zu treffen und bei aller Kontinuität auch eine Dynamik zu bewahren.

Wenn die Schüler mit solchen schriftlichen Verfahren vertraut sind, werden sie bald in der Lage sein, ihr persönliches Feedback zu Arbeitsphasen und Stunden bzw. zu Tagen und Wochen auch mittels einer ritualisierten **schriftlichen Befragung** zu geben, die mehr auf die Begründungen abhebt. Dies kann anonym oder mit namentlicher Nennung erfolgen und zum Gesprächsanlass für Verbesserung von Unterricht genutzt werden.

Rituale für die Woche

Der Stundenplan verleiht einer Schulwoche Kontur. Tagtäglich kommt es zu Vorgängen, die Tradition haben: dem allmorgendlichen Warten vor Schulportal oder Klassentür, dem Pausengong, der nach draußen treibt, dem Schulschluss, der in alle Winde verteilt. Welche Begrüßungszeremonie praktiziert wird, ob per Handschlag, individuell oder an alle gerichtet, entscheidet die Lehrkraft. Im Vergleich zur Grundschule fällt auf, wie wenig Aufmerksamkeit diesen Scharnierstellen des Zusammenkommens, der Konstituierung einer Gruppe, der Begegnung gewidmet wird, wie sehr gegenseitiger Respekt und Höflichkeit als naturgegeben vorausgesetzt werden – es aber, wie die Schulwirklichkeit allerorten zeigt, beileibe nicht sind.

Von Ritualisierungen des Schultags können auch Sekundarschulen in besonderem Maße profitieren. Schließlich ist jeder Schultag auch für Sekundarschüler ein Neubeginn, ein weiterer Schritt im Leben, bietet die Chance, belastende Erinnerungen, Misserfolgserlebnisse abzulegen und mit neuem Elan zu starten. Sie tun sich damit allerdings – entwicklungspsychologisch bedingt – schwerer als Grundschulkinder. Deshalb benötigen sie fast mehr als diese ritualisierte Sicherheiten etwa dergestalt, dass sie sich darauf verlassen können, dass stündlich oder täglich Phasen positiver Verstärkung und Ermutigung stattfinden, dass die Gruppe sie akzeptiert und sie auch die Räumlichkeiten als angenehm und anregend erleben. Befürchtungen und Versagensängste, die ewigen Begleiter oder Provokateure von Misserfolg und Aggression, haben dann weniger Chancen.

Jeder Wochentag besitzt Situationen, die schwieriger als andere sind. Die Schwierigkeiten ergeben sich vor allem aus dem ungeordneten und selbstverantworteten Zusammentreffen von vielen hundert Jugendlichen zu Schulbeginn, während der großen Pausen sowie zum Schulschluss. Denn hier herrscht eine Art Anarchie. In diesen Fällen gelten keine häuslichen Grenzsetzungen, und auch klassenspezifische Abmachungen greifen noch nicht oder nicht mehr. Was sich an positiven oder negativen Erwartungen, was an Erfolgen oder Misserfolgen im Verlauf von Stunden und Tagen aufgetürmt hat, kann sich hier auf unterschiedlichste Weise Luft verschaffen: Schubsen, Drängeln, Anpöbeln, Anmachen oder Beleidigen, Bedrohen, Erpressen – solche destruktiven Reaktionen führen auf direktem Wege zu Konflikten und provozieren. Sekundarschüler brauchen die Chance, Pausenangebote mitzugestalten, etwa Bewegungsgeräte anzuschaffen und selbst zu verwalten, die Musik der Pausen-Disco selbst auszuwählen und aus den eigenen Reihen einen Diskjokey zu benennen. Sie brauchen Ruhe- und Aktivitätszonen zur Erholung auf dem Schulhof und im Schulgebäude, um das Konfliktpotenzial zu reduzieren und Austausch und Erholung zu ermöglichen. An manchen Schulen gibt es darüber hinaus fest verabredete und im Stundenplan verankerte Zeiten mit dem Tutor oder dem Klassenlehrer nach der ersten großen Pause – die viertelstündige „Orientierungszeit". Diese dient zum einen dazu, dass der Klassenlehrer oder die Klassenlehrerin mindestens einmal am Tag die eigene Klasse sieht, Organisatorisches klärt und sich um die Lösung akuter Probleme kümmert.

Das Zusammentreffen mit den anderen, die räumliche Enge und die Aussicht auf einen Tag voller Arbeit, womöglich mit neuen Misserfolgen, lässt manche Schüler von Anfang an den Mut verlieren. Ihre Frustrationsgrenze ist rasch erreicht, besonders, wenn sie sich nur noch Misserfolge zutrauen. Solche Verunsicherungen und Entmutigungen werden durch mehr Transparenz und Ritualisierungen von Schulstunden und Schultagesabläufen reduziert. Ein so einfaches Medium wie ein Tagesprogramm, das sich stündlich mit Inhalt und Kommentar füllt, kann für die Klasse wie für die verschiedenen Fachlehrer Wunder wirken: Denn es führt zu mehr Kontinuität und Verbindlichkeit. Die letzte konfliktanfällige Situation eines Schultages betrifft das Ende. Meistens besteht es im leidigen Aufräumen, Fegen, Auseinanderströmen. Ein individuelles und/oder gemeinsames Nachdenken über Erfolge oder besondere Erlebnisse findet umso seltener statt, weil es nur per Zufall der Klassenlehrer ist, der die letzte Stunde unterrichtet. Damit verstreichen Chancen, durch persönlich oder gemeinsam errungene, öffentlich registrierte Erfolge zu wachsen. Und auch das Gefühl für die Ästhetik des Raums, für die Gestaltung und Pflege Verantwortung zu übernehmen, wird sich so kaum herausbilden.

Die Schultage einer gewöhnlichen Schulwoche unterscheiden sich. Besondere Beachtung verdient der **Montag**. Eine ritualisierte Gestaltung des Wochenbeginns empfiehlt sich aus mehreren Gründen: Die Schüler haben ein unterschiedlich gelungenes Wochenende in der Familie oder anderswo hinter sich. Sie kehren in den geregelten Schulalltag unterschiedlich zufrieden, erholt oder müde und frustriert zurück. Jeder hat etwas anderes erlebt, über das er zumindest seine Freunde kurz unterrichten möchte. Oder er braucht ein wenig Zeit, um sich wieder auf das Zusammensein und den Trott einzustellen. Es gibt in jeder Klasse Schüler, die sich nicht wohlfühlen, die Zensuren, Klassenarbeiten oder Lehrer fürchten, denen der Wochenplan oder die Arbeitswoche bevorstehen. Das Zusammensein mit vielen Mitschülern auf engem Raum, der oftmals wenig gestaltet ist, nur wenig Sinne beanspruchende einseitige Methoden und die geringe Bewegungsmöglichkeit dämmen den Enthusiasmus, ja scheinen Lärm und Disziplinlosigkeit geradezu zu provozieren.

Ängste vor Repressalien auf dem Schulweg oder in der Pause sind verbreiteter, als wir meinen. Insofern ist/sind die erste(n) Stunde(n) am Montag besonders störungsanfällig und Versuche, gleich zum Thema überzugehen, oft zum Scheitern verurteilt. Die Jugendlichen brauchen zu Wochenbeginn die Sicherheit, dass es wichtig ist, dass sie wieder da sind, dass sie gefordert und gefragt sind. Ein ritualisierter Wochenbeginn wirkt wie eine vertrauensbildende Maßnahme und bietet die Chance, als Individuum wieder Teil der Gruppe zu werden. Ein gemeinsam erfundener bekannter Ablauf für den Wochenstart und vielleicht auch für den Tagesbeginn braucht nicht viel Zeit, holt die Beteiligten dort ab, wo sie sich befinden, regelt die Verantwortlichkeiten für Aufgaben und Raumgestaltung und informiert über Wochenaktivitäten. Sofern es mit Kollegen vereinbarte Wochenpläne gibt, sind sie vorzustellen und die möglichen Arbeitszeiten anzugeben.

Das vielfach praktizierte *Ritual des Montagskreises* erfüllt diese Funktion allerdings nur begrenzt, setzt es doch ein hohes Maß an gegenseitiger Rücksichtnahme und eine exzellente Klassenatmosphäre voraus. Der Montagskreis wird diese umgekehrt nicht produzieren, eher belasten. Wenn wir die Schülerinnen und Schüler als Persönlichkeiten in ihren Besonderheiten und Bedürfnissen ernst nehmen, sollte der Wochenanfang ihnen die Möglichkeit gewähren, in einem festen zeitlichen und organisatorischen Rahmen anzukommen. Das braucht keineswegs frontal und mündlich geschehen, es kann im Gespräch mit der Nachbarschaft, der Tischgruppe oder schriftlich ablaufen. Allein: Es soll die Möglichkeit bestehen, Nöte und Probleme zu artikulieren. Das *Ritual einer Klassenzeitung* ist vielleicht durch *Montagshefte* vorzubereiten oder zu ersetzen, wo jeder seine Gedanken zum Wochenende für die vor ihm liegende Schulwoche einträgt und damit eine Art Tagebuch schreibt. Dies bleibt geheim, wird nicht zensiert (vgl. auch *5-Minuten-Schreiben-Ritual S. 138–142*). Wenn das Bedürfnis besteht, sich anderen mitzuteilen, könnte dafür eine so genannte „Montagswand" entstehen, die speziell für Montags-Botschaften zur Verfügung steht und sich Woche für Woche verändert. Dort könnten die Mitteilbedürftigen sich äußern, beanspruchten aber nicht die Konzentration aller. Dieses Verfahren, das schriftliches und paralleles Nachdenken initiiert, verringert zudem den zeitlichen Umfang. Jeder neugierige, interessierte Mitschüler kann im Laufe der Woche zur Montagswand gehen, die Meldungen studieren und neue hinzuhängen. Ob diese Wand dokumentiert, fotografiert, abgetippt oder ins Klassenbuch geklebt wird, ist mit der Gruppe zu vereinbaren. *Wochenpläne* mit Pflichtpensum und Küraufgaben sowie neuen Dienstplänen und Klassenpflichten werden nach größtmöglicher Absprache mit Teamkollegen ebenfalls ausgehängt.

Wochenpläne weisen Pflichtpensum und Zusatzaufgaben aus, legen neue Dienste und Klassenpflichten fest oder rufen sie nur noch in Erinnerung, wenn diese bereits am Freitag im Klassenrat geregelt wurden. Damit entsteht von Anfang an Klarheit über Quantität, Qualität, Verbindlichkeit, Unterstützungs- und Kontrollsystem. Je mehr Kollegen sich an der Konzipierung des Wochenplans beteiligen, desto rascher und energischer können die Schülerinnen und Schüler Arbeiten erledigen. Allerdings deutet sich schon in der Wochenmitte eine Veränderung an, die mit der Enge, dem kontinuierlichen Zusammensein und der Lautstärke zusammenhängen mag. Das Neue hat seinen Reiz verloren. Monotonie kommt auf. Penible Pflichtaufgaben harren der Erledigung, wo Kraft subjektiv schwindet. Das Wochenende, die Erholung von der Klasse und den Mitschülern, drängen sich in den Vordergrund. Will man diesen vorzeitigen Niedergang verhindern und neue Energie zur Bewältigung unerledigter Arbeiten erzeugen, muss am **Mittwoch** oder **Donnerstag** etwas Besonderes geschehen: Etwa eine thematisch vernetzte Exkursion; eine kurze Zwischenbilanz, um neue Impulse für die Fortsetzung der Arbeit zu schaffen; ein Korrekturtag zur Verbesserung und Prüfung eigener und fremder Arbeiten oder ein künstlerisches oder mehr bewegungsorientiertes Angebot.

Das **Ende der Schulwoche** wird zum Anlass, die eigenen wie die Leistungen der anderen zu würdigen (vgl. *Wochenausklang S. 61–65;* und *Klassenrat S. 65–69*) – etwa gelungene Formen von Kooperation und Teamarbeit oder Engagement für die Klasse, die Wahrnehmung der verabredeten Dienste. Witzige Ereignisse der Woche in einer Chronik festzuhalten, mit Spiel und Musik in mögliche Wochenendaktivitäten überzuleiten – das sind nur einige Möglichkeiten, sich von den wöchentlichen Anstrengungen zu erholen, Erfolge zu feiern und den Schulwochenbeginn als etwas Attraktives vorzubereiten. Darüber hinaus sind noch andere wöchentliche Ritualisierungen bekannt: So wie es eine *Tagesfrage* oder *Monatsfrage* geben kann, ist die *Frage der Woche* ein interessanter (kreativer) Schreibanlass. Auch ein *Bild der Woche* kann zum Schreiben einladen. Am Montag veröffentlicht und ausgehängt, können sich alle allein oder in Teams mit Beiträgen präsentieren, die von einem wöchentlich wechselnden Komitee prämiert werden. Der Charakter dieser Aufgabenstellungen sollte variieren: Es kann eine komplizierte Knobelaufgabe sein, zu der es nur eine Lösung gibt. Es kann aber auch eine Fragestellung sein, für die möglichst kreative, fantasievolle oder besonders gelungene Lösungen angeboten werden.

Die Möglichkeiten, sich literarisch anzuregen oder kulturelle Tipps zu geben, sind im Wochenturnus sehr hoch: Etwa mit einem *wöchentlichen Buchtipp* nach einem ritualisierten Verfahren oder einem *Film-* oder *Fernsehtipp*; oder mit einem Buch der Woche, aus dem zu Schultagsbeginn regelmäßig von Lehrer oder Schüler vorgelesen wird; oder das *Gedicht der Woche*, die *Kurzgeschichte der Woche*, die von Schülern begründet ausgewählt und Gegenstand diverser Lernaktivitäten werden kann (vom Auswendiglernen bis zum Illustrieren).

Einmal wöchentlich kann ein *Schüler der Woche* zu Wort kommen, der zu einem Thema seiner Wahl einen Vortrag hält und eine Stunde mit der Klasse selbst gestaltet. Die Themen stehen in keinerlei Zusammenhang, sondern ergeben sich aus den Interessen oder Hobbys der Vortragenden. Da auf Wunsch alle diese herausragende Position einnehmen können, wächst mit der Erfahrung auch der gegenseitige Respekt.

In welchem Maße Aufgaben in der Klasse, etwa Blumenverantwortliche, Putzdienste, Tafel- und Bilderverantwortliche, im wöchentlichen Rhythmus wechseln oder es zumindest am Montag und am Freitag Gelegenheit gibt, ihnen ein Feedback zu geben und vielleicht neue Aufgaben für alle zu spezifizieren, hängt von Klassenleben und -kultur ab. Die Effekte jedenfalls, dass sich alle für den eigenen Klassenraum wie auch für Schulflure vermehrt verantwortlich fühlen, sind rasch zu spüren.

Eine Klassenzeitung als Wochenblatt

Einsatz: Vor allem Deutsch, aber auch unter Einbeziehung anderer Fächer; Klassenstufe: 5/6; Dauer: innerhalb der Woche am Montag zwischen 1 bis 3 Stunden, je nach Möglichkeit; am Dienstag 2 Stunden für den Wochenspiegel; am Freitag mindestens 15 Minuten im Wochenausklang oder Klassenrat für Preisverleihung und Kritik und Ausblick

Ablauf/Beschreibung: Jeder Montag beginnt damit, dass alle Schüler und die Lehrkraft Nachrichten für die Klassenzeitung schreiben, diese vom mit unterschiedlichen Schülern besetzten Korrekturbüro kontrollieren lassen, bevor sie sie zum Tippen bzw. selbst in den Computer geben. Sodann können sie sich am Layout beteiligen, Illustrationen anfertigen, Rätsel erfinden, Beiträge in selbstgewählten Ressorts (Sport/Schulinternes/Umwelt etc.) verfassen, Fotos machen und auswählen, Interviews mit Schülern, Lehrern,

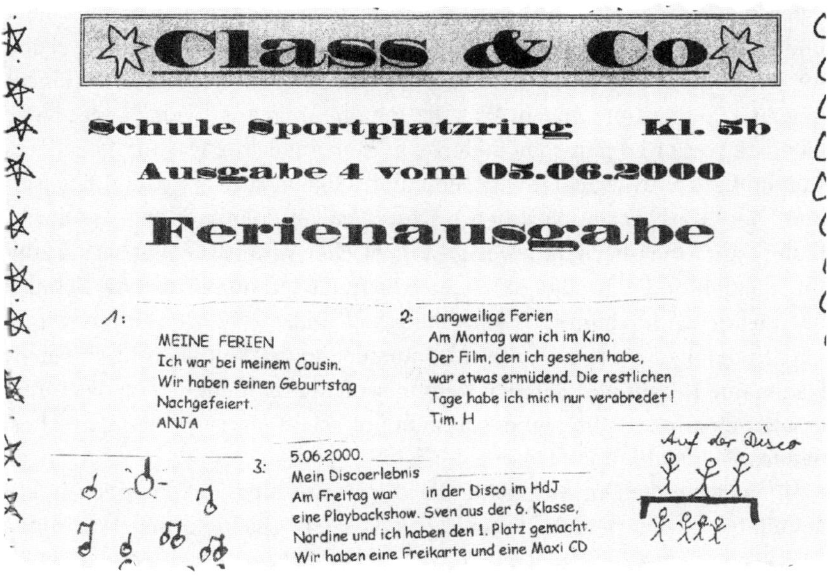

Class & Co

Schule Sportplatzring Kl. 5b

Ausgabe 4 vom 05.06.2000

Ferienausgabe

1:

MEINE FERIEN
Ich war bei meinem Cousin.
Wir haben seinen Geburtstag
Nachgefeiert.
ANJA

2: Langweilige Ferien
Am Montag war ich im Kino.
Der Film, den ich gesehen habe,
war etwas ermüdend. Die restlichen
Tage habe ich mich nur verabredet!
Tim. H

3: 5.06.2000.
Mein Discoerlebnis
Am Freitag war in der Disco im HdJ
eine Playbackshow. Sven aus der 6. Klasse,
Nordine und ich haben den 1. Platz gemacht.
Wir haben eine Freikarte und eine Maxi CD

Auf der Disco

Ausriss aus einer Klassenzeitung

Eltern oder Verwaltungsangestellten vorbereiten, durchführen bzw. für die nächste Ausgabe auswerten. Alle erhalten möglichst bis zum nächsten Tag eine Zeitung, können schmökern, bevor sie die eigene Nachricht oder Geschichte den anderen bei Wunsch vortragen und dazu maximal drei Rückfragen beantworten. Auch fachspezifische Wochenaufgaben können Gegenstand der Zeitung werden. Spätestens am Freitag werden die Gewinner des Preisrätsels der Woche ausgelost, auf dem heißen Stuhl Kritik, Positives und neue Ideen formuliert, die auf die nächste Ausgabe einstimmen, für die manche Schüler schon am Wochenende vorarbeiten.

Ziel/Funktion/erwartete Wirkung: Durch das Ritual der Klassenzeitung als Wochenblatt stehen alle Mitschüler und ihre Produkte und Veröffentlichungen einmal im Zentrum des Interesses der anderen. Sie entscheiden Woche für Woche, welche persönlichen Erfahrungen, Eindrücke, Wünsche und Interessen sie zum Besten geben wollen. Aus ihren individuellen Texten entsteht ein Gruppenprodukt. Die Veröffentlichung erfüllt die Anstrengungen des Schreibens, Überarbeitens und Layoutens mit Sinn. Denn Schreiben wird hier auch in seiner kommunikativen Dimension für alle kontinuierlich erfahrbar. Alle sind Redakteure und Leser zugleich, kritisch und konstruktiv vor allem auch deshalb, weil sie in dieser Doppelfunktion agieren. Für eine bekannte Klassenöffentlichkeit zu schreiben, bietet Schutz und Herausforderung zugleich. Stil und darstellerische Prägnanz werden durch die kontinuierliche öffentliche, kritisch-konstruktive Rezeption einem harten Training unterzogen. Was die Inhalte anbelangt, entscheidet jeder darüber, was er oder sie den anderen mitteilen möchte, was für so bedeutsam und attraktiv erachtet wird, den mühseligen Prozess – vom Aufschreiben übers Korrigieren, Vorlesen bis zum Fragen Beantworten – zu durchlaufen. Auch die Übernahme von gestalterischer Verantwortung bis hin zum Engagement in Fachredaktionen oder beim Layout qualifiziert die Schüler nachdrücklich für künftige Schreibtätigkeit und macht Sinn. Interessante Mitteilungen zu verfassen, diese Kompetenz entwickelt sich durch Nachfragen und Kontinuität. Mit den Kenntnissen übereinander steigt das Interesse füreinander. Welch eine Klasse nennt schon ein regelmäßig erscheinendes Wochenblatt ihr Eigen?

Die wöchentlichen Ausgaben der Klassenzeitung dokumentieren ein Schuljahr faszinierender als jedes Zeugnis. Sie zeichnen den Weg einer Klasse nach, sprechen nicht nur von persönlichen Ereignissen, sondern auch von Unterrichtsthemen, vor allem aber offenbaren sie Lernfortschritte, die sich nicht nur in der Länge von Nachrichten, dem Umfang und der Ausgestaltung der Zeitung niederschlagen, sondern auch in der Güte der Rubriken, Ressortbeiträge und der äußeren Erscheinung.

Als Alternative zum Montagskreis bietet dieser Wochenbeginn den Vorteil, dass die Schüler sich auf die interessanteste Botschaft konzentrieren und diese aufschreiben. Dadurch reduziert sich das Volumen und zugleich finden sich alle berücksichtigt. So ist auch die mündliche Rezeption durch das Ritual gestützt (nur drei Nachfragen pro Nachricht) aushaltbar, auch wenn hier viel Konzentration gefragt ist. Die Veröffentlichung setzt Korrektur und vermehrt auch stilistische Überarbeitung voraus, die entweder von einem *Korrekturbüro* oder von *Schreibkonferenzen* reihum vorgenommen werden. Der Umgang mit dem Wörterbuch wird ebenso selbstverständlich wie die Handhabung des Computers.

Das Lesen wird dadurch stimuliert, dass neben der bekannten eigenen Nachricht die vielen anderen zur Lektüre rufen. Verständlich und gut betont vorzulesen wird geübt, besonders auch für literarische Texte. Die Schüler entwickeln eine Fragehaltung Texten gegenüber. Dadurch erfahren die jeweiligen Autoren, was sie verbessern können, was die Leserschaft interessiert, wie sie sich alle darin trainieren, Antworten zu geben und eigene Ergebnisse zu präsentieren. Das Echo der anderen ist von Interesse, sicherlich von eigenen Erfahrungen geprägt, aber auch kritisch. Ungereimtheiten oder Unverständliches können Thema sein. Originelle Einfälle werden immer aufmerksam registriert. Die Lernimpulse, die Mitschüler bei dieser Gelegenheit formulieren, sind oft intensiver als unsere Anmerkungen. In der Klassenzeitung findet die Lehrerin oder der Lehrer genug Platz, um Informationen zur Woche, zu Themen und Aufgaben, mögliche Ausflüge, Klassenarbeiten und Tests sowie Nachrichten für die Eltern unterzubringen. Auch Eltern erfahren aus der Klassenzeitung viel über die Klasse, sie können ihrerseits etwas mitteilen. Denn Leserbriefe sind erwünscht. Für die Kooperation mit Eltern ist ein Organ wie das Wochenblatt von unschätzbarer Bedeutung. Ihre Informationsbedürfnisse werden kontinuierlich gestillt und ihre Beiträge zur Kenntnis genommen.

Die Texte der Schüler sind eine Fundgrube für Trainingsprogramme, die zielgenau Korrektur und genaues Formulieren stimulieren und den Umgang mit Wörterbüchern und Lexika systematisieren.

Ideen zur Initiierung: Schon in der ersten Schulwoche des neuen Schuljahrs macht es Sinn, die Fünftklässler zu bitten, eine kurze Nachricht mit

Namenskürzel über sich oder über ein Ereignis, das spannend, lustig oder traurig war, zu verfassen. Zur Auflockerung und Anregung sollten sie ihrem Text eine kleine Illustration mit feinem schwarzen Filzstift beilegen. Nachdem sie selbst ihren Text auf Fehler untersucht haben, laufen sie das Korrekturbüro an, dessen Besetzung wöchentlich wechselt, um ihre Nachricht prüfen und abzeichnen zu lassen. Dieses Büro wird zunächst von freiwilligen, versierteren Prüfern besetzt, die Wörterbucher zur Verfügung haben. In der Folgezeit werden alle einmal aufgerufen. Die Prüfer sitzen etwas abgeschirmt, formulieren zunächst ihre eigene Nachricht und widmen sich dann den Produkten der Klassenkameraden. Je nach Ausstattung der Klasse mit Computern bzw. Schreibmaschinen werden die Schüler an der Textproduktion beteiligt, um ihren Umgang mit diesem Medium zu schulen. Entweder gibt es für den Montag ein festes Schreibbüro, das wöchentlich wechselt und mit je einem erfahrenen und anzulernenden Schüler als Team zu besetzen ist, oder jeder Schüler gibt nach Überarbeitung seine Nachricht selbst ein. Die Beteiligung von Schülern an dieser Stelle der Zeitungsherstellung verlangsamt zwar die Produktion, hat aber positive Langzeitwirkungen für den Umgang mit Computern.

Auf jeden Fall müssen diese Texte noch einmal gegengelesen und erst zum Abschluss für das manuelle Layout ausgedruckt werden. Parallel dazu können Schüler das Schluss-Layout mit vorbereiten, etwa, indem sie Zeitungsrahmen gestalten und illustrieren, Texte und die dazu gehörigen Illustrationen in Spalten kleben und durchnummerieren, Rätsel oder Witze aus Büchern oder Fotos aus Zeitschriften heraussuchen. Die Schüler sammeln die Zeitungsausgaben in einem sich füllenden Zeitungsordner, der mit dem gemeinsam gefundenen Zeitungsnamen versehen wird. Ein Exemplar kann – bei Bedarf und Wunsch – auch öffentlich ausgehängt werden. Am Schuljahresende wird der erste Zeitungsjahrgang gebunden.

Ob für die Stunden der öffentlichen Zeitungslesung – das Nachrichtensprecherritual – ein Sakko, ein Rednerpult oder ein „heißer" Stuhl benötigt werden, um Tempo und Lautstärke für Vortrag und Gespräch zu erzeugen, muss mit der Klasse experimentell herausgefunden werden. Am Prinzip von maximal drei Nachfragen sollte nicht gerüttelt werden, weil ansonsten die aufmerksame Rezeption aller Beiträge bedroht wäre. Vielleicht gibt es eine Zeitungsente, ein Rätsel, Fehler in der Ausgabe zu finden und bis Freitag zu lösen. Der heiße Stuhl am Freitag fordert Lob, Kritik und Anregung von allen zur Verbesserung der nächsten Ausgabe.

Gefahrenpotenzial und Handlungsmöglichkeiten: Wenn ein Schüler wegen Krankheit ausfällt, dann verfasse ich als Lehrerin oder ein Mitschüler eine Nachricht und wünsche ihm – wenn wir nichts Genaueres wissen – gute Besserung. Wichtig ist, dass in jeder Ausgabe alle vertreten sind, um am Ritual partizipieren zu können, ihren Auftritt zu haben und auch die übrigen Teile wahrnehmen zu können. Denn der sozial-integrative Effekt stellt sich erst mit der kontinuierlichen Berücksichtigung aller ein.

Wenn die Nachrichten zu kurz und monoton bleiben, bietet sich eine Bilanz am Freitag an unter dem Motto: Wie kann unsere Zeitung interessanter werden? Als Basis könnten Kassettenaufzeichnungen von Rückfragen aus dem Wochenspiegel dienen, weil hier das Leserinteresse deutlich wird und unmittelbare Anregungen zur Einschätzung bzw. zur Präzisierung einer Information gegeben werden. Auch wären Rückfragen unter der Leserschaft hilfreich. Wie Wiederholungen zu meiden sind, wie Artikel stilistisch prägnanter und spannender werden, dafür werden produktive Arbeitsprozesse im Deutschunterricht mit alten Ausgaben ermöglicht.

Manchmal wissen Schüler nicht, was sie schreiben sollen. Dieses Phänomen tritt insbesondere in der Anfangsphase auf und wird in der Folge an Bedeutung verlieren. Oft ist es hilfreich und Fantasie anregend, erst einmal eine Illustration oder einen Zeitungsrahmen herzustellen, um Ideen zu entwickeln. Die Lektüre der letzten Ausgabe(n) kann Wunder wirken. Es kann auch anregend sein, wenn die anderen, die schon losgelegt haben, ein Stichwort zu ihrer Nachricht zum Besten geben. Es ist ferner möglich, Bücher auf der Suche nach Witzen oder Rätseln auszuwerten. Es sollte schließlich eine *Ideenkartei* mit Fotos aus der Klasse und von Erlebnissen der Schüler entstehen, die als Schreibanlass und Anregung dient. Wenn das alles noch nichts fruchtet, kann man als Lehrerin mit auf die Suche gehen – fündig wird man auf jeden Fall.

Das Korrekturbüro ist bisweilen überfordert und überlastet. Bei den ersten Ausgaben der Klassenzeitung wird es eingerichtet und bei anderer Gelegenheit ein erster Schnupperkurs in Sachen Prüfung von Schreibarbeiten mit allen durchgeführt, aber gut Ding will Weile haben. Es dauert, bis alle es lernen, Fehler zu registrieren und zu bearbeiten. Dass Textproduktion stets auch Textüberarbeitung beinhaltet und dafür keineswegs der Lehrer oder die Lehrerin zuständig ist, sondern die Verfasser selber, dieses Bewusstsein entsteht umso eher, je strenger dieses Ritual eingehalten wird, auch wenn anfänglich das Gros der Fehlerbereinigung bei der Lehrerin verbleibt. Die Tätigkeit als solche ist so begehrt, dass alle – selbst Schüler mit erheblichen Rechtschreibproblemen – sich gerne auf die Fehlersuche in fremden Texten begeben. Vermehrt werden Schüler ihre Nachrichten für die nächste Ausgabe schon zu Hause produzieren und sofort als Prüfer und Berater zur Verfügung stehen können oder das Schreibbüro besetzen. Andernfalls muss vielleicht die Lehrerin die ersten Prüfarbeiten übernehmen, bis Prüfer mit ihren eigenen Nachrichten fertig sind.

Schüler stören den Wochenspiegel hin und wieder. Zweifellos ist es anstrengend und fordert viel Konzentration, sich die verschiedenen Nachrichten anzuhören. Manchmal sind sie nur mäßig interessant oder bereits bekannt bzw. das Vorlesen zu leise. Ein zügiges Vortragstempo von hervorgehobener Position aus ist das eine, die Beschränkung auf drei Fragen das andere und schließlich eine feste Zeit das dritte, das einen erfolgreichen Ablauf ermöglichen wird. In der Freitagsredaktionsbilanz wäre es – tritt dieses Problem häufiger auf – ratsam, gemeinsam mit den Kindern Alternativen zu entwickeln, etwa auf das Vorlesen zu verzichten und nur die 3 Nachfragen zuzulassen oder das Vorlesen für freiwillig zu erklären.

Es ist eine Frage der Sensibilität, in Absprache mit den Schülern über textliche Veränderungen nachzudenken, wenn familiäre Geheimnisse ausgeplaudert oder Mitschüler bzw. Kollegen auf verletzende Art kritisiert werden. Aber zumeist entwickeln die Schüler schon wegen ihrer Doppelfunktion als Schreibende und Leser ein ausgezeichnetes Gespür dafür, was sie wie publizieren. Darüber hinaus sollte das Zeitungsprojekt den Eltern auf einem Elternabend ausführlich vorgestellt werden. Das Mehr an Informationen, das eine Klassenzeitung für sie bedeutet, werden sie erst nach und nach ermessen können.

Wenn viel zu viele Ideen die Kritikrunde zu ersticken drohen, hilft das System der „blauen Zettel“ weiter. Eine Idee, überzeugend vorgetragen und begründet, wird auf einen blauen Zettel geschrieben, der nach einem Verantwortlichen oder mehreren Zuständigen sucht. Meistens finden diese sich in der Situation, erhalten den blauen Zettel und nehmen sich der neuen Aufgabe an. Findet sich niemand, bleibt diese Idee erhalten und ruft nach einem künftigen Verantwortlichen.

Variationen: Es ist möglich, die **Zeitung mit verschiedenen Wochenaufgaben** zu füllen oder für die Wochenplanarbeit zu nutzen, etwa, um gezielte Rechtschreibaufgaben zu platzieren. Darüber hinaus finden sich hier Informationen zum Wochenthema oder Märchen, Gedichte, Rätsel und Geschichten aus dem laufenden Unterricht. Auch eine erste englische Ausgabe oder eine fachübergreifende Themenzeitung wären denkbar.

Es hat sich bewährt, die Nachrichten mancher Ausgaben unter ein Motto zu stellen: Rätselzeitung; unsere Lieblingssänger, -schauspieler oder -sportler; Halbjahresbilanz: In diesem Halbjahr hat mir ... am besten gefallen, weil ...; gar nicht gefallen hat mir ..., weil ...; eine **Themenzeitung**, zu der aus dem Fachunterricht Arbeitsergebnisse beigesteuert werden, etwa zum tropischen Regenwald; auch eine Lügenzeitung, eine Ausgabe „Verkehrte Welt“ oder auch eine „Zukunftszeitung“ böten interessante, motivierende Schreib- und Gestaltungsanlässe; Fotoromane, die Fotos der Mitschüler nutzen, müssten keinesfalls lange um Aufmerksamkeit werben.

Eine Ausgabe kann auch einmal auf eine **Kassette** gesprochen und abgespielt werden. Dies wird die Hörerschaft faszinieren, sollte aber sicherstellen, dass der Dialog mit dem Nachrichtenschreiber nicht entfällt.

Produktion und Erscheinen der Zeitung können auf einen **zweiwöchigen Rhythmus** gestreckt werden, um ggf. Stress aus dem Erscheinungsturnus herauszunehmen. Die Etablierungsphase wird infolgedessen länger dauern, aber gleichermaßen eine Regelmäßigkeit im Ablauf erfordern. Denn wenn der Produktions- und Rezeptionsablauf wöchentlichen Schwankun-

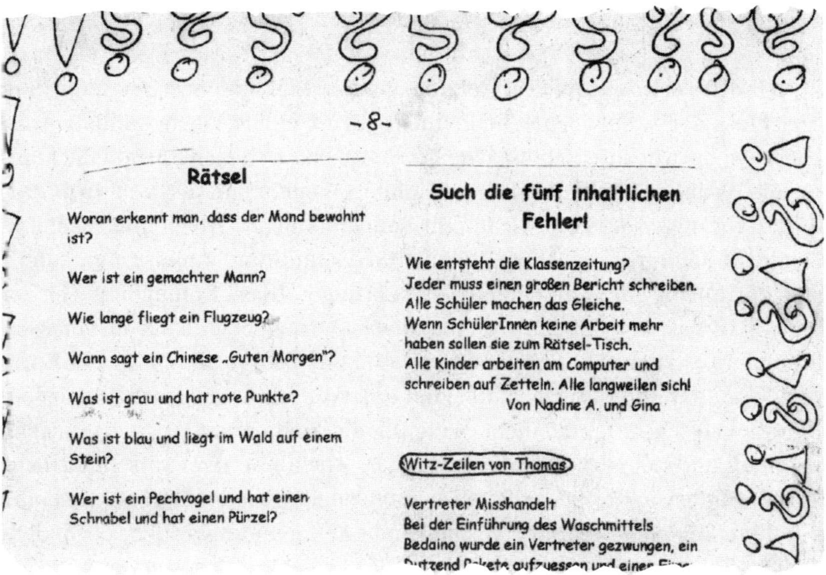

-8-

Rätsel

Woran erkennt man, dass der Mond bewohnt ist?

Wer ist ein gemachter Mann?

Wie lange fliegt ein Flugzeug?

Wann sagt ein Chinese „Guten Morgen“?

Was ist grau und hat rote Punkte?

Was ist blau und liegt im Wald auf einem Stein?

Wer ist ein Pechvogel und hat einen Schnabel und hat einen Pürzel?

Such die fünf inhaltlichen Fehler!

Wie entsteht die Klassenzeitung?
Jeder muss einen großen Bericht schreiben.
Alle Schüler machen das Gleiche.
Wenn SchülerInnen keine Arbeit mehr haben sollen sie zum Rätsel-Tisch.
Alle Kinder arbeiten am Computer und schreiben auf Zetteln. Alle langweilen sich!
Von Nadine A. und Gina

Witz-Zeilen von Thomas

Vertreter Misshandelt
Bei der Einführung des Waschmittels Bedaino wurde ein Vertreter gezwungen, ein

Rubriken in der Klassenzeitung (Ausriss)

gen ausgesetzt ist, stellen sich die Vorzüge ritualisierter Handlungsabläufe kaum ein. Immer wieder neu müsste über Abgabezeiten, Herausgabe und Vorlesemodalitäten diskutiert und entschieden werden. Und trotzdem: Eine Zwei-Wochenzeitung ist immer noch besser als keine. In höheren Klassen der Sekundarstufe ist auch ein monatlich erscheinendes Klassen- oder Themenmagazin denkbar. Darin könnten wichtige Ergebnisse aus dem Fachunterricht ebenso publiziert werden wie Rätsel, Geschichten, Neuigkeiten, Flohmärkte oder Schulnachrichten.

Feste Rubriken wie Buch- oder Filmtipp der Woche, Leserbriefe, Witze, Preisrätsel, Events, Sportnews, „Klatsch und Tratsch", Soap-Ereignisse oder ein Fortsetzungsroman bereichern die Zeitung ebenso wie Interviews mit Eltern, Schulleitern, Trainern oder die Publikation von Rechercheergebnissen aus dem Fachunterricht. Solche Veränderungen und Erweiterungen des inhaltlichen Spektrums tragen dazu bei, die Attraktivität des Mediums Zeitung zu bewahren. Um in der Sache – der Herstellung von Zeitungen – kundiger zu werden, sind Besuche in Zeitungsredaktionen von Nutzen.

Wochenausklang

Einsatz: Klassenunterricht; Klassenstufen: 5 bis 10; Dauer: 1, besser 2 Stunden am Freitag oder Sonnabend

Ablauf/Beschreibung: Die letzten beiden Klassenlehrer-Stunden zum Abschluss der Schulwoche dienen dazu, unvollendete Wochenaufgaben zu beenden, die Güte der Schulwoche für sich selbst zu bedenken, auf die kommende Woche zu blicken und einen für alle angenehmen Ausklang zu gestalten. Bevorzugtes Medium wird dafür ein persönliches Wochenbuch sein, in das jeder seine persönlichen Kommentare zum Stundenplan trägt, sofern dies noch nicht am Stundenende selbst erfolgte. Diese Kommentare beziehen sich auf persönliches Engagement, Lernerfolge (Aha-Erlebnisse), besonders ertragreiche Stunden und Highlights der Woche. Diese vier Kategorien sollten alle berücksichtigt und auf Wunsch angesprochen werden. Daraus erwachsen persönliche Ziele für die kommende Woche, Wünsche an Inhalt und Kooperation. Man kann z. B. „Nachhilfe" von Mitschülern zur Vorbereitung von Klassenarbeiten erbitten oder selbst anbieten. Wenn keine Konflikte anliegen, kann die verbleibende Zeit genutzt werden, besonders gelungene oder interessante Arbeiten oder Projekte zu präsentieren, Preisrätsel und -fragen der Woche zu lösen, Ideen für die nächste Zeitungsausgabe zu sammeln und Buch-, Film- oder Spieltipps fürs Wochenende zu geben. Ob etwas Gemeinsames den Schlusspunkt setzt, ist vom Repertoire und speziellen Wünschen der Gruppe abhängig.

Ziel/Funktion/erwartete Wirkung: Dieses Ritual wird sich durch seinen wöchentlichen Turnus rasch durchsetzen. Die Chance zum persönlichen Fazit und die Möglichkeit, Vorschläge für die kommende Woche zu entwickeln, begünstigen diesen Prozess. Zudem markiert es eine altersgemäße Zäsur, die die subjektiv empfundene Eigentümlichkeit von Wochen einfängt, nicht ohne einen Bogen in die Zukunft zu schlagen. Das persönliche Engagement im Fachunterricht, die Güte der Lernangebote sowie der eigene Beitrag zum Klassenleben klärt jeder für sich und zwar kontinuierlich. Die schriftliche Wochenkommentierung bereitet die Schüler gut auf ein bilanzierendes Klassengespräch vor. Dieses Ritual kultiviert mithin ein ernsthaftes Nachdenken über das eigene Lernen, über Leistungen und künftige Aufgaben, über Kooperation und Umgang mit Schwierigkeiten sowie über Möglichkeiten, den Unterricht zu verbessern. Selbstwahrnehmung und Selbstverantwortung sind gefordert, Selbstvertrauen kann wachsen. Gespräche über Lernhindernisse und Alternativen werden vorbereitet, kooperative Lernprozesse sind die Folge. Die rituelle Wiederkehr lässt das Vertrauen zu den anderen steigen, erhöht die Bereitschaft, eigene Schwächen einzugestehen und Fehler zu bearbeiten. Wenn wöchentliche Zeiten eingeplant sind, um Schülerarbeiten vorzustellen und zu würdigen, stimuliert dies nicht nur die Weiterarbeit und erhöht die Leistungsbereitschaft, sondern auch die Urteilsfähigkeit der Mitschüler. Durch die Tipp-Runde erhalten die Schüler viele Anregungen zur Freizeitgestaltung, Kompetenz in Sachen Freizeit bildet sich. Der eigentliche Ausklang, der Schlussakkord der Woche, etwa durch gemeinsame Spiele, nutzt die Chance der Gruppe.

Ideen zur Initiierung: Der Anfang eines Schuljahres oder Halbjahres ist ein günstiger Zeitpunkt, um dieses Ritual einzuführen. Wie bei anderen Ritualen auch ist das Durchhalten gegen erste Widerstände wichtig und erst dann erfolgreich, wenn Gründe und Erläuterungen positive Erfahrungen entstehen lassen und wenn verabredet wird, nach einem halben Jahr gemeinsam über Fortsetzung und Modifikation nachzudenken. Besonders geeignet sind die letzten Wochenstunden des Klassenlehrers für den „Wochenausklang“. Die Abfolge dieses Rituals kann – je nach zeitlichen Möglichkeiten (ein bis zwei Unterrichtsstunden) oder nach Angeboten bzw. akuter Problemlage – variieren. Stehen zwei Stunden zur Verfügung, bieten sich folgende sechs Phasen an, die ihrerseits variabel zu handhaben sind:

1. Phase: Fertigstellung und Verbesserung von Arbeiten, auch nutzbar für die Vorbereitung einer Präsentation oder für die Vorstellung von Tipps (max. 30 Minuten)

2. Phase: Stille, schriftliche Selbstreflexion im persönlichen Wochenbuch mit Hilfe von Fragen, die gemeinsam auf einem Plakat festgehalten und zur Erinnerung ausgehängt werden, wie:

- In welchen Stunden habe ich mich besonders angestrengt und warum?
- Womit bin ich in dieser Woche besonders zufrieden und warum?
- Was nehme ich mir (in welchen Fächern) für die nächste Woche vor?
- Brauche ich in einem Fach die Hilfe anderer? Oder: Kann ich anderen Hilfe anbieten?

Die Schüler entscheiden selbst, was sie davon veröffentlichen wollen. Ihr Wochenbuch wird von Mal zu Mal interessanter, füllt sich mit ihrer persönlichen Wochenbilanz, wird zu einer Erinnerung besonderer Art und dient als ergiebige Quelle für das *rituelle Zeugnisschreiben* für den Lehrer oder die Lehrerin (s. S. 83 ff.). Es dokumentiert die persönlichen Ziele und deren Umsetzung. Schwierigkeiten und Lösungen erörtern in der kritischen Reflexion auch die Erträge des Fachunterrichts. In diesen 15 Minuten kann wie beim 5-Minuten-Schreiben vielleicht eine leise Musik zur Wiedererkennung und Konzentration dienen. Das persönliche Ziel für die nächste Woche kann auch auf einem Hosentaschenzettel fixiert werden. Danach entscheidet jeder, ob er etwas zur nachfolgenden Runde beisteuert.

3. Phase: Wochenrückblick und Planung (15 bis 20 Minuten) – Platz für persönliche Anmerkungen ebenso wie Informationen, die man von Kollegen erhalten hat. Es kann sich auf Fachliches, Soziales oder Persönliches beziehen. Durch die schriftliche Vorbereitung konzentriert sich das Gespräch auf das Wesentliche und ist gut vorbereitet. Die Planung der kommenden Woche beinhaltet organisatorische Ansagen, auch Neuverteilung von Ämtern, Ideen für Wochenplan und Präsentationswünsche. Wenn persönliche Ziele für die nächste Woche veröffentlicht werden, mündlich oder auf dem Tisch klebend, dann können die Mitschüler gezielter als Korrektiv und Unterstützer fungieren.

4. Phase: Präsentation einer Arbeit, einer Recherche (5 bis 10 Minuten) – ein besonderes Ergebnis von Wochenaufgaben, interessante Produkte aus dem Fachunterricht, ein besonders spannendes Buch, Computerspiel oder ein bemerkenswerter Vorfall in Schule oder Umgebung – dies alles könnten

Themen sein, die von Einzelnen oder mehreren mit Hilfe des *Präsentationsrituals* (s. S. 118 ff.) zum Besten gegeben werden, sofern etwas Präsentationswürdiges vorliegt.

5. Phase: Wochenendtipprunde mit allen (max. 10 Minuten) – „Das mache ich am Wochenende; das werde ich mir am Wochenende anschauen (Film, Fernsehen oder Ausstellung); da gehe ich hin ...“– das alles sind mögliche Themen. Die Auswahlkriterien transparent zu machen und Gründe zu nennen, schärft die Kriterien und regt an.

6. Phase: Spiel oder Gesang (5 Minuten und mehr) – die Woche mit einem Lied oder gemeinsamen Spiel zu beschließen, kann zu einem von den allermeisten geschätzten Ereignis der Klasse werden.

Gefahrenpotenzial und Handlungsmöglichkeiten: Es ist ungewohnt und anstrengend, über sich selbst und sein Lernen nachzudenken. Das mag Widerstand erzeugen. Positive Erfahrungen stellen sich erst nach und nach bei allen ein. Besonders wichtig ist deshalb der persönliche Schutz. Entsprechend dem Konzept der Selbstverantwortung entscheidet jeder für sich, ob er den anderen etwas mitteilen möchte. Wir müssen vor allem unser Vertrauen signalisieren, damit die Schüler die eigenen Kompetenzen realistisch wahrnehmen und angemessene Lernaufgaben für sich formulieren lernen.

Der Rückblick auf die Woche ist oft pauschal und gespeist von Kritik am Verhalten und Unterricht anderer. Die vorausgehende Selbstreflexion kann zu einem differenzierteren Urteil beitragen und Eigenanteile von Fremdwirkung unterscheiden helfen. Im Vorfeld helfen Leitfragen, einen konstruktiv-kritischen Rahmen abzustecken. Mit den Highlights der Woche zu beginnen und anschließend kritische Aspekte zu thematisieren, sich erst abschließend über Lösungen und Alternativen auszutauschen, das erzeugt Tiefgang und erhöht die Planungsproduktivität.

Variationen: Es ist möglich, anstelle eines Wochenbuches mit **Fragebögen** zu arbeiten. Wenn diese anonym sind, sollten sie ausgehängt oder eingesammelt werden. Auch Schüler können sie binnen einer Woche auswerten und mündlich oder schriftlich veröffentlichen. Ein persönlich **kommentierter Stundenplan** oder eine verkleinerte Kopie des Klassenbuches kann zur persönlichen Wochenauswertung anregen. Eine Wochenbilanz kann auch im Zwiegespräch gezogen werden und braucht keineswegs immer die Runde oder den Austausch in Kleingruppen. Alle bilanzierenden Verfahren benötigen einen ritualisierten Ablauf, wenn sie ihren Zweck erfüllen sollen.

Die Präsentationsphase kann zugunsten der **Tippphase** entfallen und umgekehrt. Dies ist vor allem von den zeitlichen Rahmenbedingungen und Anliegen abhängig. Es bietet sich an, die Fachlehrer an einem solchen Wochenausklang partizipieren zu lassen. Dadurch gewinnen sie neue Einblicke in die Lerngruppe, wissen, womit sich diese beschäftigt, wie die Resonanzen auf Unterricht sind und welches persönliche Lernziele sein mögen. In der Regel profitiert auch das Feedback über ihren Unterricht davon. Im Laufe der Zeit wird die Klasse immer besser in der Lage sein, dieses Ritual in Absprache mit dem Klassenlehrer selbst auszuführen.

Der Klassenrat tagt

Einsatz: Klassenunterricht/soziales Lernen; Klassenstufen: 5 bis 10; Dauer: 1 Stunde

Ablauf/Beschreibung: Die letzte gemeinsame Stunde der Woche mit dem Klassenlehrer oder der Klassenlehrerin ist der Klasse gewidmet. Auswertung der vergangenen, Planung der nächsten Woche, Vorbereitung langfristiger Aktivitäten wie Klassenreisen, Klassengeschäfte, Probleme mit anderen Lehrern oder Konflikte innerhalb der Klasse sowie ein Arrangement gegenseitiger Hilfe – all dies sind mögliche Tagesordnungspunkte dieser Klassenratsstunde. Die Leitung liegt in den Händen von drei Schülern oder Schülerinnen, die sich die Aufgaben Moderation, Ergebnisprotokoll und Konfliktlösung teilen. Im Laufe der Woche sammeln sich in einem dafür vorgesehenen Kasten oder öffentlich am Klassenratsbrett Vorschläge und Wünsche für die Tagesordnung, über deren Reihenfolge die wöchentlich wechselnde Vorbereitungsgruppe entscheidet. Die Stunde endet damit, dass die Ergebnisse und Verabredungen im Klassenratsbuch vorgelesen werden und die nächste Leitungsgruppe eingetragen wird.

Ziel/Funktion/erwartete Wirkung: Es handelt sich hier um ein Beteiligungsritual, das alle Schüler durch seine fest verabredeten Strukturen und Abläufe Erfahrungen sammeln lässt, wie eigene Belange zu regeln und Konflikte offen und konstruktiv zu lösen sind. Seine Kontinuität trägt dazu bei, Konfliktpotenzal nicht eskalieren zu lassen, sondern rechtzeitig zu erkennen und zu bearbeiten. Davon profitieren das Klima unter den Schülern ebenso wie ihr Verhältnis Erwachsenen gegenüber. Dadurch, dass die Klassenratsstunde ihnen einen Gestaltungsspielraum garantiert, in dem ihre

Bedürfnisse, Fragen, Erfolge und Probleme im Zentrum stehen, vergrößert sich die Chance, dass die Schüler ihre Schule und Klasse wirklich als einen Ort erleben, den sie mitgestalten und an dem ihr Wohlbefinden gefragt und wichtig ist. Durch die kontinuierliche Konfliktbearbeitung entwickeln sie Techniken, Kreativität und Offenheit sowie kommunikative Kompetenz, akute Streitfälle zu bewältigen.

Ideen zur Initiierung: Zu Schuljahresbeginn, wenn das Klassenkollegium das neue Unterrichtsprogramm vorstellt und Wahlen zu verschiedenen Klassenämtern stattfinden (s. S. 73–75), können neben dem offiziellen Klassenbuch auch ein Klassenratsbuch mit Klassenfoto sowie ein Aushängebrett eingerichtet werden. Je nach Alter und Erfahrungen der Schüler unterscheiden sich die Modalitäten des Rituals. Es empfiehlt sich zunächst, begründet eine Struktur vorzugeben, mit der die Schüler gemeinsam Erfahrungen sammeln, bis sie nach drei bis sechs Monaten über Fortsetzung, Veränderung oder Abschaffung des Rituals urteilen. Die Aufteilung der Aufgaben Gesprächsleitung, Konfliktmoderation und Protokollführung auf drei Schüler scheint für den Anfang sinnvoll. Zur Erleichterung werden die geltenden Gesprächsregeln sowie ritualisierte Auswertungsfragen zur Wochenbilanz ausgehängt:

1. Was hat euch in der letzten Woche am besten gefallen und warum?
2. Womit wart ihr unzufrieden und warum?
3. Wer braucht Hilfe und wobei? Wer kann dies gut erklären?
3. Welche Fragen/Konflikte/Probleme stehen an und müssen gelöst werden?
4. Welche Vorschläge/Ideen habt ihr?
5. Welche Verabredungen haben wir getroffen? Unsere Verabredungen und Ergebnisse – so wie sie im Protokoll stehen.
6. Die nächste Klassenratsstunde leiten:
   1.______________, 2. ____________________, 3.__________________________

Es ist wichtig, die **Protokollführung** zu trainieren, etwa Kurzprotokolle von allen oder Freiwilligen (vgl. S. 148–150). Dazu gehört auch eine gemeinsame Übungssequenz, z. B. zu einer der ersten Klassenratsstunden, die von der Kassette abgehört und von Teams oder kleinen Gruppen zur Erstellung eines Ergebnisprotokolls genutzt wird. Die Veröffentlichung und Bewertung von Ergebnissen wird die weitere Protokolltätigkeit erleichtern.

Kaum möglich ist es, heftige **Konflikte in der Klassenratsstunde** mit allen zu klären. Hier steht vor allem eine Sondierung im Vordergrund, eine Verabredung von Klärungsgesprächen, die ihrerseits nach einem festen Ritual erfolgen: Jeder in einen Streit Involvierte sucht sich einen Anwalt zur Interessenvertretung. Nach persönlicher Instruktion treffen sich dann zunächst die „Anwälte" und stellen den Konflikt dem gegnerischen „Anwalt" aus Sicht ihrer Klienten vor. Die Streitparteien dürfen dabei nur zuhören, sie sind erst später zur Klärung der Sachverhalte zu befragen. Dadurch wird der Konflikt auf die Sachebene gehoben. In Absprache mit ihrem „Klienten" entwickeln die Anwälte Schlichtungsangebote, die in einen Vorschlag münden, der im Klassenrat verkündet wird. Mit seiner Veröffentlichung ist der Streit beilegt.

Die **Gesprächsleitung** erstellt auf der Basis der eingegangenen Gesprächswünsche eine Tagesordnung, hängt sie aus und sieht eine Zeitplanung vor, die sie verbindlich durchsetzt, um das vorgenommene Programm auch zu bewältigen und nicht den Eindruck von „da wird viel geredet, aber es kommt nichts dabei heraus" aufkommen zu lassen.

■ **Gefahrenpotenzial und Handlungsmöglichkeiten:** Nicht selten haben die Schüler Schwierigkeiten, sich Ruhe zu verschaffen. Da dies eine Schülerstunde ist, die sie für sich und ihre Belange nutzen, ist es für die anwesende Lehrkraft eine komplizierte Entscheidung, ob sie in diesem Falle intervenieren soll. Selbst zu spüren, wie kompliziert es ist, wenn man sich als Gesprächsleiter nicht durchsetzen kann, ist zwar bitter, geschieht hier aber im geschützten Kontext der vertrauten Gruppe, deren Mitglieder sich dieser Situation alle zu stellen haben. Insofern ist zu hoffen, dass alle Schüler sich zunehmend disziplinierter verhalten, schon aus Eigeninteresse. Wenn Gesprächsregeln in der Klasse aushängen, werden die Schüler sicher bei Bedarf darauf verweisen. Vielleicht melden sie auch den Wunsch an, einen kleinen Wiederholungskurs in Sachen Gesprächsleitung im Klassenunterricht zu absolvieren. Dies allerdings im Klassenunterricht, um die aus der Situation erwachsende Zwiespältigkeit (Wer trägt in dieser Stunde die Verantwortung?) nicht auch noch zusätzlich zu nähren (vgl. auch das Toban-System, S. 34–35).

Wie wird die Gesprächsleitung gefunden? Wenn die ersten Teams sich auf freiwilliger Basis bilden, um Erfahrungen durch erfolgreiche Beispiele zu sammeln und Mut zu machen, können diese später auch per Los gebildet werden. Das soziale Klima und die Klassenatmosphäre sowie Erfahrungen und Alter der Schüler geben den Ausschlag dafür, wann dieses Wagnis eingegangen werden kann. Würden nur die Klassensprecherteams die Klassenratsstunden leiten, wäre der Nachteil, dass es immer dieselben sind, die Leitungserfahrung sammeln. Gesprächsdisziplin und Moderationskompetenz wachsen stärker, wenn alle damit Erfahrungen machen.

Ein Konflikt unter Schülern spitzt sich oft allein durch das Ansprechen zu. In einer solchen Situation ist die Präsenz der Lehrkraft besonders hilfreich, um eine Eskalation zu verhindern, die Leitung und die Konfliktparteien zu schützen und Verabredungen im kleinen Kreis zu ermöglichen.

Schüler beschweren sich nicht selten über Kollegen. Als Klassenlehrer und Klassenlehrerin ist man vor allem aufmerksamer Zuhörer. Dadurch signalisiert man Vertrauen in die Dialog- und Gesprächsfähigkeit der Schüler. Zu früh eingebrachte Ideen oder Ratschläge fördern nur die Unselbstständigkeit. Es bleibt bequemer, den Vorschlag des Lehrers aufzugreifen, als selbst nachzudenken, eine Entscheidung zu treffen und die Folgen zu spüren. Aber solch ein Erfolg gehört den Schülern allein, erhöht das Selbstvertrauen der Gruppe stärker als die Realisierung eines noch so guten Tipps unsererseits. Da Anschuldigungen in der Situation nicht zu überprüfen sind, weil die beschuldigten Kollegen nicht anwesend sind, können wir die Schüler auf mögliche Ansprechpartner (z. B. Vertrauenslehrer) hinweisen. Ihr Repertoire zur Lösung derartiger Konflikte wird mit den Erfahrungen wachsen – von einem direkten Dialog bis zum Beschwerdebrief oder einem Gespräch mit den Klassensprechern etc. Zur Erweiterung ihrer Konfliktfähigkeit kann ertragreich im Deutsch-, Politik- und Ethikunterricht gearbeitet werden. Manchmal macht es auch Sinn, dass Lehrkräfte für eine bestimmte Zeit den Klassenraum verlassen, um unzensierte Kritik zu ermöglichen. Dass Probleme dann leichter zu lösen sind, wenn man nicht bei Attacken oder Beschimpfungen verharrt, sondern in Form und Vorgehen etwas zur Verbesserung und Entspannung der Situation entwickelt, zu dieser Erkenntnis gelangen die Schüler umso eher, als sie gelernt haben, ihr eigenes Verhalten zu überdenken.

Manchmal möchte ich als Lehrkraft etwas in der Klassenratsstunde ansprechen. Wenn die Gesprächswünsche gesammelt werden, entweder im Kasten oder öffentlich am Brett aushängen, kann auch ich meinen Wunsch dort eintragen. Die Leitung wird mich dann an geeigneter Stelle berücksichtigen und mein Problem oder meinen Vorschlag zur Diskussion stellen. Wenn ich mich zur laufenden Debatte äußern möchte, muss auch ich mich melden und warten, bis ich aufgerufen werde. Von dem Mittel der direkten Intervention sollten die Lehrer nur ausnahmsweise Gebrauch machen, um die internen Kommunikationsprozesse der Klasse nicht zu stören oder abzulenken.

Variationen: Das Klassenratsbuch kann während der Woche durch Anmerkungen von Schülern bereichert werden, die nach einem verabredeten Verfahren **positive Beobachtungen über Mitschüler aufschreiben.** Gerade in besonders schwierigen Klassen, die mit vielen Störungen zu kämpfen haben, kann dies eine Möglichkeit sein, den Blick aller gezielt auf konkrete Erfolge Einzelner zu richten. Mit der öffentlichen Verlesung dieser persönlichen, wertschätzenden Anmerkungen geht die Klassenratsstunde dann zu Ende.

Rituale für das Schuljahr

Das Schuljahr ist eine künstliche Konstruktion, es durchbricht das Kalenderjahr. Institutionelle Setzungen reglementieren die fachlichen Inhalte und Auflagen, den Einsatz von Lehrern sowie die Verteilung des Fachunterrichts, die Zusammensetzung und Größe der Klassen, das Zustandekommen des Klassenkollegiums, die Kursangebote sowie die Stundenpläne. Die Konferenzen legen halbjährlich oder fürs ganze Jahr die Termine für Klassenarbeiten, Projektwochen und Schulfahrten, Spiel- oder Sportfeste fest. Dadurch wird der Handlungsspielraum jeder Klasse eingeschränkt.

Der **Start in einer höheren Klasse** markiert mit neuen Fächern und Lehrern, anderen Räumlichkeiten, Büchern und einem neuen Stundenplan eine deutliche Zäsur. Erfahrungen und Erlebnisse der Ferienzeit verändern auch die Atmosphäre der Lerngruppe, selbst bei gleicher Zusammensetzung. Die Karten scheinen neu gemischt: Es gilt, seine Position zu finden, Freundschaften wieder aufzunehmen oder neue zu knüpfen. Auch das Verhältnis zu uns Lehrern ist nach solchen Unterbrechungen anders. Das Neue dieser Anfangssituation, für die einen reizvoll und aufregend, ist für andere eher bedrohlich und beängstigend. Die Zwiespältigkeit des Anfangs produktiv zu wenden, ist Aufgabe des *Die-ersten-zwei-Tage-Rituals*. Es soll zunächst Information über das Kommende geben, das Neue interessant machen und schließlich Regelungen für die Gruppe zur konkreten Mitverantwortung finden helfen. Wie thematische Mitbestimmung ritualisiert werden kann, ist Gegenstand des *Halbjahresrituals* zur *Themenmitbestimmung*, das als Partizipationsritual in verschiedenen Fächern zur Entwicklung von mehr Unterrichtskultur und Schülerorientierung einzusetzen ist.

Besonders kompliziert ist die Fortsetzung der **Arbeit nach dem Halbjahreszeugnis**. Aus den Zensuren und Prognosen trotz alter Konstellationen etwas Besseres zu machen, setzt große Beharrlichkeit, kontinuierliche Leistungsbereitschaft und Optimismus voraus. Das besitzen meist nur die Leistungsträger einer Lerngruppe. Die anderen tun sich damit schwer, denn die Botschaft der Ziffernzeugnisse bleibt oft verschwommen, stellt allenfalls einen Trend dar oder einen Appell zum Handeln. Ihr Anliegen ist nicht die fachliche und individuelle Konkretisierung anstehender Aufgaben. Demnach herrschen Erklärungsbedarf und der Wunsch nach individuellem Feedback vor.

Wenn der Beginn des zweiten Halbjahres nicht als „kleiner" Neuanfang ins Bewusstsein rückt, sondern als bloße Fortsetzung und Erfüllung des ersten empfunden wird, schwinden die Chancen, einen anderen Weg einzuschlagen. Halbjahreszeugnisse sind Anlass für eine **kritische Zwischenbilanz**, werden durch Fragen und Gespräche vorbereitet und durch konkrete, an den Interessen und Bedürfnissen des Einzelnen orientierten Verabredungen konstruktiv gewendet. Indem man dem *Neuen im Alten* nachspürt, lässt sich neue Dynamik für effektives Lernen erzeugen.

Das Schuljahresende scheint geregelt. Nach den Zeugniskonferenzen wird sich erholt, etwas anderes unternommen und mit der Ausgabe der Zeugnisse der Ferienbeginn eingeläutet. Die Wirklichkeit sieht für die allermeisten wesentlich komplizierter aus. Mit den Zensuren gehen Verletzungen einher, die jetzt für einige die Folge haben, eine vertraute Lerngruppe verlassen zu müssen. Manche fühlen sich ungerecht beurteilt, sind aber nicht gefragt, nehmen am letzten Tag das Urteil entgegen. Selbstständiges Lernen wird so erschwert und nicht ernst genommen. Es ist bedauerlich, dass die Schulen gerade die Wochen zwischen Zeugniskonferenzen und Schuljahresende so wenig zur Bilanz, zum Aufräumen, zur Verschönerung der Klasse und zum Abschied nutzen. Ihr Zeugnis für uns ist ein Beitrag der Schüler für uns, ein Feedback am Ende des Schuljahres.

Das Zwei-Tage-Ritual zum Schuljahresbeginn

Einsatz: Klassenunterricht, Klassen: 5 bis 10; Dauer: die ersten 2 Schultage des neuen Schuljahres

Ablauf/Beschreibung: Der **erste Tag** ist der Rückkehr der Schüler in die Gruppe, ihre neue Klasse, gewidmet. Es gibt, neben einem von allen arrangierten Büffet, Bilder und Erzählungen aus den Ferien. Es ist auch der Tag der neuen Mitglieder der Klassengemeinschaft. Daran anschließend wird die Klasse wieder in Besitz genommen und für das kommende Schuljahr neu gestaltet – die Sitzordnung überdacht, alte Plakate und Bilder entfernt, vielleicht Erinnerungsstücke aus den Ferien aufgehängt. Ankommen, Rückkehr und Neugestaltung des gemeinsamen Ortes, so lauten die Themen des ersten Tages, der vor allem mit dem Klassenlehrer oder der -lehrerin bzw. dem Team verbracht wird.

Der **zweite Tag** steht im Zeichen des gemeinsamen fachlichen Lernens. Dafür verschafft sich jeder Klarheit über seine persönlichen Ziele. Die fachlichen Aufgaben stellen die Fachlehrer im Wechsel vor, wobei sie einen Überblick über thematisch-methodische Schwerpunkte geben und Anforderungen sowie Fachausstattung begründen. Es werden erste Wünsche an Klassenatmosphäre und Regelwerk zusammengestellt, mögliche Ämter gesammelt und besetzt sowie das Klassensprecherteam gewählt.

Ziel/Funktion/erwartete Wirkung: Diese beiden Tage gewähren jedem Zeit, in die Gruppe zurückzufinden, Veränderungen preiszugeben und Fremdheit gegen Vertrauen zu tauschen. Wenn die Fäden so wieder aufgenommen werden, erhalten auch die neuen Mitglieder der Klasse Einblick und Gelegenheit, sich schnell zu integrieren. Indem alle zur Verschönerung und sinnvollen Gestaltung des Raums beitragen, wachsen mit der Identifizierung mit der Klasse Wohlbefinden und Verantwortungsbewusstsein. Die Schüler erfahren gemeinsam, welchen Sinn anstehende Aufgaben erfüllen und wie sie diese erledigen können. Die Informationen von Klassenlehrer und Fachkollegen über Inhalte, Methoden und fachspezifische Anforderungen sowie wichtige Mitteilungen zur Organisation des Schuljahres befähigen die Schüler zu einer ernsthaften Auseinandersetzung mit den neuen Aufgaben. Indem sie sich selbst Klarheit über ihre persönlichen Ziele und Aufgaben sowie ihre Wünsche an die Gruppe verschaffen und gemeinsam ein Regelwerk erfinden, wachsen die Lernchancen.

Die Fachlehrer werden durch dieses Ritual stärker in den Gruppenbildungsprozess einbezogen, berufen sich auf gemeinsame Absprachen, stimmen sich mit Fachkollegen leichter ab. Für die Klasse reduziert sich so die Verwirrung, welche Anforderungen an ihr Sozialverhalten von den verschiedenen Kollegen gestellt werden.

Ideen zur Initiierung: Da die beiden ersten Schultage im Regelfall wohl von 8.00 bis 13.30 Uhr mit und in der Klasse stattfinden, bleibt viel Zeit für Flexibilität, insbesondere am zweiten Tag, wenn die verschiedenen Fachkollegen in vielen Klassen kurz ihr Programm vorstellen. Der **erste Tag** startet mit der Auflösung der alten Ordnung. Er beginnt mit dem Frühstück, weil der Austausch mit der Nachbarschaft die erste Neugierde stillt und der nachfolgenden Runde nur noch das Wesentliche vorbehält. Mit Fotos oder besonderen Fundsachen erhält jeder Gelegenheit, das ihm Wichtigste aus den letzten sechs Wochen mitzuteilen.

Wenn neue Mitschüler anwesend sind, wird jeder Auftritt mit einer persönlichen Kurzvorstellung eingeleitet. Die Raumgestaltung steht danach auf der Tagesordnung. Es bilden sich Teams oder Gruppen, die neue, alternative Lösungen für Sitzordnung und Raumgestaltung per Skizze entwickeln. Aus diesen Vorschlägen wählt die Gruppe einige aus, setzt sie um und entscheidet sich. Fragen der Sitzordnung, Partner- und Gruppenwahl sowie Dauer sind zu klären und sogleich umzusetzen. Der Klassenlehrer informiert seinerseits über Stundenplanung, Klassenkollegium, Klassenarbeiten, Projektwochen, Schulfahrten, Feste sowie mögliche Kurse. Wenn noch Zeit ist, überlegt sich die Gruppe, welche Dienste von einzelnen Schülern verantwortlich und abwechselnd zu übernehmen sind und legen gleich eine Reihenfolge fest, die ausgehängt wird. Auch mögliche Kandidaten für das Klassensprecherteam können sich noch vorstellen.

Der **zweite Tag** beginnt mit einer kurzen Erinnerung an Erlebnisse des vergangenen Schuljahres – etwa mit Hilfe einer kleinen Traumreise, die

Dienstplan

stichwortartig wichtige Etappen und Ereignisse aus Fach- und Klassenunterricht, von Ausflügen, Schulfahrten oder Festen, gemeinsame und persönliche Erfolge anspricht sowie Regeln und Rituale thematisiert. Danach formuliert jeder für sich persönliche Ziele für das neue Schuljahr. Ob die Schüler diese Ziele veröffentlichen und aushängen oder als „Hosentaschenzettel" bzw. auf der ersten Seite ihres neuen Schultagebuchs festhalten, entscheiden sie selbst. Zugleich spiegelt es das herrschende gegenseitige Vertrauen wider, das vielleicht erst einmal wachsen muss. In einem zweiten Schritt sind alle gefordert, ihre drei Hauptwünsche an die Klasse als Gemeinschaft zu formulieren, aufzuschreiben und auszuhängen (pro Wunsch ein Klebezettel), diese zuzuordnen und zu gewichten. Damit wird der Prozess, Schwerpunkte zu finden und zu setzen, für alle mitgestaltbar und transparent. Welche Garantien, Regelungen und Rituale die so ermittelten Hauptwünsche benötigen, wird ein vom Klassenlehrer moderiertes Gespräch ergeben. Ergebnisse und Verantwortlichkeiten werden auf einem attraktiven Plakat ausgehängt. Auf das dann folgende Gespräch mit den Fachlehrern und -lehrerinnen bereiten sich die Schüler in kleinen Gruppen oder zu zweit vor, um nicht nur mit Vorstellungen konfrontiert zu werden, sondern in den Dialog treten und Dinge klären zu können. Welches die angemessene Fachausrüstung ist, welche Beteiligungsmöglichkeiten es gibt und wo in der Klasse der besondere Ort für das Fach, seine Literatur und Medien sowie Präsentationsmöglichkeiten sind, gilt es gemeinsam zu verabreden. Die Ergebnisse der jeweiligen Befragung der Fachlehrer werden vom Klassenlehrer protokolliert, ausgehängt und auch den Eltern zur Kenntnis gegeben werden. Dadurch erübrigen sich Ängste und Unsicherheiten auf Schüler- wie Elternseite. Die Energie wird sich mehr auf die Sache und den Lernertrag konzentrieren.

Der zweite Tag wird mit der Verlesung der Ergebnisse des Tages und einem Klassenfoto beschlossen. Die neuen Klassensprecher und Verantwortlichen für Sonderaufgaben wurden gewählt und gefunden. Auch steht der Klassenvertrag zum Umgang miteinander und er wird durch die Unterschrift aller besiegelt. Darüber hinaus kann jeder Schüler einen Brief an sich selbst aus der Zukunft schreiben – zum Thema: Deshalb war das neue Schuljahr ein Erfolg für mich. Diese Briefe werden versiegelt und erreichen die Autoren erst nach einem halben Jahr oder gegen Ende des Schuljahres. Ihre Wirkung ist umso größer, wenn sie schon lange vergessen und einige Wünsche womöglich schon eingelöst sind.

Gefahrenpotenzial und Handlungsmöglichkeiten: Als Hauptproblem ergibt sich für dieses Ritual, dass es auf eine **Konferenzentscheidung** angewiesen ist, um dem Klassenunterricht und der Vorstellung der Fachkollegen die nötige Zeit zu ermöglichen. Der erste Tag ist in vielen Fällen ohnehin Klassenunterricht. Es ist vor allem der zweite Tag, der auch im Zeichen der Vorstellung des Fachunterrichts steht, der schulorganisatorische Probleme aufwerfen mag. Es ist zu hoffen, dass die mit diesem Ritual ermöglichte bessere Kooperation und Koordination das Kollegium überzeugt. Zumal viel Zeit auch für den Fachunterricht gespart wird, weil komprimiert vorgestellt und abgestimmt werden kann.

Oft steht die Stundenplanung an den ersten beiden Schultagen noch nicht fest und auch die Termine für andere Schulereignisse liegen noch nicht vor. Wer welche Fächer in welchem Umfange mit welchen Inhalten, Methoden und Anforderungen unterrichten wird, ist bekannt und mitteilenswert. Alles Übrige wird dann nachzureichen und im Klassenunterricht zu klären sein.

Es fällt vielen Schülern und Schülerinnen zunächst schwer, persönliche Lernaufgaben zu formulieren. Erinnerungen an den Stand des letzten Schuljahres, den entsprechenden Bemerkungen zum Lernstand im letzten Zeugnis und der Tipp, sich möglichst ein konkretes persönliches Trainingsprogramm für verschiedene Fächer und Kompetenzen (z. B. englische Vokabeln – tägliches Pensum in Zahl und Zeit) auszudenken und als Hosentaschenzettel oder im Schultagebuch festzuhalten, erhöht die Verbindlichkeit und damit den Ertrag des Rituals.

Die Wünsche an die Klassengemeinschaft sind nach der Zäsur der Sommerferien oft nicht mehr von negativen Erlebnissen geprägt, sondern eher von Zufriedenheit und Hoffnung. Allerdings finden sich auch immer welche darunter, die Phänomene wie Unruhe, Undiszipliniertheit ansprechen und regeln wollen. Diese sind aufzugreifen und mit den Vorschlägen der Schülerinnen und Schüler präventiv vertraglich abzusichern. Ansonsten wird der Klassenvertrag immer wieder zu überdenken und zu aktualisieren sein.

Halbjahresritual zur Themenfindung

Einsatz: Deutsch/Ethik/Politik/Geschichte, Biologie; aber auch in den mathematisch, naturwissenschaftlichen sowie musischen Fächern und Sport denkbar, wenn Themen zur Auswahl gestellt werden können; Klassenstufen: 5 bis 10; Dauer: 1 Unterrichtsstunde (allerdings ohne Vorbereitungszeit)

Ablauf/Beschreibung: Zu Beginn des Schulhalbjahres überlegen sich Schüler Themen, die sie besonders interessieren. Sie begründen ihre Vorschläge und fertigen Themenplakate an. Gemeinsam mit einer vom Fachlehrer ermöglichten Auswahl stimmen sie mit jeweils drei Stimmen ab. Daraus ergibt sich eine auszuhängende Rangfolge nach den Wünschen der Klasse, woraus sich im Idealfall Epochenunterricht entwickelt.

Ziel/Funktion/erwartete Wirkung: Schüler interessieren sich für viele Themen, die in der Schule nicht vorkommen; umgekehrt interessiert sie dagegen das unterrichtliche Angebot oft nicht. Daraus ergeben sich Lernhindernisse, mangelnde Motivation und Desinteresse. Es verfestigt sich der Eindruck, nicht für das Leben, sondern für die Schule bzw. den Lehrer oder die Note zu lernen. Daraus erwachsen Impulse von Fremdbestimmung, die lebenslanges Lernen beeinträchtigen.

Alle Lehrpläne und Richtlinien bieten Spielräume, die Schüler an der Themenauswahl zumindest zu beteiligen, wenn nicht sogar ihre Themenwünsche direkt aufzugreifen und für Fächer verbindende Unterrichtsvorhaben zu nutzen. Je weniger Kollegen in einer Klasse unterrichten, desto größer ist die Chance zur thematischen, fächerübergreifenden Kooperation, die Lernbereitschaft und Engagement stimuliert und fachspezifische Möglichkeiten akzentuiert. Die Chancen für Identifikation mit dem Thema und einem Lernen in Zusammenhängen erhöhen sich. Insgesamt wächst mit den Erträgen auch die Lernzufriedenheit. Die inhaltliche Mitbestimmung fordert die Schüler heraus, selbst Vorstellungen zu entwickeln, auf einem Themenplakat festzuhalten und den anderen das Interessante sowie Fragwürdige zu präsentieren. Alle müssen eine Auswahl treffen und ihre drei Stimmen auf ihre persönlichen Favoriten verteilen. Die so gefundene Rangfolge wird ausgehängt und, so weit es die fachlichen und zeitlichen Spielräume zulassen, Unterrichtsgegenstand. Die Lehrerrolle verändert sich in Richtung auf Beratung und Begleitung selbstständiger Lernprozesse.

Ideen zur Initiierung – *Variante A*: In einer Schnupperwoche zu Schuljahresbeginn liegen Bücher und Zeitschriften aus, aus denen die Schüler Ideen und Material für ein Themenplakat schöpfen. Dieses Plakat im DIN-A3-Format ist so zu gestalten, dass es von allen von der Tafel aus zu lesen ist. Weshalb das vorgeschlagene Thema so interessant ist und welches mögliche Fragen sind, die eine intensive Behandlung rechtfertigen, ist gleichermaßen aufzuschreiben. Zwei Stunden Klassenunterricht reichen für die

Vorbereitung. Die Vorstellung und Abstimmung benötigen noch einmal ein bis zwei Stunden. Zu diesem Zweck werden die Themenplakate mit Magneten an die Tafel gehängt. Ein beigefügtes Kästen zeigt den Ort an, an dem die Stimmen sich sammeln. Diese Stimmen werden entweder per Kreide (in Strichform; der fünfte Strich schließt das 5-er Bündel und erleichtert die Auszählung) von mindestens zwei Schülern gleichzeitig abgegeben, die die Kreide ihrerseits an Mitschüler, die sich bereits entschieden haben, weiterreichen. Die Abstimmung ist öffentlich, soll aber ohne Rufen und Beeinflussung von außen ablaufen. Es ist für alle interessant. Die Schülerinnen und Schüler können auch Klebepunkte erhalten, die sie auf die Themenwunschplakate verteilen.

Die Rangfolge wird auf einem Plakat mit der Stimmenzahl ausgehängt, zur Erinnerung und als Anregung für Schüler wie Fachkollegen. In den nächsten vier Wochen bereiten sich alle auf das erste Thema vor, sammeln Material, fertigen Arbeitsblätter an, informieren sich im Internet und bei Experten über wichtige Adressen, Anlaufstellen und Interviewpartner. Die Fachkollegen werden um fachspezifische Beiträge gebeten. Wie viel Zeit der Stundenplan für solch ein Thema erübrigt, ist von den Rahmenbedingungen selbst abhängig zu machen (Beteiligung der Fächer, Fachkollegen, Geboten der Lehrpläne und Richtlinien, Möglichkeiten zu Projektunterricht etc.) Klassenarbeiten sind auch für solche Unterrichtseinheiten sinnvoll und in Absprache zu konzipieren. Auch alternative Leistungsnachweise können hier greifen.

Variante B: Einzelne Schüler stellen ihre Lieblingsthemen vor, die sie alleine oder zu zweit bearbeiten möchten. Dazu erhalten sie alle im Laufe des Schulhalbjahres im *Wochenausklangs-Ritual* (s. S. 61–65) Gelegenheit. Die Themenvorstellung dient hier zur Präzisierung der Frage- und Aufgabenstellung, zum Ideenaustausch, zur gegenseitigen Anregung und Hilfestellung sowie – bei Bedarf – zur Teamfindung. Eine Abstimmung findet nicht statt, weil es sich um eine persönliche Präferenz handelt. Wohl aber wird eine Reihenfolge festgelegt, auf die sich die Schüler einstellen können. Diese Schülervorstellungen werden gemeinsam von allen bewertet und als alternative Klassenarbeit für die Gesamtnote berücksichtigt.

Variante C: In den verschiedenen Fächern stellen die Kollegen Themen zur Wahl. Die Schüler erhalten – je nach Umfang der Angebote – eine bis drei Stimme(n). Manchmal geht es nur darum, ein Thema für eine exemplarische Behandlung zu ermitteln, manchmal geht es um eine thematische Reihenfolge, bei deren Festlegung Mitbestimmung möglich ist, bisweilen auch um fachspezifische Themen, die die Schüler vorschlagen und abstimmen können. So ist im Deutschunterricht denkbar, die Schüler durch ein Studium verschiedener Inhaltsangaben und Rezensionen von Jugendbüchern an der Auswahl einer Lektüre zu beteiligen, die Gegenstand eines „Lesetagebuchs" werden wird, das der Lehrer für die Klasse danach vorbereitet und damit eine gemeinsame wie selbstständig differenzierte, kreative Rezeption einer Ganzschrift ermöglicht.

Gefahrenpotenzial und Handlungsmöglichkeiten: Das Abstimmungsverhalten der Schüler wird nicht selten weniger durch sachliche als durch persönliche Präferenzen geprägt. Wichtig ist es, die Abstimmung in Ruhe durchzuführen, jede Stimmungsmache zu unterbinden. Ansonsten empfiehlt es sich, das Verfahren zu verschriftlichen. Die Stimmenauszählung ergibt dann kommentarlos die Rangfolge. Da auch Themen, die wenig oder gar keine Stimmen erhalten haben, in der Rangfolge auftauchen, werden sie gewürdigt und bleiben als Erinnerung und mögliche Anregung bis zur nächsten Wahlmöglichkeit zu Beginn des zweiten Schulhalbjahres in der Klasse präsent.

Anfangs identifizieren sich nicht alle Schüler mit der demokratisch zustande gekommenen Prioritätenliste. Diese Widerstände sind verständlich. Es ist manchmal bitter, sich demokratischen Entscheidungen beugen zu müssen. Diese Bedenken schwinden aber bald unter dem Eindruck der *Themenbearbeitungsrituale* (s. S. 98–104) und der wachsenden Faszination durch das neue Thema, die nach und nach alle erfasst. Wichtig ist es zu Beginn, ein Meinungsbild zum neuen Thema zu dokumentieren (Ich freue mich, Ich weiß nicht so genau, Ich finde es nicht gut), um Widerstände ernst zu nehmen und zum Abschluss mögliche Veränderungen zu dokumentieren.

Kollegen haben Bedenken, dass die Schüler nicht genug lernen würden oder es für sie Mehrarbeit bedeute, sich in ein neues Gebiet einzuarbeiten. Nur die Praxis und positive Erfahrung werden überzeugen. Oft sind es die Schüler, die auch in anderen Fächern die inhaltliche Auswahl mitbestimmen möchten. Wenn die Fachkollegen erleben, dass die Schüler sie um die Klärung und Vertiefung fachspezifischer Fragen im Kontext mit einem übergreifenden „Schülerthema" bitten, werden sie sich anstecken und überzeugen lassen. Das Mehr an Vorbereitung wird kompensiert durch ein Mehr an selbstständigen Arbeitsprozessen im Schulalltag. Die neuen Themen bedeuten nicht nur neue Einarbeitung, sie stellen auch eine Abwechslung dar und reduzieren die Monotonie des Schulalltags.

Das Neue am Alten – Übergang und Beginn des zweiten Halbjahres gestalten

Einsatz: Klassenlehrer oder Klassenlehrerin in Kooperation mit den Fachlehrern; Klassen: 5 bis 10; Dauer: mindestens zwei Stunden am ersten Schultag nach der Halbjahrespause mit dem Klassenlehrer; jeweils die erste Unterrichtsstunde im Fachunterricht

Ablauf/Beschreibung: Das zweite Schulhalbjahr beginnt mit Klassenunterricht, um die Perspektiven für jeden Einzelnen sowie die Gruppe im kommenden Halbjahr zu konkretisieren, Regeln oder Wünsche zu überdenken und zu aktualisieren, den Klassenraum neu zu gestalten und die Ämter neu zu besetzen. Darüber hinaus startet jeder Fachunterricht mit Bilanz, Perspektive und Themenfindung.

Ziel/Funktion/erwartete Wirkung: Die Schüler sind gefordert, ihre Lernaufgaben fachspezifisch zu präzisieren und geeignete Strategien zu entwickeln, um ihren persönlichen Zielen näher zu kommen. Der Lernertrag und die Verbindung mit den Unterrichtsinhalten wird auf diese Weise persönlich und direkt erfahrbar. Von der ritualisierten Selbstreflexion, dem Blick auf die Qualität der Gruppe und die thematischen Wünsche profitieren Lernatmosphäre und Unterricht, weil mehr Kongruenz zwischen Lernbedürfnissen und -möglichkeiten sowie einem für die Lerngruppe angemessenen didaktisch-methodischen Konzept entsteht.

Ideen zur Initiierung: Der Klassenunterricht beginnt damit, dass jeder Schüler für sich Klarheit über Stand, Aufgaben und Ziele verschafft. Hilfestellung leistet der folgende Fragebogen, der drei Komplexe berührt:

Für die einzelnen Schüler und Schülerinnen (die Ich-Reflexion)

1. Wo bin ich weitergekommen und woran lag das?
2. Wo bin ich mit mir unzufrieden und wie zeigt sich das?
3. Was nehme ich mir für das nächste Halbjahr vor und warum?

Ihre Antworten können sich die Schüler in ihrem persönlichen Schultagebuch notieren. Sie dienen der Vorbereitung für die Komplexe Gruppenatmosphäre und Fachunterricht.

Sodann wird der Blick auf die Gruppe, die Klassengemeinschaft, gerichtet.

Für die Gruppe (die Wir-Reflexion)

1. Was waren unsere drei größten Erfolge?
2. Woran müssen wir noch weiterarbeiten? Wo müssen wir uns verbessern und wie können wir das schaffen?
3. Wenn wir drei Wünsche an die Gruppe richten könnten, dann wären es diese:______________________________

Hier denkt zunächst jeder allein nach und sucht Antworten, bevor ein Austausch in Tischgruppen und danach im Plenum stattfindet. Dies kürzt das Verfahren ab und wird doch zugleich allen Beiträgen gerecht, wenn dazu die Tafel dreigeteilt wird und die Ergebnisse der Schülerbefragung dort angeklebt und sortiert werden. Aus den Wünschen ergeben sich Aufgaben, die vielleicht in Vereinbarungen münden. In einem vom Lehrer zu moderierenden Gespräch gilt es zu ermitteln, welche Wünschen bestehen und wie die Gruppe ihrer Realisierung näher kommen kann. Darüber hinaus sollten die hier gefundenen Ergebnisse zusammengefasst ausgehängt und auch den in der Klasse unterrichtenden Kollegen zur Verfügung gestellt werden. Sodann sind Wahlen zu den für wichtig erachteten Ämtern und Verantwortlichkeiten durchzuführen.

Da auch der Klassenlehrer ein oder mehrere Fächer in der Klasse unterrichtet, geht es nach einer Pause darum, dass die Schüler über ihre Aktivitäten in den verschiedenen Fächern nachdenken. Zur Vorbereitung und Einstimmung gibt der Lehrer allen einen Überblick über die Themen und möglichen Arbeitsformen des kommenden Halbjahres. Darüber hinaus steckt er die Partizipationsbereiche der Schüler begründet ab, stellt Themen zur Wahl. Erst danach setzen sich die Schüler mit folgenden Fragen auseinander, wobei sie direkt Bezug auf die noch anstehenden Aufgaben nehmen.

Für den Fachunterricht (die Es-Reflexion)

1. Die Themen/Arbeitsformen fand ich am interessantesten, weil ...
2. Diese Themen/Arbeitsformen fand ich nicht so ertragreich, weil ...
3. Das wünsche ich mir für das zweite Halbjahr vom Fach/Lehrer, weil ...

Ob sie anonym oder mit Namensnennung antworten, gibt Auskunft über das Vertrauensverhältnis. Da Ehrlichkeit hier vorrangig ist, sollte das Verfahren gewählt werden, das die größte Offenheit ermöglicht. Die Fachlehrer sollten diese Angaben in Ruhe auswerten, vielleicht zu Hause, und die Ergebnisse am nächsten Tag referieren oder sie gemeinsam mit den Klassensprechern oder anderen interessierten Schülern auswerten.

Dieses Prozedere für die Entwicklung neuer Impulse und Perspektiven im Fachunterricht kann genauso zu Beginn der ersten Stunden in den verschiedenen Fächern wiederholt werden. Die Klassensprecher können dem Kollegen als Experten dabei gut zur Hand gehen.

Gefahrenpotenzial und Handlungsmöglichkeiten: Selbsteinschätzung ist anstrengend und will gelernt sein. Neben atmosphärischen Voraussetzungen – einander nicht gegenseitig schlecht zu machen, sondern in Wort und Tat zu kooperieren – sind kontinuierliche Trainingsprogramme während des Schuljahres gefragt. Selbsteinschätzungen darüber, wie ich in der Stunde mitgearbeitet habe, wie ich in der Woche vorangekommen bin und woran das vor allem lag, woran ich noch arbeiten muss, wie ich mit dem Thema und den Arbeitstechniken zurecht gekommen bin – all dies sind Möglichkeiten, kontinuierlich in den verschiedensten Bereichen den Blick auf das eigene Arbeits- und Lernverhalten zu richten, sich selbst auf die Schliche zu kommen und an seiner eigenen Weiterentwicklung zu feilen. (vgl. *Schlussakkord*, *Wochenausklang*, *Klassenrat* etc.)

Die Konkurrenz der anderen ist neben eigenen Ohnmachtsgefühlen wohl das Hauptproblem. Offenheit und Ehrlichkeit werden vor allem dadurch begünstigt, dass die Lehrer mit gutem Beispiel vorangehen und einen souveränen Umgang mit Kritik demonstrieren. Es ist darüber hinaus abzusprechen, wie Kritik am wenigsten verletzt. Die hier vorgestellten Techniken und Befragungen begünstigen ein Klima, in dem Konkurrenz allenfalls noch als Stimulans zur Leistungssteigerung wirkt, nicht aber in einen Kampf gegeneinander oder auf Kosten anderer mündet.

Was tun, wenn Selbsteinschätzungen auf Dauer von den Einschätzungen anderer, Lehrer wie Schüler, abweichen? Je offener das Gesprächsklima in der Klasse ist, umso deutlicher werden auch Mitschüler diese Diskrepanz thematisieren. Dies wirkt oftmals stärker als noch so überzeugende Hinweise unsererseits. Es kann aber auch angebracht sein, ein Gespräch mit einem Vertrauensschüler oder nur unter vier Augen zu führen, um den eigentlichen Gründen auf die Spur zu kommen und im Zwiegespräch Möglichkeiten der Abhilfe zu finden.

Variationen: Die Schüler können zu Halbjahresbeginn auch einen detaillierten **Fragebogen** erhalten, der sie nach den Kompetenzen etwa in Sachen Inhalt, Methodenrepertoire und Kooperation befragt. Dies Verfahren ist allerdings weniger fachspezifisch und richtet den Blick stärker auf die in

Fach: **Klasse:** **Name:** **Datum:**

1. Im [ ]-Unterricht lernen wir etwas über

2. Am interessantesten fand ich bislang

weil ...

3. Am langweiligsten fand ich

weil ...

4. Ich möchte die Themenauswahl mitbestimmen Ja ❑ Nein ❑

5. So arbeite ich bisher am liebsten (Versuche auch zu erklären, warum das so ist):

allein
mit Partner oder Partnerin
Auswahl aus verschiedenen Arbeitsangeboten
Referate allein oder zusammen über ein Thema
Museumsbesuch oder Ausflug zum Thema
Schulbücher
Lehrervorträge
andere Bücher
Fachmappe
Karteikarten
mit Spielen

6. Folgende drei Regeln halte ich für ganz wichtig im Unterricht:

7. Meine Wünsche für den Unterricht in diesem Fach:

8. Das habe ich in diesem Fach bereits gelernt, es ist auch für die Zukunft wichtig

Fragebogen zur Unterrichtsgestaltung

allen Fächern anzustrebenden Fertigkeiten. Es spart Zeit, da es im Bilanzieren ungeübteren Schülern die Sache leichter macht. Insofern ist es ein eher lehrerorientiertes Verfahren, das den Schülern zumindest Raum für eigene Antworten und zusätzliche Bereiche geben sollte. Nachteilig ist, dass fachspezifische Qualifikationen hier oftmals verschwinden und auch Kompetenzen im außerschulischen Bereich, die für andere Aufgaben sinnvoll zu nutzen wären, übersehen werden.

Schuljahresende: Zeugnisse für die Lehrerinnen und Lehrer

Einsatz: Klassen 5 bis 10; Dauer: 3 Schulstunden, verteilt auf die letzten 3 Schulwochen

Ablauf/Beschreibung: In den letzten drei Schulwochen gibt es besondere Stunden, in denen die Schüler und Schülerinnen ihrerseits Zeugnisse schreiben – nicht in Noten-, sondern in Berichtsform und als Brief. Sie formulieren konstruktiv, was der Klassenlehrer/die Klassenlehrerin besonders gut gemacht hat, wo Kritikwürdiges geleistet wurde und was im nächsten Jahr wie zu verbessern wäre. Ob die Schüler es in diesen speziellen Stunden schaffen, über sich selbst und andere Lehrer etwas zu schreiben, liegt an ihnen. Auf jeden Fall erhalten sie in den letzten Wochen mindestens eine Stunde pro Schulwoche dafür Zeit. Zum Abschluss, am letzten Schultag, gibt es dann eine feierliche Übergabe dieser Dokumente an die Lehrerin und den Lehrer, die ihrerseits den Schülern ihr Zeugnis ausstellen. Ob dies alles in ein kleines Fest mit Vorlesen und Feiern mündet, hängt von der Stimmung der Beteiligten ab.

Ziel/Funktion/erwartete Wirkung: Ein Rollentausch macht eher als viele Worte deutlich, worum es hier geht – um eine subjektive Bilanz über die Tätigkeiten einer Person. Was diese Person gut gemacht hat, weshalb ich dies als gut empfunden habe, welches mein Maßstab dafür ist, wo Handlungsbedarf für Veränderung und Weiterarbeit besteht und aus welchen Gründen; welches meine Tipps und Wünsche an die betreffende Person sind – diese **Bilanzierungsfragen** wendet jeder Schüler nun auf seine Lehrerin oder seinen Klassenlehrer an. Indem Begründungen gefragt sind und Verbesserungsvorschläge erwünscht, erhält dieses persönliche Zeugnis aus Schülerhand eine konstruktive Orientierung. Selten erfährt man als Lehrkraft mehr darüber, was den Jugendlichen als Haupteindruck haften blieb.

Jedes Zeugnis offenbart die besondere Beziehung eines jeden zu einem selbst und dokumentiert deren Veränderung Jahr für Jahr. Die Brief- oder Berichtsform dieser Schülerzeugnisse gestattet es, dass der so Beurteilte sie mit Distanz und in Ruhe lesen, die Bewertungen und Anmerkungen abwägen und ihre Impulse für eine persönliche Weiterbildung nutzen kann.

Die Schüler können nach demselben Schema auch ein Zeugnis über sich verfassen, um so schriftlich ihre eigene Weiterentwicklung zu reflektieren. Zeugnisse über Mitschüler oder Fachlehrer sind nur dann zu schreiben, wenn dies von jenen auch wirklich erwünscht ist. Wenn Schüler Jahr für Jahr Zeugnisse formulieren, beherrschen sie die Methoden der qualitativen Evaluation und können sie anwenden. Sie äußern sich konstruktiv, festigen ihre Kriterien und emanzipieren sich immer mehr von Fremdurteilen. Sie fungieren als Experten in eigener Sache ein, sind als Beurteiler alljährlich gefordert. Der feierlich-dokumentarische Rahmen dieser schönen Zeugnisse eines Schuljahres unterstreicht ein ums andere Mal, welche Bedeutung dieser Denk- und Schreibanlass besitzt.

■ **Ideen zur Initiierung**: Gemeinsam mit den Schülern werden Beurteilungs- und Bewertungsaspekte ermittelt, die alle oder nur Einzelne für relevant halten. Das kann auch ganz abstrakt geschehen, indem die Schüler einmal aufschreiben, wodurch sich für sie eine gute Lehrerin und guter Unterricht auszeichnen. Allerdings ist dieser Umweg über das Idealbild von Lehrern nicht unproblematisch: Zwar weiten und schärfen die Schülerinnen dadurch ggf. ihre Kriterien und Blickrichtung, auf der anderen Seite werden sie ausgesprochen streng, formulieren Ansprüche und Forderungen an real existierende Lehrkräfte, die diese in ihrem Berufsleben vielleicht nie werden erfüllen können. Diese tendenzielle Gefahr von idealtypischer Überforderung wird dann vermieden, wenn die Schüler und Schülerinnen sich gemeinsam auf Fragesuche begeben, um all jene Aspekte in Frageform an der Tafel als Anregung wieder zu finden, die sie als relevante Beurteilungskriterien empfinden. Stehen Fragen, die zurückblicken und Positives wie Negatives nebst Gründen erforschen, an der Tafel, können die Schüler in sich gehen und zunächst einmal ein Zeugnis ins Unreine formulieren. Dies empfiehlt sich, weil das dann auf einem besonderen Zeugnisformular zu schreibende Endprodukt vielleicht in der Klasse ausgehängt wird. In jedem Fall ist es ein wichtiges, wertvolles Dokument, das durch die Form der Präsentation noch zusätzlich unter Beweis zu stellen ist. Ob die Schülerzeugnisse öffentliche ausgehängt oder der Lehrkraft nur in Briefform ganz persönlich oder im Austausch mit den eigenen Zeugnissen ausgehändigt werden wird, ist vom Wunsch des Beurteilten abhängig.

Gefahrenpotenzial und Handlungsmöglichkeiten: Manche empfinden es als Last, sich schriftlich Gedanken über den Lehrer machen zu müssen. Es ist, wie andere Formen selbstständigen Arbeitens auch, anstrengend. Sofern die Schüler erleben, dass ihr Urteil nicht nur pro forma abgegeben wird, sondern Konsequenzen hat und Verbesserungen bewirkt, werden sie dieses Zeugnis als Chance begreifen. Sie werden die Souveränität genießen, nicht länger nur als Empfänger von Fremdurteilen zu fungieren.

Viele tun sich schwer, ihre Kritik konstruktiv zu fassen. Hier mag es beispielhafte Formulierungsarbeit mit allen und eine Fixierung verschiedener Ergebnisse an der Tafel geben. Ansonsten können sich die Autoren mit den Nachbarn austauschen und vielleicht ein gemeinsames Zeugnis verfassen. Langfristig ist ein persönliches Zeugnis anzustreben und auch von den Schülern zu schaffen, selbst wenn es noch so kurz ist. Denn Subjektivität offenbart jedes Zeugnis gerade in der Zusammenschau. Der Schreibprozess wird langfristig dadurch begünstigt, dass der Lehrer oder die Lehrerin sich auf jeden Fall bedankt, auch wenn sie die Beurteilung als falsch und ungerecht empfindet. Schließlich stecken meistens viel Mühe und Ernst darin.

Variationen: Ein **Ziffernzeugnis** auch für die Lehrer mit seinen charakteristischen Mängeln; ein von Lehrer und Klasse verfasster **Fragebogen**, der gemeinsam vereinbarte Maßstäbe an guten Unterricht enthält und variable Antwortmöglichkeiten bietet.

Rituale für die Schulzeit

Die Zeit an der weiterführenden Schule währt lang: mindestens fünf, manchmal neun Jahre. Hunderte junger Menschen unterschiedlicher sozialer und intellektueller Kompetenz und Herkunft treffen in Klassen und Kursen mit wechselnden Mitschülern und Lehrern zusammen. Diese Periode hinterlässt Spuren, prägt die Einstellung zum Lernen, zum Umgang mit Fremdem und Neuem. Nach der Grundschule sind es zumeist die Eltern, die über die Schullaufbahn ihrer Kinder entscheiden. Dabei dienen die Empfehlungen der Grundschullehrerinnen nur als unverbindlicher Rat, der nicht befolgt werden muss. Welche Schulform sie aus dem mehrgliedrigen Angebot für ihre Kinder am geeignetsten halten, entscheiden sie. Auch die konkrete

Schule wählen sie aus, müssen sich aber den schulinternen Vorgaben und Kapazitäten fügen. Ein Rechtsanspruch auf eine bestimmte Schule besteht nicht. Bis auf die Integrierten Gesamtschulen, in denen es keine Wiederholung von Klassenstufen gibt und erst am Ende des 10. Jahrgangs abschließend die Güte des Schulabschlusses festgeschrieben wird, endet die Orientierungsstufe der Klassen 5 und 6 in Haupt- und Realschule mit verbindlichen Empfehlungen des Klassenkollegiums. Auch dann sprechen Gymnasien Empfehlungen für Fortsetzung, Wiederholung oder Schulwechsel aus. Welche Anforderungen bei den verschiedenen Schulabschlüssen gelten, wie das obligatorische Fachangebot und seine pro Jahrgangsstufe sich verändernden Anteile zu sein hat, regeln Vereinbarungen der Kultusministerkonferenz. Die konkrete Umsetzung vor Ort in den Schulen und Klassen variiert stark, hängt von der Güte des Unterrichts, der Lernatmosphäre sowie den Kompetenzen der Gruppe ab.

Schüler und Schülerinnen haben sich an bestimmten Orten einzufinden, werden in Gruppen aufgeteilt und einem Fachpersonal überantwortet. Weder haben sie Einfluss auf das Fachpersonal noch auf die Inhalte und Stundenpläne, geschweige denn auf die Klassenkomposition. So erhalten sie viele Jahre lang ein Pflicht- und Wahlangebot in Klassen oder Kursen, unabhängig von ihren Wünschen. Ihre Aufgabe wird in dieser Konzeption vor allem darin gesehen, dass sie dieses Angebot als Lern- und Bildungsauftrag akzeptieren, sich aneignen, wiedergeben können und dafür bewertet werden. Die Schüler und Schülerinnen sind also selbst kaum gefragt, werden vielmehr mit Entscheidungen konfrontiert, die sie umzusetzen haben. Dass dabei Störungen und Widerspruch auftreten, zumal in einem Alter persönlicher Krisen, ist natürlich.

Wenn die Schüler zur Sekundarstufe wechseln, verlassen sie zumeist auch die Grundschule, mithin eine vertraute Umgebung, in der sich Mitschüler und Lehrerinnen weit über die einzelne Klasse hinaus gut kannten. Hier wurden sie als Persönlichkeiten namentlich von vielen angesprochen, als Mitspieler in der Pause oder auf der Klassenfahrt akzeptiert. Auf die neue Schule freuen sich die meisten, wenn auch Angst vor dem Unbekannten mitschwingt. Die vielen Jahre, die ihnen dort bevorstehen, die in einen Schulabschluss münden, der sie für eine Berufsausbildung qualifiziert, können sie nicht überblicken. Sie wissen nicht um die Ziele der Sekundarschule, die sie fachlich wie persönlich bilden, sie kooperativ und teamfähig machen soll. Wie dieser Lernprozess bei den Einzelnen abläuft, gradlinig, schwankend oder gar rückläufig, ist von der persönlichen Stabilität in dieser von pubertären Umbrüchen erschütterten Zeit abhängig sowie von der Solidität der Gruppe, unabhängig vom Leistungsniveau. Hier sind ritualisierte Formen hilfreich, die jedem Einzelnen wie der Gruppe ein wachsendes Handlungsrepertoire zur Verfügung stellen, sich situationsangemessen, selbstbewusst und konstruktiv in Unterricht und Schulalltag einzubringen.

Blickt man auf die Schulzeit als Ganzes, sind es vor allem der **Beginn** und das **Ende**, die ritualisierte Einstiegs- und Ausstiegsformen benötigen, um Zukunftsängste zu reduzieren, Selbstvertrauen aufzubauen und damit Neugierde und Zuversicht eine Chance zu geben. Alljährlich verlassen viele Jugendliche die Schule, verliert die Schule Persönlichkeiten, die ihr Gesamtbild unterschiedlich stark prägten, lösen sich Klassen und Gruppen auf. Nach den Sommerferien wird dieses Vakuum durch neue Mitschüler gefüllt, die sich nicht auskennen, die fragen, sich verirren, die in dieser unübersehbaren Großgruppe erst einmal ihren Platz finden müssen, um ein Teil von ihr werden zu können. Wie wichtig ist es für die Neuen, als Persönlichkeiten von Anfang an registriert zu werden. Auch wenn sie einige Schüler aus Familie, Nachbarschaft oder Grundschule kennen, überwiegt doch das Fremde: die Mitschüler, die Parallelklassen, die Lehrer und Lehrerinnen, die unbekannten Fächer und Anforderungen, die Räumlichkeiten, das Pausenreglement und die Schulordnung. Die Komplexität dieser Anfangssituation kann nicht sofort aufgelöst werden. Aber das folgende *Ankommensritual* kann zumindest ein gutes Fundament legen, die Souveränität der Fünftklässler kontinuierlich ausweiten, die belastenden Momente im Klassenkontext verringern und damit Energie für den Fachunterricht freisetzen. Wenn man gleich zur Tagesordnung überginge und gar nicht bemerkte, was sich im Laufe dieses Bruchs und Übergangs alles an Neuem tut, wie die Gruppenkonstellation ist und wie die Schüler auf die neuen Anforderungen, Fächer und Lehrer reagieren, verpasste die Schule die positiven Wirkungen, die von diesem dynamischen Prozess ausgehen und das Gesamtbild Jahr für Jahr neu beeinflussen.

Weniger kompliziert ist auf den ersten Blick das Ende der Schulzeit. Alles scheint geregelt, die Zeugnisse werden ausgegeben, Reden gehalten, traditionelle Feierlichkeiten absolviert. Der feierlichen Verabschiedung geht ein Ritual voraus, das den Schülern einen Tag lang Verbotenes erlaubt. Die Gefühle, die in diesem rituellen Aufbäumen zum Ausdruck kommen, sind vielschichtig: Stolz auf den Abschluss, Rache für erlittene Verletzungen, Freude, endlich der Anstalt mit ihren einschränkenden und zensierenden Maßnahmen entronnen zu sein, Trauer über die Trennung von Freunden und Lehrern, die man gemocht hat, Angst vor dem Neuen und Unbekannten, Neugierde und Vorfreude auf all das, was noch kommen wird. Über allem aber rangiert der Wunsch, Spuren zu hinterlassen, die nicht getilgt werden können, persönliche Abdrücke, die die erlittenen und hilfreichen Prägungen zurückgeben. Ein Buch mit Beiträgen über jeden Abgänger stellt ein wichtiges Erinnerungsstück des Jahrgangs dar, der damit die Welt der Ehemaligen betritt. Darüber hinaus ist es ein persönliches Abschiednehmen und Bilanzieren, ein Adieu für die Gruppe und Schule. Trennung und Neubeginn erhalten eine *Rahmung*.

In der neuen Schule ankommen

Einsatz: Klassenunterricht; Klassen: 5; Dauer: die ersten drei Tage in der neuen Schule

Ablauf/Beschreibung: Nach der Feier in der Aula werden die Schüler an den folgenden drei Tagen mit ihrer neuen Klasse, ihren Mitschülern und Lehrern vertraut gemacht. Die Fachkollegen stellen sich und ihr Fach sowie dessen besondere Anforderungen vor. Die neuen Schüler und Schülerinnen erhalten mit Hilfe eines persönlichen Patensystems durch die Sechstklässler Einblick in das Gebäude, in das Kantinen- und Pausenwesen. Sie lernen wichtige Ansprechpartner der Schule (Schulleiter, Sekretärin, Hausmeister, Vertrauenslehrer, Schulsprecher, Beratungslehrer, Streitschlichter ...) persönlich kennen, werden als neue Klassen Duftmarken auf Fluren und Schulhof hinterlassen, zusammen ein Klassenbuch erstellen, das neben Zukunftswünschen auch den Klassenvertrag enthält, um von Anfang an eine konstruktive Atmosphäre aufzubauen. Die Ankommenszeit klingt mit einem gemeinsamen Fest mit Lehrern, Paten und Eltern aus.

Ziel/Funktion/erwartete Wirkung: Die Aufbruchsstimmung wird häufig von Anfang an durch ein erhebliches Informationsdefizit belastet: Von daher genießen das gegenseitige Kennenlernen sowie Informationen über Fächer, Methoden und Klassenkollegium in diesen ersten Tagen an der neuen Schule Priorität. So kann das Angstpotenzial, das Neues und Fremdes auslöst, systematisch reduziert werden. Die Kompetenzen und Wünsche jedes Einzelnen werden zu einem wichtigen Impuls für den Gruppenbildungsprozess. Mit gegenseitigem Interesse kann Vertrauen und Sicherheit aufgebaut werden, was auch zur Übernahme von Verantwortung qualifiziert. Was angemessenes Verhalten in der Schule ist und welche Grenzen in der Klasse gelten, wird nicht vorausgesetzt, sondern in einem *Klassenvertrag* festgeschrieben und damit verbindlich. Die *persönlichen Steckbriefe* schmücken zunächst die Klasse, bevor sie die Schulflure verändern. Darüber hinaus wird Jahr für Jahr die *Fotowand* der Schule mit allen Schülern und Klassen sowie dem aktuellen Lehrerkollegium aktualisiert und im Eingangsbereich ausgehängt. Jeder Fünftklässler nennt schließlich eine Dokumentation dieser ersten Tage sein eigen, die Informationen auch an die Eltern weitergibt. Das *Patensystem*, das die Sechstklässler als Experten für das erste Jahr zu persönlichen Helfern des Übergangs macht, ritualisiert diesen Transfer von Erfahrung, würdigt sie in besonderem Maße, wie es auch persönliche Beziehungen aufbaut, die über den Klassenrahmen hinausgehen. Im Laufe des Schuljahres wird es noch verschiedene Gelegenheiten und Einsätze dieser Paten geben. Das gemeinsame Ankommensfest mit Paten, Lehrern und Eltern beschließt dieses mehrgliedrige Ritual und öffnet einem ritualisierten Schulalltag die Tür.

■ **Ideen zur Initiierung:** Nach der festlichen Begrüßung in der Aula, die möglichst auch von den Sechstklässlern getragen und von ihren Erfahrungen geprägt sein sollte, finden sich die Schüler und Schülerinnen mit den Klassenlehrern bzw. den Teams in ihrer neuen Klasse ein.

1. Das bin ich – Steckbriefe entstehen: Diese Steckbriefe enthalten nicht nur den Namen, das Alter und den Geburtstag, sondern auch die Hobbys, die besonderen Fähigkeiten und Vorlieben sowie die Wünsche an die Klasse und einen Zukunftswunsch für sich selbst. Der Vorname wird als Akrostichon untereinander geschrieben und Zeile für Zeile mit Wörter gefüllt, die zu einem passen oder was man gerne mag. Ein persönliches Foto vom ersten Tag dient der Wiedererkennung und Illustration. Fotos bzw. Kopien von jenen der Tischnachbarn und Paten runden diesen visuellen Eindruck ab. Diese Steckbriefe erleichtern die gegenseitige Vorstellung der Sitznachbarn, hängen aus, bevor sie zum Wochenabschluss in einem *Klassenbuch* besonderer Art „Das sind wir – die Klasse 5“ zusammengefügt werden.

2. Die Nachbarschaft lernt sich kennen: Sitznachbarn interviewen sich gegenseitig, tauschen sich aus und stellen ihren Interviewpartner der Gruppe kurz vor. Diese Vorstellungen sind anstrengend, denn sie benötigen die völlige Konzentration der Gruppe. Deshalb werden sie in Etappen stattfinden, unterbrochen etwa von Vorstellungen des Klassenlehrers oder der Klassenlehrerin bzw. kleineren Exkursionen mit den Paten.

3. Ein Gruppenbild mit Lehrern/Das sind wir – die Klasse 5: Dieses Bild vom ersten Tag wird nicht nur Teil des Klassenbuchs, sondern auch im Schulflur ausgestellt, um die neuen Schüler öffentlich zu einem Teil der Schule werden zu lassen. Es bietet sich an, auch von den anderen Klassen alljährlich zu Schuljahresbeginn ein Klassenfoto zu machen, um die Veränderungen zu dokumentieren und zu würdigen.

4. Auch Lehrer sind Menschen – Steckbriefe des Klassenkollegiums: Auch die Klassenkollegen füllen Fragebögen wie die Schüler aus, die einen wichtigen Teil des Klassenbuchs bilden. Das Informationsbedürfnis von Schülern und Eltern wird darüber hinaus durch Erläuterungen zu den fachspezifischen Anforderungen befriedigt.

5. Das Patensystem greift – rund ums Schulgebäude: In mindestens zwei Stunden stehen die Sechstklässler den Fünftklässlern am zweiten Tag als persönliche Helfer zur Verfügung. Sie begleiten ihren Schützling durch das Gebäude und informieren ihn bei dieser Gelegenheit über die Gepflogenheiten der Schule, die Besonderheiten von Lehrern, Pausen, Kantinen etc.

6. Die VIP (Very Important Persons) der Schule: Schulleiter und -stellvertreter, der für die Orientierungsstufe zuständige Kollege, der Vertrauenslehrer, die Sekretärin und der Hausmeister sowie die Schulsprecher stehen in den 5. Klassen am zweiten Tag Rede und Antwort, stellen sich damit persönlich vor, beschreiben ihre Aufgaben und wann und für welche Gelegenheiten sie die geeigneten Ansprechpartner sind. Von diesen Begegnungen werden Fotos gemacht, die wiederum das Klassenbuch füllen.

7. Duftmarken hinterlassen – mit Fotos weiterarbeiten: Die Kontaktabzüge der Fotos finden sich im Steckbrief sowie damit im Klassenbuch wieder. Das Gruppenfoto verschönert den Eingangsbereich zusammen mit allen anderen Klassenfotos. Die größeren Porträts werden zu einem Geburtstagskalender zusammengefügt, mit Daten versehen und chronologisch geordnet, nicht ohne ein Geburtstagsfeier-Ritual mit den Schülern zu verabreden und im Klassenbuch zu dokumentieren.

8. So eine Klasse wünsche ich mir: Auf der Basis der persönlichen Wünsche entsteht ein Wunschprogramm, das durch einen Klassenvertrag abgesichert wird. Dieser Klassenvertrag wird feierlich von allen unterzeichnet, enthält positiv formulierte Anforderungen und Gründe. Es werden auch die künftigen Dienste vorgestellt, damit sich jeder überlegen kann, wo er Verantwortung übernimmt.

9. Schulrallye: Zum Abschluss wird in kleinen 2er bis 4er Teams eine kleine Rallye zu absolvieren sein, mit der ein jeder demonstriert, wie gut er sich im Gebäude auskennt, wen er in welchem Falle ansprechen muss und wie er mit kreativen Aufgaben umgeht. Denn für das Fest sind Beiträge vonnöten, um die sich die kleinen Teams verdient machen sollten.

10. Unser Fest zum Abschluss: Ein gemeinsames Fest mit Paten, Fachlehrern und Eltern wird nicht nur Gelegenheit zum Austausch geben, sondern durch Beiträge und Lieder der neuen Klasse bereichert, vielleicht auch durch eine Verlesung der Wünsche oder des Klassenvertrags. Jeder erhält ein Exemplar des gemeinsam erstellten Buches. Es wäre schön, wenn anlässlich dieses Neubeginns auch etwas gepflanzt würde – ein Baum, ein Strauch oder Blumen. Damit hinterließe jede Klasse Spuren und könnte die Dauer auch am Wandel und Wachstum der „eigenen“ Pflanze nachempfinden.

Den Schulabschluss gestalten

- **Einsatz:** Klassenstufen: 9 bis 10; Dauer: in verschiedenen Etappen – über die letzte Schulwoche verteilt

- **Ablauf/Beschreibung:** Zur Rückbesinnung auf die gesamte Schulzeit wird eine *Traumreise* in die eigene Schulzeit unternommen – von der Einschulung über den Schulwechsel bis zum Schulschluss. Danach zeichnen alle ihre persönliche Kurve, erläutern in Stichworten ihre Hochs und Tiefs und präsentieren es als ein Kurvenfries in oder vor der Klasse.

Zur qualitativen Bilanzierung beantworten die Schüler einen Fragebogen zu einschneidenden persönlichen Schulererlebnissen, sie stellen der Lerngruppe ein Berichtszeugnis aus, geben ihren Lehrern Tipps für Weiterarbeit und Verbesserungen und füllen die papiernen Rucksäcke ihrer Mitschüler mit persönlichen Bemerkungen zum Abschied. Diese schriftlichen

Reflexionen bilden die Grundlage, um in kleinen Gruppen einen gemeinsamen Beitrag für das Abschiedsfest vorzubereiten. Davor sind aber noch drei Aufgaben zu erledigen: einen Mut machenden *Brief an sich selbst* zu verfassen, der einen nach einem halben Jahr erreichen wird, eine Seite für das Jahrgangsbuch mit Foto und persönlichen Erinnerungen und Wünschen zu verfassen und schließlich Ideen für die Schulstreiche zu entwickeln. Im Anschluss an die feierliche Zeugnisausgabe, nach Reden und Beiträgen aus Klassen und Kursen, kann jeder eine Sache oder einen Begriff in einen auf der Bühne stehenden Müllkorb werfen sowie einen Wunsch an den *Wunschbaum des Jahrgangs* hängen.

Ziel/Funktion/erwartete Wirkung: Eine persönliche und Jahrgangsbilanz zur Schulzeit zu ermöglichen, ist Ziel dieses komplexen Rituals, das verschiedene Phasen durchläuft, diverse Sinne anspricht und reflexive, demonstrative und anarchische sowie feierliche Elemente in sich vereint. Die Traumreise hat das Ziel, die Schüler und Schülerinnen zu befähigen, sich nicht nur auf die jüngste Vergangenheit zu besinnen, sondern zu den Anfängen zurückzukehren und alles, was folgte an sachlichen, persönlichen und sozialen Entwicklungen, angemessener in die Reflexion mit einzubeziehen. Diesen genauen Blick richtet jeder auf sich, sodann auf die Gruppe und schließlich auf die Lehrer und ihren Unterricht. Trennung und Abschied konkretisieren sich durch Abschiedsworte für die Mitschüler. Das gemeinsam zu erstellende Jahrgangsbuch, in dem jeder seine Seite gestaltet, die gemeinsam ersonnenen Schulstreiche, die aktive Mitgestaltung der Abschlussfeier offenbart ein letztes Mal die Güte der Klassengemeinschaft und des gesamten Jahrgangs.

Ideen zur Initiierung:

1. Die Traumreise in (oder durch) die eigene Schulzeit (ca. 15 Minuten):
Langsam werden etwa folgende Stichwörter vorgetragen:
Schultüte, Aufregung, Freude, Angst?, Schulranzen, Federtasche, alles ist durcheinander, Kippeln, Füller, Kreide quietscht, viele andere, Fremde, Freunde, Kinder und Erwachsene, Lehrer, Lesen, Schreiben, Rechnen, Klassenfahrt, Ausflüge, Pause, Streit, Klassenfest, Fasching, Singen, Elternabend, Tierbücher, Leseecke, Sitzkreis, Kippeln, Leise sein müssen, Dazwischenreden, Tintenkiller, Wer ist der Beste?, Streit, Lachen, Einmaleins, Kästchenrechnen, Hausaufgaben, Klassenbuch, Toben in der Turnhalle,

Bundesjugendspiele, Klassenarbeiten, Berichte und Noten, Zeugnis, Versetzung, Schulweg, Prügeln, Strafen, Regeln, Schulwechsel, neue Lehrer, Englisch, Sportfeste, Chemie, Physik, Biologie, fremde Mitschüler, unbekannte Anforderungen, Zensuren, Arbeiten, Aggressionen, Klassenbucheintrag, Blauer Brief, Halbjahreszeugnis, Geld für gute Noten, Versäumnisse, Fehler, Konkurrenz, Fremdsprachen, Austausch, Sitzenbleiben, Ich verändere mich, Sexualkunde, Klassenreise, Austausch, Regeln, Kantine, Pausenbrot, Zettelwirtschaft, Computer, Internet, schlechte Lehrer, gute Lehrer, Wer wird vorgezogen?, Streber, schlampig, Berichtigungen, Referate, Mütze ab, Kaugummi raus, Zu spät kommen, Eintrag, Mädchen und Jungen, Erste Liebe, Poesiealben, Raucherecke, Drogen, Handyverbot, Betriebspraktikum, Klassenlehrer, Klassenrat, Klassensprecher, Schulsprecher, Ferien, Schluss, Was nun?

Im Vorwege sind Absprachen über Dauer, Teilnahme und Alternativen zu treffen. Alle, die sich nicht daran beteiligen wollen, zeichnen im Nachbarraum sogleich ihre persönliche Schulkurve.

2. Die Schulkurve: Auf einem DIN-A3-Blatt, das im Koordinatensystem als Horizontale die einzelnen Klassenstufen (1 bis 9 oder 10) aufweist und die Grundschule von der weiteren Schulform durch vertikale Linien (oder gestrichelte Linien) abgrenzt, zeichnet jeder seine persönliche Schulkurve ein. Ob der Gesamteindruck in einer Linie zusammengefasst wird oder unterschiedlich gefärbte Linien für den Unterricht, den Lehrer/die Lehrerin, das Wohlgefühl in der Klasse sowie für die persönliche Lernentwicklung stehen, ist als Möglichkeit freizustellen. Die Hochs und Tiefs sollten kurz schriftlich erläutert, ein Foto bzw. Name dazu gesetzt werden. Wenn alle ihre Kurven beschriftet oder illustriert haben, kann zu zweit, in Kleingruppen oder gar im Plenum über ausgewählte Aspekte oder ganz besondere Kurven gesprochen werden. Nachdem alle ihre Kurven gleichzeitig hochgehalten haben, entsteht sogleich ein erster Gesamteindruck. Die Schülerinnen und Schüler können entscheiden, ob dieses Meer von Kurven über eine Art Vernissage hinaus in kleineren Gruppen oder der ganzen Klasse besprochen wird oder ob es später mit einer öffentlichen Aushängung fürs erste abgeschlossen und vielleicht als Teil des Jahrgangsbuches fotografiert wird.

3. Der Fragebogen zur Schulbilanz: Die Schüler und Schülerinnen blicken damit auf ihre gesamte Schulzeit zurück, um sich Fortschritte zu vergegenwärtigen, eigene Kompetenzen zu bescheinigen und auch einen kritisch-konstruktiven Blick auf die anderen an diesem Lernprozess beteiligten Menschen zu richten, die Mitschüler und Mitschülerinnen ebenso wie die Lehrer und Lehrerinnen. Die gewünschte Kritik fragt nach Beispielen und Argumenten. Aber auch witzige Erinnerungen haben hier ihren legitimen Ort.

4. Ein Berichtszeugnis für die Gruppe: Hier gerät die Atmosphäre in den Blick. Erfolge und Niederungen von Gruppenprozessen sind zu benennen, wie auch Kooperation und Teamgeist, gegenseitige Unterstützung oder Einsamkeit gehören angesprochen. Dadurch präzisieren sich persönliche Vorstellungen und Wünsche an Teamarbeit und Arbeitsfelder. Man gewinnt mehr Klarheit, bei welchen Gelegenheiten man die Gruppe als gewinnbringend, stützend und förderlich erlebt hat und bei welchen umgekehrt als beeinträchtigend, behindernd und klein machend und welchen Part man selbst in diesem Prozess gespielt hat.

5. Die drei Tipps für die Lehrer und Lehrerinnen: Es bleibt jedem Einzelnen überlassen, sich persönlich an einen bestimmten Lehrer oder eine Lehrerin zu wenden und Ratschläge für künftige Lehrer zu formulieren. Letzteres entspricht mehr dem Abschluss mit einem Lebenskapitel, in dem man für die Profession Allgemeingültiges formuliert. Dem Ernst der Stunde entsprechend sollten diese Tipps zusammengefasst in dem Jahrgangsbuch veröffentlicht werden.

6. Jeder erhält einen Papierrucksack voller Erinnerungen von den anderen: Hier besteht für alle die Chance, jedem Mitschüler, jeder Mitschülerin etwas mit auf den Weg zu geben, mag es sich um etwas Ernstes handeln, was man immer schon einmal loswerden wollte, mag es ein Dankeschön sein, das an eine vergessene Situation erinnert. Es können auch störende Dinge angesprochen werden, dies aber auf eine Weise, wie man es selbst hören mag.

7. Meine Seite für das Jahrgangsbuch: Jeder gestaltet eine Seite für das gemeinsame Jahrgangsbuch – mit Foto, persönlichen Erinnerungen, Botschaften, Erfolgen oder Misserfolgen. Die dokumentierten Vorarbeiten zur qualitativen Bilanzierungen schaffen eine umfangreiche Auswahl.

8. Gruppenbeiträge für die Abschlussfeier: Hier können Zitate aus der Abschlussreflexion geboten werden oder witzige und typische Szenen aus dem Schulalltag. Die Auftritte sollten zwischen 5 und 10 Minuten lang sein und als Unterbrechungen in das Festprogramm eingestreut werden. Die Gruppengröße sollte fünf Personen nicht überschreiten.

9. Der Brief an sich selbst: Dies ist ein Ausflug in die Zukunft, in der anstehende Aufgaben erfolgreich bewältigt wurden und sich Unsicherheit in Sicherheit wandelte. Dafür sind das Rekapitulieren eigener Ressourcen ebenso wichtig wie Strategien, die schon bei anderer Gelegenheit hilfreich waren. Je konkreter, desto ermutigender sind sie, desto größer ihre Kraft und Wirkung für Transfer. So wird ein Brief entstehen, wie ihn die beste Freundin oder der beste Freund schreiben könnte. Ein halbes Jahr später, wenn man ihn lange vergessen hat, wird er eintreffen und stärken. Es sind die ehemaligen Klassenlehrer und Klassenlehrerinnen, die ihn auf den Weg brachten.

10. Der Müllkorb: Sich öffentlich auf der Bühne von etwas zu verabschieden, was man würdig hält, in den Müll der Schule zu wandern, dies aufzuschreiben, laut und deutlich zu sagen und es als Realobjekt oder auf dem Zettel dem Schulmüll zu überantworten, dies ist ein wichtiger Akt, konstruktiv mit Kritik umzugehen. Wir, die Zurückbleibenden, sollten uns diesen Müll genau anschauen und darüber nachdenken, was jeder zur Eindämmung beitragen kann.

11. Mein Wunsch für den Wunschbaum: Der Auftritt auf der Bühne endet mit einem öffentlich verlesenen und begründeten Wunsch für einen selbst, die eigene Zukunft oder die Schule bzw. die Lehrerinnen und Lehrer „Mein Wunsch für die Schule ...", „Mein Wunsch für die Zukunft ..." . Zum Ausklang können die Schüler einen echten Baum auf dem Schulgelände pflanzen.

4 Arbeitsprozesse und Fachunterricht

Gehorchte die Präsentation der eben vorgestellten Rituale für eine Klasse oder Schule dem Prinzip der Zeit – von der Unterrichtsstunde bis zur gesamten Schulzeit –, so geht es nunmehr um Spezifika, die sich im Rahmen gemeinsamer Arbeitsprozesse und beispielhaft im Fachunterricht stellen. Die ritualisierten Handlungsabläufe für Arbeitsprozesse besitzen nach eigener Erfahrung – je nach Häufigkeit und Praxis – viel Aussicht, rasch zu ertragreichen Ritualen im hier angestrebten Sinne zu werden. Sie decken allerdings nur wenige Aspekte einer ritualisierten Gestaltung von Kooperation und miteinander Lernen ab und erfordern Ergänzung und Erweiterung.

Ritualisierungen der Zusammenarbeit

Arbeitsprozesse zu strukturieren, Kooperation zu erleichtern und damit Partizipation zu ermöglichen – dies sind die Leitmotive der hier vorgestellten Rituale der Arbeit. Beispielhaft berühren sie nur wenige, aber komplizierte Phasen gemeinsamer Lernprozesse: das gemeinsame Gespräch, Themenbearbeitungsabläufe und Themenabschluss, gemeinsames Nachdenken und Überarbeiten, Präsentation von Schülerarbeiten, Rückgabe von Klassenarbeiten, Kartei- und Stationsarbeit oder Textüberarbeitungsritualisierungen. Die Auswahl ist nicht repräsentativ, sie liefert Anregungen, die modifiziert auch für andere Scharnierstellen selbstständiger Lernarrangements zu nutzen sind. Alle Vorschläge sind so einfach strukturiert, dass sie von den Schülern rasch in Eigenregie zu praktizieren sind. Verzichtet wurde im Folgenden darauf, mögliche Rituale für Partner- oder Gruppenarbeit vorzustellen, obwohl auch sie sehr wichtig sind. Deshalb an dieser Stelle dazu nur so viel: Jede Gruppenarbeit wird strukturierter und effizienter, wenn die Arbeitsorganisation insofern ritualisiert wird, als damit begonnen wird, Verantwortliche festzulegen, etwa für Protokollführung, „Moderation", Präsentation und Zeitmanagement. Mit dieser Art vorstrukturierter Selbstorganisation beginnt die Arbeit zügiger, wird gerechter verteilt und ist ertragreicher. Die Anfangsschwierigkeiten der Präsentation von Ergebnissen werden dann durch den wundervollen Eröffnungssatz gemildert: „Mitgearbeitet und mitgedacht haben ...". Es kann bei arbeitsungleicher Gruppenarbeit auch zum Ritual werden, dass jeweils ein Gruppenmitglied nach erfolgreicher Arbeit als Multiplikator mit Vertretern der übrigen Gruppen zusammentrifft. Diese so neu zusammengesetzten Gruppen tauschen sich untereinander reihum über die wesentlichen Ergebnisse aus, beantworten Nachfragen und entwickeln ggf. ein gemeinsames Fazit und Ideen zur Weiterarbeit. Diese unterschiedlichen Schlussfolgerungen sind für alle interessant und regen zum Vergleich und gemeinsamem Weiterdenken an. In manchen Klassen gibt es das Ritual, dass alle Schüler und Schülerinnen sich nacheinander zu Beobachtern solcher Gruppenarbeitsphasen machen. Am Stundenende geben sie der Klasse eine kurze Rückmeldung ihrer im Gruppenarbeitsbuch protokollierten Beobachtungen. Ähnlich dem japanischen *Toban*-Ritual richtet sich das Augenmerk damit auf das Gelingen von Kooperation, wodurch Urteilsfähigkeit und Sensibilität für potenzielle Störungen und ihre Verhinderung wachsen. Schließlich gibt es das Ritual, dass sich Tischgruppen selbst zusammen finden, gemeinsam mit den anderen Kriterien entwickeln, die das Zusammensein in der Klasse und Kooperation unterstützen sollen. Sie bewerten sich zunächst täglich, nach Eingewöhnung wöchentlich, wie sie die Einhaltung geschafft haben. Das Feedback der anderen wird helfen, die Selbsteinschätzung zu präzisieren. Das Resultat wird sein, den „Wochensieger" bzw. das „Team der Woche" zu ermitteln.

Von der Frage bis zur Antwort – Themenbearbeitungsritual

Einsatz: Für alle Fächer und eingrenzbaren Themen geeignet; Klassen: 5 bis 10; Dauer: ca. 1 Monat

Ablauf/Beschreibung: Nachdem die Entscheidung für ein Thema gefallen ist, unabhängig, ob es gewählt oder gesetzt wurde, greift jetzt folgender, ritualisierter Ablauf: Das Vorwissen der Schüler wird als Ideensonne gesammelt und auf einem *Was-wir-schon-wissen-Plakat* in der Klasse ausgehängt. Die Formulierung von Fragen zum Thema und ihre Dokumentation und Ordnung nach Namen werden auf einem *Unsere-Fragen-und-Interessen-Plakat* im Klassenraum gesammelt und im selbst zu füllenden *Themenbuch* dokumentiert. Themeneingrenzung, Schwerpunktsetzung sowie die Bildung von Experten- und Interessengruppen wird hierdurch erleichtert und sachbezogener. Eine Rechercheplanung zur Beantwortung der Fragen ist der nächste Schritt, den die Schüler mit zunehmender Erfahrung selbst unternehmen. Dazu können Arbeitshypothesen dienen, die durch die eigene Untersuchung überprüft werden.

Wie sich die Schüler über die Schulbücher und Themenbuchkisten in der Klasse oder Schulbücherei hinaus Informationen beschaffen, ob aus Bibliotheken, Befragungen oder im Internet, ist durch einen regelmäßigen Erfahrungsaustausch sowie gemeinsame Einführungen zum kritischen Umgang mit verschiedenen Informationsquellen kontinuierlich und thematisch auszubauen. Je mehr Erfahrung sie mit dieser projektartigen Methodik zur Bearbeitung von Unterrichtsthemen sammeln, desto mehr Anregungen und Materialien werden sie selbst einbringen, desto interessanter auch ihre methodischen Ideen und vor allem die Resultate ihrer Arbeit. Jedes Fach arbeitet mit Fachtermini, oft gibt es eine themenspezifische Begrifflichkeit, die in ein Glossar mündet, das jedes Themenbuch abrundet. Die Etappen der Recherche sind im eigenen Themenbuch zu protokollieren und unterstützen die Ergebnispräsentation. Denn mit die Beantwortung oder Lösung der eingangs aufgeworfenen Probleme und Fragen wird ein Thema abgeschlossen. Wie das geschieht, als Quiz, als Einzeltest, als Referat von Teams oder Gruppen, als Lernkartei für eine andere Klasse oder in gegenseitiger Vorstellung in Kleingruppen, ist variabel. Eine *Bilanzierung der gesamten Einheit* – der zweite wichtige Aspekt – erfolgt auf der Basis eines Feedbacks zu den Inhalten, Methoden und der Kooperation, das nicht nur der Lehrer oder die Lehrerin abgibt, sondern in das die gesamte Klasse einbezogen wird. Der letzte Punkt betrifft – eng damit verzahnt – eine kritische Begutachtung der Ergebnisse: etwa durch eine Ausstellung von Produkten und Themenbüchern sowie konkreten schriftlichen Rückmeldungen von Mitschülern und Lehrern.

Ziel/Funktion/erwartete Wirkung: Dieses Ritual greift gezielt auf das Vorwissen zurück, um die Lernangebote den Kenntnissen und Interessen der Schüler anzupassen und sie weder mit bereits Bekanntem zu langweilen, noch sie zu überfordern, weil man als Pädagoge fälschlicherweise von ganz anderen Vorkenntnissen ausging. Damit holt man die Gruppe dort ab, wo sie sich auch thematisch befindet. Als Lehrkraft unterstreicht man, wie wichtig Wissen und Kenntnisse sind, dass sie gefragt sind und darauf Bezug genommen wird. Wenn das Vorwissen der Klasse sich auf einem Plakat niederschlägt oder anders dokumentiert wird, kann man im weiteren Verlauf Richtiges von Falschem unterscheiden, für Klärung sorgen und Vermutungen erhärten oder entkräften. Wichtige Fachtermini werden bereits in diesem Kontext genannt und bleiben in der Klasse präsent. Darüber hinaus schälen sich schon bei dieser Gelegenheit Spezialisten heraus, die nicht nur von uns, sondern auch von Mitschülern zu nutzen sind. Dies ist der erste Schritt, um das Interesse am Thema zu erhöhen und mit sachlichen Aspekten zu untermauern. Danach sind Interessen und Fragen der Schüler zu ermitteln, um kontinuierlich eine Fragehaltung und ein Problembewusstsein zu provozieren.

Ziel ist es, dass jeder mindestens eine Frage stellt bzw. ein Problem formuliert. Schülerfragen und Problemstellungen werden so zum Dreh -und Angelpunkt der thematischen Arbeit, bereiten forschendes Lernen vor und kultivieren eine vielfach verschüttete, aber notwendig zu reaktivierende Fragehaltung. Die namentliche Zuordnung der Fragen dient dabei nicht nur der Würdigung und dem Ansporn, sondern auch dazu, Experten, Verantwortliche oder Gruppen zu finden, die speziell für eine Aufgabe verantwortlich zeichnen, eine Recherche planen und ihre Ergebnisse der Kritik stellen. Die Einheit wird mit der Beantwortung und Klärung oder Nichtlösung der aufgeworfenen Fragen und Probleme endet. Das besondere Profil, das ein Thema dem Klassenraum verleiht, stimuliert die Arbeit, begleitet und dokumentiert sie zugleich. Es befähigt die Schüler, Fragen von Raumgestaltung und Präsentation als wichtigen Aspekt ihrer Themenarbeit zu berücksichtigen. Dazu zählt auch die Produktion eines *Themenbuches*, das eine alternative Klassenarbeit darstellt, per se Differenzierungsmöglichkeiten bietet und zugleich einen Abschluss bildet. Wenn Ergebnisse solcher Unterrichtseinheiten in der *Schulzeitung*, bei Elternabenden oder Schulfesten Erwähnung finden, ist dies nur eine Möglichkeit, die Anstrengungen zu würdigen. Auch die Produktion einer *Lernkartei*, die Herstellung eines Quiz zum Thema oder eines Brettspiels können Varianten sein, von denen auch andere Klassen profitieren.

Ideen zur Initiierung: Vom Thema ist häufig nur der Titel bekannt, etwa ‚Wüste“. Alle dürfen sich zu zweit leise am Tisch kurz (zwei bis fünf Minu-

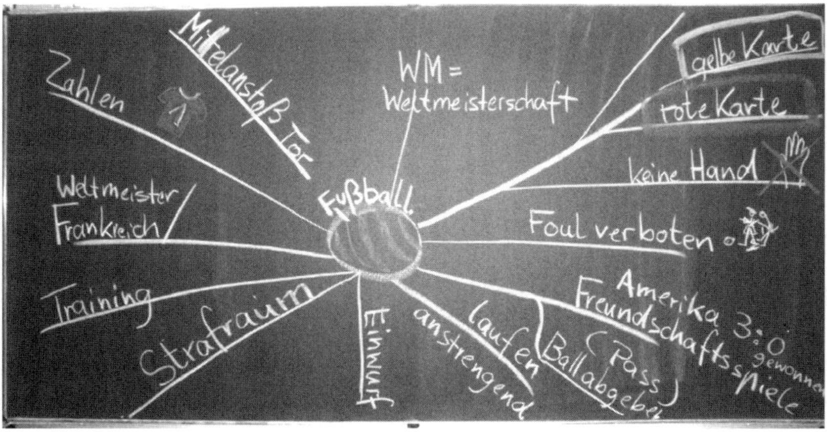

Ideensonne

ten) beraten, was ihnen zum Thema einfällt. Auch ein Austausch in der Tischgruppe ist möglich. Um ein Bild oder Wort herum entsteht dann auf Packpapier eine Art Themensonne, die mit Assoziationen, Charakteristika, Erfahrungen und Wissen, Halbwahrheiten und Falschem gefüllt wird. Durch dieses gemeinsame **Clustering** sammeln alle Erfahrung mit kreativen Methoden zur Ideenfindung, was ihnen auch in anderen Fächern zugute kommt. Dieses Verfahren lässt sich mit wachsender Praxis dahingehend modifizieren, dass die Schüler nach einem individuellen Brainstorming wichtige Aspekte auf Klebezettel schreiben, die an der Tafel versammelt von allen geordnet und mit Überschriften versehen werden. So entwickeln die Schüler nach und nach wesentliche Kompetenzen zur Themensondierung, Gliederung und Arbeitsplanung. In höheren bzw. methodisch versierten Klassen beginnen die Schüler selbst mit einer eigenen Ideensonne, schreiben ihre Assoziationen schweigend fünf Minuten lang ungeordnet und ohne Unterbrechung rund um das Signalwort, etwa den Titel der Unterrichtseinheit. Nach einem Austausch zu zweit entwickeln dann die Teams Vorschläge für Systematisierung und inhaltliche Unterteilung, die sie beispielhaft konkretisieren.

Bei der Auswertung der Ideensonne, die fotografiert, für das Themenbuch danach kopiert und weiter aushängen wird, ergeben sich Hinweise auf Faktenwissen. Der wachsende Kenntnisstand könnte sich hier andersfarbig niederschlagen und damit permanent neue Anregungen und Auseinandersetzungen provozieren.

Die individuellen Interessen, speziellen Lernwünsche und Fragen notiert jeder für sich auf kleine, unterschiedlich farbige Zettel mit namentlicher Kennzeichnung und klebt sie auf die vorbereiteten Themenplakate an die Tafel. Den Prozess von Zuordnung, Reihenfolge und Prioritätensetzung können die Schüler bald in Eigenregie durchführen. Daraus werden sich Arbeitsschwerpunkte für Gruppen ergeben und sich Teams mehr nach inhaltlichen Interessen als nach persönlichen Vorlieben bilden. Das wiederum wirkt sich positiv auf Kooperationsfähigkeit und Lernklima aus. Bei einem Überangebot an Aspekten macht es Sinn, die ganze Klasse z. B. durch Punktabfragen oder andere Abstimmungsverfahren in die Schwerpunktsetzung und Auswahl einzubeziehen. **Was-wir-schon-wissen-Plakate** werden im geordneten Zustand fotografiert, ggf. abgetippt sowie für die Themenbücher kopiert, bleiben aber auch an der Wand präsent. Alternativ zu diesem gemeinsamen Sondierungsprozess kann jeder für sich in sein Themenbuch schreiben, was er oder sie schon über das Thema weiß, was noch erfahren und lernen möchte, für welche Aspekte man sich vor allem interessiert und welche Fragen oder Probleme man (wie) lösen möchte. Auf der Basis dieser individuellen Vorarbeit und Klärung kann dann in Kleingruppen, Teams oder alleine an verabredeten Aspekten gearbeitet werden, wenn die Zeitplanung grob abgesprochen wurde.

Das **Themenbuch** strukturiert und dokumentiert das Engagement eines jeden. Das Ergebnis kann als alternative Klassenarbeit bewertet werden, um Engagement und Verbindlichkeit zu steigern. Hier sammeln sich die Pflichtaufgaben, Spezialaufträge und kreativen Arbeitsergebnisse sowie Fotoprotokolle gemeinsamer Anstrengungen. Nach Abschluss der Einheit, einer Begutachtung durch Klassenkameraden und Lehrer darf das Buch mit nach Hause genommen werden, kann aber auch in besonders gelungenen Einzelexemplaren Teil der Schulbücherei werden. Titel, Inhaltsverzeichnis, Glossar dürfen als konstituierende Teile von Büchern nicht fehlen. Auch damit gewinnen die Schüler zunehmend Kriterien für Produktion und Rezeption von publizierten Erzeugnissen. Eine klasseninterne Ausstellung ruft alle Mitschüler auf, in den Büchern der anderen die schönste Seite auszuwählen und zu kommentieren, was Würdigung, Ermutigung und Impuls für Weiterarbeit ist.

Zur Vertiefung und Lösung stehen Bücher, Zeitschriften zur thematischen Einstimmung zur Verfügung, die alleine oder zu zweit ausgewertet werden können, um fragwürdige Aspekte, Probleme und Einzelfragen bzw. besondere Interessen zu ermitteln. Es kann sich dabei auch um **Arbeitshypothe-**

sen handeln, die allein oder in Teams zur Problemlösung entwickelt wurden. Diese verschiedenen Fragen bzw. Probleme werden namentlich notiert, gesammelt und geordnet. Fehlen zentrale Fragen, ergänzt die Lehrkraft. Auch nicht beantwortbare Frage werden mit aufgenommen sowie auch eher philosophische. Mit zunehmender Kompetenz werden die Schüler weniger quantitativ orientierte Fragen formulieren, sondern tiefgründigere, nach ursächlichen Zusammenhängen suchende und diese selbst zu Themenkomplexen bündeln. Bestimmte Fragen können so die Arbeitsbasis für eine Themengruppe darstellen.

Wichtige Zwischen- und Präsentationsergebnisse hängen in bestimmten Ecken der Klasse, im Gruppenraum oder Schulflur aus. Nach und nach entwickelt sich eine Kultur, dass Schüler zur Illustration des Themas Material zum Aushängen mitbringen. Die Fortschritte offenbaren sich in der **Klassengestaltung**. Mit Hilfe der Büchereien wird eine Sachbibliothek in der Klasse eingerichtet. Die Arbeitsmaterialien, Karteien, Arbeitsblätter oder die Stationsaufgaben runden den Gesamteindruck ab. Zum Abschluss eines Themas gehört immer auch eine Reflexion der präsentierten Objekte, ein Feedback zu den gewählten Visualisierungen.

Mit der Beantwortung der Fragen findet die inhaltliche Arbeit ihren **Abschluss**. Rückmeldungen zum Umgang mit Fragen, zu Recherchen, Arbeitsaufträgen und Methoden vermehren die Handlungskompetenz für Lehrer wie Schüler. Wichtig sind auch Meinungsbilder, die Ausgangsstimmung mit der Endstimmung vergleichen. Es kann in einen festlichen Akt, eine Art Vernissage münden mit musischen Beiträgen, der Bücherausstellung, zu der auch andere, z. B. Parallelklassen, interessierte Freunde oder andere Kollegen eingeladen werden. Zum Abschluss werden: Themendekoration, Themenplakate abgenommen und weichen etwas Neuem.

Gefahrenpotenzial und Handlungsmöglichkeiten: Unter den Fragen werden sich einige befinden, die nicht zu beantworten sind. Sollen sie aufgenommen werden oder nicht, tragen sie nicht vielleicht eher zur Verwirrung bei? Wenn wir eine Fragehaltung entwickeln wollen, dann ist es wichtig, jede Frage zu akzeptieren. Es ist schließlich auch ein wichtiges Ergebnis am Ende der Unterrichtseinheit, dass eine Frage nicht zu beantworten war. Viele Versuche und Erfindungen beginnen mit scheinbar absurden Hypothesen und Fragestellungen. Ihre Ergebnisse sind oft überraschend. Deshalb werden alle Fragen zugelassen, aufgeschrieben und mit den Autorennamen versehen. Ernsthaftigkeit an dieser Stelle reduziert den Anteil eher rhetorischer oder absurder Fragen und befähigt die Schüler und Schülerinnen zunehmend, wichtige und interessante Fragen zu formulieren.

In der Klasse ist rein räumlich wenig Platz für die mit einem Thema verbundenen Flächen und Materialien. Es ist mit den Fachkollegen und der Klasse abzusprechen, welcher Bereich dafür zur Verfügung steht, wo die thematische Fachliteratur aufbewahrt und ausgebreitet werden kann. Meistens leiden die Sekundarklassen eher darunter, dass die Möglichkeiten zur Präsentation von Arbeitsergebnissen, zur Raumgestaltung und Verschönerung nicht genutzt werden bzw. völlig veraltete und kaputte Objekte die Raumästhetik belasten. Die Dynamik der Themen wird sicherlich auch andere Kollegen sowie Schüler anregen und der Verschönerung der Schulflure zugute kommen.

Zum Abschluss eines Themas – der Reigen

Einsatz: In den meisten Fächern möglich; Klassen: 5 bis 10; Dauer: 1 Stunde

Ablauf/Beschreibung: Die Schülerinnen und Schüler erhalten zum Abschluss eines Themas Gelegenheit, wichtige Fachtermini, Schlüsselwörter und „Ankerbegriffe", Arbeitsweisen und -methoden, Erinnerungen an Präsentationen und Arbeitsprozesse an die Tafel zu schreiben. Dafür bilden alle einen Stehhalbkreis, reichen sich ein Stück Kreide nach dem Anschreiben eines Stichworts schweigend weiter und reihen sich wieder ein, wenn sie noch mehr schreiben wollen. Wiederholungen sind verboten, nur neue Aspekte gefragt. Wenn einem nichts mehr dazu einfällt, setzt man sich an seinen Platz und beobachtet das Geschehen aus der Distanz. Das Redeverbot bleibt bestehen. Wenn Fragen auftreten, sich Erklärungsbedarf einstellt, wird dieser erst im Anschluss an die Schreibphase befriedigt. Nachfragen zu bestimmten Begriffen richten sich dann zunächst an den Schreibenden, können aber von Mitschülern und Lehrern ergänzt und geklärt werden. Ein gemeinsames Fazit zur Unterrichtseinheit, zum Arbeitsaufwand, den eingesetzten Methoden und dem Ertrag fällt im Lichte dieser Erinnerungsarbeit leichter, wie auch mögliche Alternativen, Vertiefungen und weiterführende Aspekte in dieser ruhigen, nachdenklichen Atmosphäre gefunden werden. Ein Foto dieses Tafelbildes mit Kurs oder Klasse dokumentiert das Ende und kann als solches auch für die Schulzeitung von Interesse sein.

Ziel/Funktion/erwartete Wirkung: Die Lernfortschritte der Gruppe wie jedes Einzelnen sind gefragt. Das neue Fachwissen sowie der Wissenszuwachs offenbaren sich in dem gemeinsam erstellten Stichwortbild. Zunächst trifft jeder für sich die Entscheidung, was für ihn das eigentlich Spezifische, das Neue war. Einen Begriff herauszufiltern, provoziert ein Abwägen und Selektieren. Im Unterschied zu mündlichen Resümees vermeidet dieses Verfahren die durch Unterrichtsgespräche häufige Begünstigung der Redegewandten. Das geforderte Schweigen während des Schreibprozesses fördert eine kontinuierliche Auseinandersetzung mit den Kategorien der anderen und vervielfacht eigene Erinnerungen. Dies ist umso wichtiger, als einem die nächstwichtigen Kategorien präsent sein müssen, sofern die zentralen schon von anderen geschrieben wurden. Jedes neues Stichwort verändert die Sachlage, macht eine Prüfung und vielleicht neue Überlegung und veränderte Wahl erforderlich.

Das Schweigegebot dieser Phase bringt alle in den Genuss innerer Resonanzen auf äußere Veränderungen. Dadurch wird die Auseinandersetzung mit den Begriffen intensiver, der Erinnerung Zeit gegönnt. Alle sind permanent aufgerufen, sich ihre Lernfortschritte vor Augen zu führen und mit den anderen gemeinsam zu fixieren. So erwächst aus diesem Tafelbild nicht nur ein fachspezifisches Fazit. Es stellt zugleich eine Würdigung aller dar, weil sie sich hier alle verewigen. Irrelevant ist, wer welche und wie viele Kategorien angeschrieben hat. Bei Nachfrage und Klärung der präsenten Kategorien fungieren Mitschüler als Experten, sichern den Transfer. Nach der Schreib- und der Klärungsphase wird Bilanz gezogen und es werden Alternativen zur Planung entwickelt.

Ideen zur Initiierung: Der Reigen als runder Abschluss kann den Schülern zu Beginn des Unterrichtsprojekts zwar schon angekündigt werden, wird aber in der Stunde zuvor zusätzlich in Erinnerung gerufen und kurz erläutert, wie und warum es gerade so abläuft. Es besteht durchaus die Möglichkeit, diese Erinnerungsarbeit mit Hilfe einer Fantasiereise von den Anfängen der Einheit bis zum Ende zu unterstützen. Besonders wichtig ist es, die Wortlosigkeit der ersten Phase eindringlich zu begründen, weil es ungewohnt und auf den ersten Blick merkwürdig scheint, für die Ergebnisvielfalt aber unerlässlich ist. Um dem Reigen den ihm eigenen Rahmen zu verleihen, bilden die Stühle vor der Tafel einen (mehrreihigen) Halbkreis, der das wortlose Bewegen vor der Tafel ebenso erleichtert wie das nachfolgende Gespräch über das Tafelbild. Die Schüler benötigen in dieser Stunde nur Kopf und Kreide; alles andere gefährdet die Ruhe. Das Tafelbild könnte als Titel das Unterrichtsthema tragen oder „Der Reigen zu …“ heißen. Mit Schrift und attraktiver Präsentation setzt der Lehrer Zeichen und beeinflusst damit indirekt das Anschreibverhalten für das Gemeinschaftswerk.

Gefahrenpotenzial und Handlungsmöglichkeiten: Die Schüler schreiben Kategorien an, die vielleicht nicht zum Thema gehören. Auf keinen Fall darf man in der Phase des wortlosen Anschreibens intervenieren. Wohl aber ist es in der nachfolgenden Frage- und Klärungsphase möglich, nachzuhaken und auf Präzision zu dringen. Wenn eine Kategorie fehl am Platze ist, sollte sie nach einer Klärung durchgestrichen werden.

Wenn ausschließlich Fachtermini gefragt sind, fällt manchen Schülern kaum etwas ein. Dann erhöht die vorherige Ankündigung oder die Hausaufgabe, sich noch einmal mit den Ergebnissen zu beschäftigen, die Chancen für eine reichere Ausbeute. Erinnerungen können auch durch die Traumreise geweckt werden. Auch neue Stichwörter lösen neue Assoziationen aus, zumal es viel Zeit zum stillen Nachdenken gibt. Solange der Reigen im Fluss ist, kann sich jeder bei einem neuen Einfall wieder einreihen.

Offen bleibt die Frage, ob sich der Lehrer oder die Lehrerin am Reigen beteiligen soll? Dafür spricht, dass man beispielhaft mitmacht und also auch Erfahrungen mit diesem Ritual sammelt, man selbst zum Teil der Gruppe wird, die gemeinsam etwas bilanziert, wie sie auch zusammen gearbeitet hat, wenn auch in verschiedenen Rollen. Dagegen spricht, dass sich vielleicht Desorientierung und hierarchische Nebengedanken einstellen, die den angestrebten Prozess beeinträchtigen. Beide Versionen sollten mit der Gruppe praktiziert werden, um sich bei künftigen Gelegenheiten auf der Basis dieser Erfahrungen für die eine oder andere Variante gemeinsam zu entscheiden.

Es erscheinen nicht immer nur Fachtermini oder themenspezifische Aspekte an der Tafel. Je nach Niveau und Erfahrungen der Lerngruppe sollten neben Fachtermini auch typische Wörter, Assoziationen, Ankerbegriffe oder witzige Erinnerungen an Unterrichtsszenen zugelassen werden. Dadurch weitet sich das Feld, und jeder kann etwas schreiben, nicht nur die zur Abstraktion Fähigen. Darüber hinaus kann sich der Blick auch auf individuelle Lernzuwächse in methodischer Hinsicht richten, spezifische Techniken thematisieren oder besondere Ereignisse ansprechen, die für die in der Unterrichtseinheit gesammelten Lernerfahrungen charakteristisch sind. Wenn sich die Klärung dann nur auf die schwierigen Begriffe beschränkt, ist dies sinnvoll. Und doch liefert auch ein solches Tafelbild einen runden Eindruck über das Geleistete und Erarbeitete. In einem zweiten Schritt könnten dann – auch wieder im Reigen die Fachtermini eingekreist werden. Je nach Absprache bestünde Gelegenheit – gewissermaßen zur Sicherung des Lernertrags –, alle noch einmal kurz zu erklären. Dieses Verfahren hätte den Nachteil, dass es eine längere Zeit höchste Konzentration erforderte. Dies mag – je nach Vorerfahrung und Fähigkeit der Lerngruppe – zu Lasten der Gesamtbilanz innerhalb einer Stunde gehen. Wollte man diese an einem anderen Tag fortsetzen, sollte das Tafelbild erhalten bleiben oder auf einem Plakat bzw. auf Overheadfolie fixiert sein.

Es ist schwer, mit einer ganzen Klasse die Wortlosigkeit durchzusetzen. Vielleicht ist es zur Einstimmung angemessen, erst einmal mit der Hälfte zu beginnen, was leichter fällt, weil man weniger Zeit warten muss, schneller dran kommt. Wenn alle positive Erfahrungen gesammelt haben, werden sie auch dieses Prinzip beherzigen.

Ritual zum gemeinsamen Nachdenken

Einsatz: für Referatsprojekte oder Problemlösungen geeignet; Klassen: 9 bis 10; Dauer: pro Person max. 30 Minuten

Ablauf/Beschreibung: Eine Person stellt ein Projekt, eine Frage oder ein Problem einer kleinen Gruppe von Mitdenkern (maximal vier bis fünf) vor. Das laute Nachdenken (Ablesen ist verboten!) darf fünf Minuten lang nicht von den Hörern unterbrochen werden. Die Zuhörer denken mit, fühlen sich ein und schreiben ihre Ideen auf kleine Klebezettel – pro Gedanke, Anmerkung, Frage oder Tipp je ein Zettel. Das Klingeln der anfangs eingestellten Uhr signalisiert für alle das Ende. Reihum lesen dann alle Mitdenker ihre Anmerkungen vor und kleben diese unsortiert auf ein großes weißes Blatt (DIN A0). Nur wenn der Vortragende eine Bemerkung nicht verstanden hat, darf er nachfragen. Ansonsten wird das mit gelben Klebezetteln gefüllte Blatt eingerollt und dem Ratsuchenden zur Ordnung seiner Gedanken in Ruhe mit nach Hause gegeben. Nach einer kurzen Pause stellt ein Zweiter aus diesem Kreis sein Problem vor.

Ziel/Funktion/erwartete Wirkung: Diesem einfachen Ritual gelingt es, die versammelte Kompetenz der Hörerschaft zu mobilisieren, sich in kurzer Zeit schriftlich, intensiv und sensibel mit Fragen und Problemen oder

Konflikten anderer auseinander zu setzen und darauf mit einer Vielzahl von Überlegungen zu reagieren. Der Problemsteller nutzt die Zeit für die Vorstellung seines Anliegens. Gerade das freie, assoziative Sprechen akzentuiert die für ihn besonders bedeutsamen Stellen. Wiederholungen, Pausen, andere scheinbar nicht im Zusammenhang damit stehenden Gedanken – all dies stößt bei den aufmerksamen Gruppenmitgliedern auf die unterschiedlichste Resonanz. Der Ertrag ist jedes Mal wieder überraschend hoch. Die eigentliche Güte und das, was wirklich zur Lösung beiträgt, findet der Vortragende aber nicht in der Situation, sondern mit Abstand und besser allein, ausgestattet mit dem Gemeinschaftswerk, das durch seine Präsentation und Problemstellung geboren wurde.

Der Zwang zum Zuhören und zum Aufschreiben der Gedanken, die man sonst sofort ausgesprochen hätte, prägt dieses Ritual: Dem Vortragenden wird deutlich, dass sich alle auf sein Problem einlassen, über seine Worte nachdenken und ihm Zeit und all ihre Aufmerksamkeit schenken, ihm zugleich aber zutrauen, selbst die für ihn geeignete Lösung zu finden. Den schriftlich formulierten Tipps, Fragen oder Problematisierungen fehlt offenbar das Erschlagende des mündlichen Vortrags. Aus der Distanz heraus kann er die Anregungen nutzen, verwerfen, ergänzen oder für unwichtig erklären. Dies entscheidet er allein und braucht sich dafür nicht zu rechtfertigen. Dieses Ritual basiert auf Kooperation und Gegenseitigkeit, was viel Ernsthaftigkeit und Tiefgang zur Folge hat.

Das Prinzip des assoziativen Mitdenkens sowohl beim Vortrag als auch im Schreibprozess selbst erweitert das Spektrum des Möglichen. Es gibt kein richtig oder falsch, nur subjektive Resonanzen. Häufen sich Problematisierungen, ist dies für den Ratsuchenden ein wichtiges Indiz, hier noch einmal gründlich in Alternativen zu denken. Dieses Ritual demonstriert allen den Nutzen von Gruppen und solidarischen Prozessen. Freundschaftliche Verbindungen oder Sympathie sind nicht erforderlich. Das Ritual braucht wenig Platz, nur Ruhe, ferner wenig Vorbereitung, lediglich die Bereitschaft zum Vortragen und Mitdenken. Es erfordert keinen Moderator, nur die Ohren und Köpfe der Zuhörer. Insofern stehen die Chancen gut, dass dieses hilfreiche Instrument zur Problemlösung auch für den privaten Bereich und für konzeptionelle Arbeiten genutzt wird.

■ **Ideen zur Initiierung**: Der Ablauf kann mit der ganzen Klasse einmal gemeinsam geübt werden, indem man als Lehrer selbst fünf Minuten lang ein Problem thematisiert, auf das die Schüler zunächst nur schriftlich reagieren dürfen, mit je einem Beitrag pro Klebezettel. All diese Vorschläge werden auf einen großen Bogen Packpapier geklebt. Ob man es in dieser großen Runde schafft, dass jeder seine Anmerkungen vorliest und erst danach anklebt, ist von der Konzentrationsfähigkeit der Gruppe abhängig. Die Schüler können ihre Zettel auch schnell anhängen, die Doubletten übereinander kleben, Aspektgruppen bilden etc.

Ein kurzes Gespräch über die Etappen dieses ritualisierten Ablaufs qualifiziert die gesamte Gruppe im Umgang, wenn sich Freiwillige finden, die allesamt ein Problem lösen wollen. Die Interessenidentität erhöht das Engagement und die Bereitschaft, sich auf die strikten Regeln einzulassen, während der Redezeit kein Wort zu sagen, nur zu schreiben, um nicht den Vortragenden zu unterbrechen oder von seiner Spur abzubringen. Auch wenn die Zeit schon abgelaufen ist, schreiben viele noch weiter, brauchen noch Zeit, all ihre Ideen und Gedanken zu fixieren. Wenn der Letzte fertig ist, beginnt die Vorstellung, die manch einen neuen Gedanken provoziert, der auch aufzuschreiben ist. Wichtig ist es in der Präsentationsphase, dass keine Debatte über die Anmerkungen entsteht. Nur Klärung, nicht Problemlösung ist hier das Ziel. Eine kurze Bewegungspause empfiehlt sich zwischen zwei Sequenzen.

Gefahrenpotenzial und Handlungsmöglichkeiten: Schon nach wenigen Augenblicken fällt dem Redner nichts mehr ein. Er oder sie möchte die Zeit abkürzen. Darauf darf sich die Gruppe nicht einlassen. Sie arbeitet ja. Sie setzt sich schweigend mit dem Bisherigen auseinander, denkt weiter. Denn auch das Schweigen und die Pausen sind interessant, aber ungewohnt und zunächst schwer aushaltbar. Gerade die Gedanken, die dann kommen, sind manchmal besonders interessant. Als Leiterin kann ich nach einer langen Pause ausnahmsweise einen Impuls geben, eine Nachfrage stellen.

Manchen Teilnehmern fällt mehr ein als anderen. Dies ist normal und sollte nicht Konkurrenz aufkommen lassen. Dass „Qualität vor Quantität" geht, liegt auch auf der Hand, wobei sich erst im stillen Kämmerlein entscheiden wird, was besonders hilfreich war. Unübersehbar ist allerdings ein Trend: Je häufiger diese Ritualisierung genutzt wird, desto kreativer und einfallsreicher werden die Teilnehmer.

Die Vorstellung der Beiträge ufert nicht selten aus. Gerade bei den ersten Malen sollte der Lehrer oder die Lehrerin schon die Aufgaben der Moderation übernehmen, um Derartiges zu unterbinden. Denn dann würden nicht genug Zeit und Konzentration für die Übrigen bleiben. Außerdem müssen die Anmerkungen und Kommentare, die Fragen und Ideen erst einmal verdaut werden. Eine sofortige Lösung ist nicht anzustreben. Es wäre die schlechtere Variante.

Nach einiger Zeit nimmt die Aufmerksamkeit ab. Es ist eine Frage der Übung, der rigiden Zeiteinhaltung und des angemessenen Ambientes, dass auch für den Letzten noch genug Kraft bleibt. Bewegungsaktivitäten zwischendurch machen Sinn, um zwischen Spannung und Entspannung das richtige Maß zu finden.

Manche Probleme werden zwar wahrgenommen, aber nicht geklärt. Es bleibt dem Problemgeber unbenommen, den anderen in einer Arbeitssitzung sein präzisiertes oder neues Anliegen erneut vorzustellen und gleichermaßen für sie mitzudenken.

Es gibt Schüler, die nur an ihrem eigenen Problem interessiert sind, nicht aber an denen anderer. Der Grundsatz der Gegenseitigkeit, dass jeder für jeden mitdenkt, sollte beachtet werden. Ansonsten würden die Resonanzen und langfristig die Qualität dieses Rituals leiden, weil die Mitdenker dies zu Recht als Ausbeutung empfänden. Gerade für Personen, denen es schwer fällt, sich gleichberechtigt in Gruppenprozesse einzubringen, stellt dieses Ritual eine vorzügliche Form dar, für die anderen interessant zu werden.

Kreisgesprächsritual

Einsatz: Alle Fächer und Klassen; Dauer: 10 Minuten; mit Umräumen und Vorbereitung: 15 Minuten

Ablauf/Beschreibung: Auf das Kreissymbol (s. auch S. 44) hin wird ein *Stuhlkreis* gebildet. Das Thema wird mündlich oder schriftlich vorgestellt und begründet, die geltenden Regeln sowie die Zeit hängen aus, der Gesprächsleiter oder die -leiterin sind gefunden. Zur Vorbereitung erhalten alle ein bis zwei Minuten Zeit zum Nachdenken oder zum Austausch mit einem Nachbarn (Murmelgespräch). Ob es nach der Reihenfolge der Meldung geht oder ein Zeichen für „Direkt dazu" thematische Bezüge erleichtert, ist eine Sache der Absprache. Die Lehrkraft sitzt mit im Kreis und notiert sich stichwortartig die Beiträge. An Nahtstellen oder bei Überschneidungen können ihre Zwischenresümees oder neue Impulse den Gesprächsverlauf strukturieren oder vertiefen. Das Unterrichtsgespräch wird abschließend von der Lehrkraft resümiert, möglichst mit namentlichen Bezügen und

Systematisierung der Schülerbeiträge. Falsches wird richtig gestellt oder als neue Aufgabe zur Klärung auf den Punkt gebracht.

Ziel/Funktion/erwartete Wirkung: Dieses Rederitual qualifiziert die Schüler von Anfang an, miteinander zu sprechen und zu diskutieren. Eine klare, übergeordnete echte Fragestellung, die vorher bekannt ist und zu der alle etwas äußern können, vergrößert mit der garantierten Vorbereitungszeit (Nachdenken und Murmeln) die Chance, dass alle etwas zur Thematik beitragen. Neben einer größeren Beteiligung und der Ziel- und Ergebnisorientiertheit ergibt sich ein weiterer Vorteil dieses Rituals durch die dem Lehrer auferlegte Zurückhaltung sowie aus dem Prinzip des gegenseitigen Aufrufens: Die Schüler reden vor allem miteinander: Sie sehen sich, achten aufeinander, wiederholen weniger, nehmen mehr Bezug aufeinander.

Auch wenn die Rolle der Lehrkraft im Kreisgespräch zunächst eine herausgehobene bleibt, weil sie die Fragestellung auswählt und formuliert, die Beiträge stichwortartig festhält, resümiert und vielleicht neue Impulse in die Runde gibt, so verändert doch schon ihre „dienende“ Funktion die Gesprächsdynamik. Belanglosigkeit oder Redundanz nehmen bei aller quantitativen Ausweitung ab, neue Aspekte sind interessanter, nicht die Wiederholung des bereits Gesagten. Diese Akzentuierung wird durch die Fixierung von Stichwörtern unterstützt. Indem die Klasse zu Gesprächsbeginn einen Kreis bildet und ihn bei dessen Ende auflöst, wird die Besonderheit dieses Ereignisses unterstrichen. Die Genugtuung, mit seinen Beiträgen das Gespräch beeinflusst zu haben, wächst und erhöht perspektivisch die Gesprächsbereitschaft aller, weil jeder Gesprächsbeitrag gewürdigt wird, nicht nivellierend, sondern wohl abwägend, eingebettet in den Kontext.

Ideen zur Initiierung: Für dieses Ritual ist es nie zu spät. Im Unterschied zu den gebräuchlichen, häufig nicht beachteten Gesprächsregeln (Nur einer redet zur Zeit! Bitte kurz! Wir hören uns zu!) schafft dieses Gesprächsritual bei fester Rahmung eine immer wieder neue Nutzung von Raum und Zeit.

Das Kreiszeichen an der Tafel ist rasch im Bewusstsein aller verankert, löst gemeinsame Aktivitäten zur **Kreisbildung** aus, die immer rascher und ruhiger umgesetzt werden, je häufiger es genutzt wird. Mit der Auflösung der Kreisform wird der stark enthierarchisierte Zustand beendet und mit der körperlichen Rückkehr werden auch die alten Strukturen wieder hergestellt, zumindest äußerlich. Ob sich die Gesprächsrunde als Stuhlkreis, Sitzkreis auf dem Boden, Stehkreis, auf den Tischen sitzend, durch nach außen geschobene Stühle, im Gruppenraum, auf dem Flur oder dem Schulhof bildet, ist von den räumlichen Voraussetzungen, der Klassengröße und den Erfahrungen der Klasse abhängig. Welche Sitzform gewählt, wie viel Zeit zur Verfügung steht und wer mit Zeitnehmer und Kellnerklingel als Insignien der Macht die Gesprächsleitung übernimmt, ist vorher zu klären. Denn mit dem *Kreissymbol* (s. auch S. 24) befindet man sich im rituellen Fluss, den man nur schwerlich ohne Schaden für die Sache und das Ritual verlassen kann. Die Schüler haben zunächst Mühe, leise, rücksichtsvoll und rasch einen Kreis zu bilden. Hier gilt es, durch Organisation, Übung, konkretes Feedback Hilfe zu geben, etwa durch das Bewusstmachen von Schnelligkeit. Eine attraktive **Themenstellung** an der Tafel oder in der Kreismitte schafft neben Zügigkeit vor allem inhaltliche Anreize, stimmt ein und stimuliert bei der Umorganisation schon den Austausch zur Sache.

Eine Themenstellung ist dann geeignet, wenn sie wirklich offen ist, sich alle assoziativ dazu äußern können, Meinungen, Einstellungen, persönliche Erfahrungen und Begründungen oder Vorwissen gefragt sind. Es bleibt die Aufgabe der Lehrkraft, das Kreiszeichen zu nutzen, eine geeignete Themenstellung zu veröffentlichen, die Dauer des gemeinsamen Gesprächs wie der Vorbereitungszeit auf der Uhr einzustellen. Sie bleibt zumeist auch für das Festhalten der Gesprächsergebnisse zuständig, liefert Zusammenfassung und Richtigstellung, setzt Akzente und spitzt auf neue Fragestellungen zu.

Es ist ungewohnt, sich allein oder zu zweit durch **Murmel- oder Flüstergespräche** vorzubereiten, wird aber rasch als Chance genutzt. Denn hier wird offiziell etwas gefordert, was ansonsten eher verpönt ist. Gemeinsam über eine Frage oder ein Problem nachzudenken, erhöht nicht nur die Zahl, sondern die Vielfalt der Beiträge, es befriedigt auch das Mitteilungsbedürfnis der Schüler. Die Mitschüler hören zu, sprechen selbst, verstehen sich, lernen einander besser kennen, üben sich im Formulieren, äußern sich alle. Insofern findet hier ein wichtiger Beitrag zur Kommunikationförderung statt. Die Fragestellung für diese Zweiergespräche ist gut überlegt und wird mündlich oder schriftlich veröffentlicht. Nach einer halben oder einer Minute ertönt wie angekündigt ein akustisches Zeichen, um den Rednerwechsel zu markieren, ähnlich auch am Ende der Murmelphase.

Die formale **Gesprächsleitung** liegt in den Händen von Schülern. Abwechselnd erfahren sie, wie wichtig Zuhören und Abwarten sind und wie schwierig es für den Leiter ist, sich gegen Regellosigkeit zu behaupten. Ein Schüler kann aufrufen, ein anderer die Rednerliste führen. Gespräche können durch gegenseitiges Aufrufen auch führungslos stattfinden. Die unterschiedlichen Verfahren sollten gemeinsam trainiert werden, damit aus einem wachsenden Verhaltensrepertoire das Geeignete von den Schülern gewählt wird. Bei einem geleiteten Gespräch bestimmt der Zeitpunkt der Meldung die Reihenfolge. Allerdings können „Zweihandmeldungen" ein „Direkt dazu" signalisieren. Ob diese vorgezogen werden oder nicht, entscheidet der Gesprächsleiter. Mit steigender Kompetenz gelingt es manchen Gesprächsleitern gar, Gesprächsergebnisse zusammenzufassen, Zwischenresümees zu ziehen und selbst neue Impulse zu geben.

Die Ergiebigkeit des gemeinsamen Gesprächs resultiert aus einer präzisen Fragestellung, genauer Zeitplanung, einer sicheren Leitung, einer Vielzahl differierender Beiträge, die miteinander in Beziehung stehen und vom Lehrer stichwortartig zu einem **Gesamtbild** gefügt werden. Wenn die Lehrerin im Verlauf des Gesprächs das Bedürfnis hat, der Debatte einen neuen Impuls zu geben, sollte sie sich auch melden und warten, bis sie aufgerufen wird. Hier gilt es die Rolle der Gesprächsleitung zu stärken und jeden Kompetenzwirrwarr zu vermeiden, die Ergebnisse zu resümieren und an den Zielen zu messen, offene Fragen zu fixieren und Falsches richtig zu stellen. Dies jedenfalls ist Aufgabe eines Schlussfazits (zunächst) durch die Lehrkraft. Sich die Stichworte auf einen Zettel zu schreiben, dabei mit im Kreis oder außerhalb zu sitzen; oder am Overheadprojektor auf Folie bzw. an der Tafel das Wichtigste festzuhalten – diese sich durch ihre Transparenz unterscheidenden Verfahren sind oft wichtige Helfer, um ein Gespräch zu strukturieren, Wiederholungen zu vermeiden und zusammenzufassen. Darüber hinaus führen sie den Schülern das Finden wichtiger Stichwörter vor. Das mündliche Resümieren wird dadurch erleichtert, dass häufig schon das Verlesen der Stichwörter Gesprächsbeiträge würdigt und Akzente setzt. Die namentliche Erwähnung von Beiträgen fördert die Gesprächskultur. Denn es wird bedeutsam, was jeder sagt.

Unterrichtsgespräche sind zeitlich rigide zu begrenzen. Was man in zehn Minuten maximal schaffen kann, wird erst deutlich, wenn man Zeit auf diese Weise derart ökonomisch und intensiv nutzt. Ein offenes Ende und Ergebnislosigkeit tragen dazu bei, die Gesprächsbereitschaft zu gefährden. Sicherlich wird es Themen geben, die so brisant sind, dass die Schüler unbedingt über die verabredete Zeit hinaus diskutieren möchten. Dennoch sollte solche Verlängerung wie bei einem Fußballspiel geordnet erfolgen. Oft bieten sich eher eine Vertagung, eine neue Gesprächsrunde mit aktualisierter Fragestellung an, als das Prinzip dauerhaft zu verwässern.

Gefahrenpotenzial und Handlungsmöglichkeiten: Die Gesprächsbeteiligung ist manchmal gering.Vielfach haben die Schüler negative Erfahrungen mit Unterrichtsgesprächen, wenn es auf viele Fragen immer nur eine richtige Antwort gibt, alle denken und raten, es aber sogleich weiter zur nächsten Aufgabe geht. Fragen der Schüler, ihre Erfahrungen und Begründungen, echte Fragen und offene Kontroversen stehen seltener im Zentrum. Viele schalten nach kurzer Energieleistung ab, sind frustriert und rufen dazwischen, weil es darum geht, schnell und der erste zu sein. Langfristig leidet darunter das gemeinsame Gespräch, der Dialog in der Klasse. Eine Gesprächskultur zu entwickeln, in der offene Fragen und Probleme Thema sind, für deren Lösung das Nachdenken aller wichtig ist, braucht Erfahrung und Zeit. Die Würdigung der verschiedenen Beiträge und die Fernwirkungen der Gesprächsergebnisse werden ihren Teil dazu beitragen, dass es immer wichtiger wird, Einfluss auf den Gang des Gesprächs zu nehmen.

Was tun, wenn einzelne Schüler immer wieder das Gespräch monopolisieren? Nach zehn derart ritualisierten Unterrichtsgesprächen sollte das Ritual selbst Thema in folgendem Dreischritt werden: „Was läuft gut?“, „Was stört uns?“ und „Wie können wir das verbessern?“ Darüber hinaus können dann angesprochene Aspekte wie: „Wie können wir mehr neue Gedanken hören, wie unterbinden wir langweilige Wiederholungen?“ Ideen von Schülern provozieren, die sie selbst als potenzielle Diskussionsleiter bei Bedarf nutzen können. Vielfach aber reicht ein solcher Austausch schon aus, das Problem in einer solch neutralen Situation ins Bewusstsein zu rücken, um präventive Effekte zu entfalten. „In der Kürze liegt die Würze!“ „Auf Wiederholungen können wir verzichten.“ „Du kannst höchstens 2- (3-) mal drankommen.“ Derartige appellhafte Gesprächslosungen mögen Gedächtnisstütze leisten und sind immerhin positiv formuliert.

Die Schüler hören einander oft nicht zu und respektieren den Gesprächsleiter nicht. Dieses Thema sollte im Anschluss an ein Unterrichtsgespräch, vielleicht am nächsten Tag, auf die Tagesordnung kommen, möglichst frei von Emotionen und schlechten Gefühlen, die sich aktuell anhäufen und kaum Fantasie für konstruktive Lösungen erzeugen. Es kann sinnvoll sein, alle zu einer schriftlichen Stellungnahme zu bitten – z. B. zum Thema: Meine drei Ideen für bessere Kreisgespräche. Diese werden dann gesammelt, ausgehängt, geklärt, abgestimmt, auf die drei für die Klasse wichtigsten reduziert und vielleicht jeweils einem als Regelwächter zur Einhaltung überantwortet. Auch diese Funktion – sofern denn erforderlich – sollte wechseln.

Rituale zur Karteiarbeit – das Expertensystem

Einsatz: Möglich in jedem durch Lernkarteien gestützten Fachunterricht; Klassen: 5 bis 8; Dauer: 1 Stunde, besser in einer längeren Arbeitsphase (90 Minuten)

Ablauf/Beschreibung: Zu Beginn jeder Stunde, in der mit Lernkarteien gearbeitet wird, haben zwei Experten das Wort, um eine neue Karteikarte vorzustellen. Denn sie haben die Karte bereits bearbeitet und werden im weiteren Verlauf dafür verantwortlich sein, die Aufgaben zu erklären, Nachfragen zu erläutern, die Ergebnisse zu kontrollieren und den Verfassern zurückzumelden. Diese Experten gehen in ihrer Kurzvorstellung von zwei bis drei Minuten auf „Was?“, „Warum?“ und „Wie?“ ein und beantworten im Plenum Nachfragen. Dann haben alle etwa 20 Minuten Zeit zur Bearbeitung neuer Karteikarten, die mit Nummer, Fragen als Überschrift, Datum und Namen versehene Seiten eines künftigen Themenbuches werden. Fertige Blätter sind den zuständigen Experten zur Kontrolle und Begutachtung zu übergeben. Wenn noch Zeit bleibt, werden neue Karteikarten begonnen oder fertige Arbeiten kontrolliert, zurückgegeben und in die öffentlich aushängende Liste eingetragen.

Wenn alle Schüler zu Experten geworden sind und alle Zeit zur Kontrolle, zum Prüfen und zur Auswertung benötigen, schließt sich an die 20-minütige Arbeitsphase eine Korrekturzeit von zehn Minuten an. Die verbleibenden fünf Minuten dienen dazu, sich kurz einen Überblick über das Geleistete zu verschaffen – quantitativ durch Anzeigen mit den Fingern, wie viele man geschafft hat, als auch qualitativ durch Fragen, die bei der Bearbeitung aufgetreten sind. Den Abschluss können die Experten insofern übernehmen, als sie auf besonders gelungene Arbeiten hinweisen und vor typischen Fehlerquellen warnen. Wie die Klasse mit dem Karteiarbeitsritual zurecht kommt, wie sie damit zufrieden ist und welche Verbesserungen jeder und alle gemeinsam anstreben, darüber sollte regelmäßig gesprochen werden, insbesondere, wenn Doppelstunden die Arbeitssituation entspannen.

Ziel/Funktion/erwartete Wirkung: Das selbstständige Lernen wird durch diese Delegation von Verantwortung unterstützt. Schüler werden zu Ansprechpartnern, Prüfern, Erklärern, Beratern und Rückmeldern. Für einen begrenzten Bereich werden sie verantwortlich und übernehmen Lehrfunktionen. Selbst hergestellte Lernkarteien bieten die Chance zu einer ausgewogenen Differenzierung nach Fähigkeiten und Interessen. Das Konsumverhalten den Lernangeboten gegenüber verringert sich. Die gegenseitige Rückmeldung gewinnt an Bedeutung und qualifiziert die Schüler, neben Fehlern auch Erfolge zu registrieren.

In einem überschaubaren, immer weiter ausbaubaren Rahmen werden sie zuständig für Lernarrangements. Dadurch können sie in zunehmendem Maße auch an der Erstellung neuer Lernkarteien oder anderer Arbeitsblätter partizipieren. Den Schwierigkeitsgrad abzuwägen, das Interesse der Mitschüler zu treffen und auch vom Umfang her angemessen zu dosieren – wer könnte dies angemessener als die Schüler selbst, die so Verantwortung für sich und ihresgleichen zu übernehmen lernen. Der Lehrer oder die Lehrerin wird entlastet, da wesentliche Korrekturarbeiten von den Schülern selbst erledigt werden. Die Endprodukte sind in einer Ausstellung besonders zu würdigen und bei der Bewertung der schriftlichen, sozialen wie kooperativen Leistungen zu berücksichtigen. Auf der anderen Seite muss die Lehrkraft viel Vorarbeit bei der Zusammenstellung der Lernkartei leisten, die Raumnutzung bedenken, künftige Experten ausbilden, den Zeitablauf gewährleisten, Präsentationen ritualisieren, schwierige Fragen klären und einzelne Schüler begleiten. Auch für eine kontinuierliche Reflexion der Expertenarbeit bleibt sie zuständig.

Ideen zur Initiierung: Als Lehrkraft verschaffe ich mir einen Überblick, welche Art von Kartei ich einsetze und aus welchen Gründen: eine Übungs, Wiederholung- oder Vertiefungskartei, wie sie im Deutsch- und Mathematikunterricht häufig als Ergänzung zum Lehrgangsunterricht im Einsatz sind als Teil von Wochenplan und selbstständiger Arbeit, oder eine Themenkartei im Fachunterricht, wie sie für Werkstattunterricht vermehrt im Handel sind. Ich kann aber auch eine Lern- oder Themenkartei selbst anfertigen und dabei die Vorkenntnisse und Spezifika der Klasse sowie ihre Themenwünsche bedienen. Dabei sollte ich mit bekannter Symbolik (Buch für Lesen, Stift fürs Schreiben, Brille fürs Prüfen etc.) arbeiten, denselben Aufbau benutzen (Titelzeile mit Nummer, Frage und Schwierigkeitsgrad; Informationen, Aufgaben; Antwort bzw. Lösung auf Rückseite oder seperat), um Klarheit und Selbstständigkeit zu begünstigen. Vor allem aber darf ich die Aufgabe nicht zu umfangreich und zu kompliziert gestalten. Hier geht es schließlich um selbstständig zu erringende Erfolge.

Alle Lernkanäle sollten bei den Aufgabenstellungen berücksichtigt sein, neben Übungs- und Wiederholungsaufgaben sind zunehmend auch Forschungs- und Entdeckungsaufträge, Auswertung von Fachliteratur, Lernspiele in den Kanon der Möglichkeiten mit einzubeziehen. Ich brauche die Kartei nicht vor Beginn komplett fertiggestellt zu haben, sondern kann sie schubweise und im Prozess ergänzen und abrunden. Eine Liste mit Namen und Karteikartennummern hängt zum Eintragen öffentlich aus. Notwendige Hilfsmittel wie Lexika, Schulbücher, Wörterbücher, Atlanten liegen auf jedem Gruppentisch bereit, Computerzeiten sind verabredet.

Karteien haben gegenüber Arbeitsblättern den Vorzug, kostengünstig zu sein, weil sie wieder verwertbar sind und nur in kleiner Auflage zur Verfügung stehen müssen. Sie bieten den Schülern die Möglichkeit, nicht parallel zueinander arbeiten zu müssen. Sie erlauben arbeitsgleiches und -ungleiches Lernen, erleichtern innere Differenzierung, unterschiedliche Sozialformen und können zwischen Pflicht- und Küraufgaben unterscheiden. Zu Beginn des Lernkarteien-Rituals liegen mindestens sechs unterschiedliche Karteikarten in fünffacher Ausführung vor, um eine Auswahl zu ermöglichen und unterschiedliche Schwierigkeitsgrade zu präsentieren. Es ist zu klären, wo die fertigen Arbeiten nach der Korrektur gesammelt werden (am besten im Themenbuch) und in welche Liste man sich wo einträgt.

Darüber hinaus wird die Prüftätigkeit der Experten vorgestellt, am besten am Overheadprojektor vorgemacht und mit allen trainiert. Die Namen der verantwortlichen Experten bzw. ihre Fotos sind auf der Liste bei der entsprechenden Karteikarte vermerkt. Die Lehrkraft schlägt Schülerexperten vor, die gesondert auf die Kurzvorstellung vorbereitet werden. Wie eine gelungene Karteikartenvorstellung aussieht, demonstriert zunächst die Lehrkraft. Zur weiteren Unterstützung werden Leitfragen aushängen, die die Experten vorlesen und mit den Spezifika ihrer Karteikarte füllen: „Ich bin für die Karteikarte Nr. xy zuständig. Es geht um ...; Das ist interessant, weil ...; Ihr braucht dafür ...; Du arbeitest allein/zu zweit ...; Ich habe es in ... Minuten geschafft; Ihr lernt dabei ...“. Die Symbole, die sich auf den Lernkarteien immer wieder finden, hängen nach einer Vorstellung in der Klasse aus. Sie sparen Worte, erklären sich selbst und sind schon nach einmaliger Nutzung abrufbar. Zunächst werden die Experten laufende Arbeiten in der 20-minütigen Arbeitsphase korrigieren. Wenn von den meisten mehr Korrekturzeit benötigt wird, werden für alle fünf bis zehn Minuten im Anschluss an die Arbeitszeit festgelegt

Gefahrenpotenzial und Handlungsmöglichkeiten: Einige Schüler sind in der Regel mit der Betreuung der Karteikarten überfordert. Kontrolle und

Überprüfung von Karteikarten können auch Teams leisten, die möglichst heterogen zusammengesetzt sind, sich aber auch nach Freundschaft finden können. Ein schwächerer Experte kann sich einen Helfer suchen. Kontrollen können auch als Selbstkontrolle erfolgen oder es wird eine Prüfstation eingerichtet, die mit wechselnden Prüfern zu besetzen ist.

Schüler sind überlastet und können sich nicht gut auf das Korrigieren konzentrieren. Wenn das vorhandene Material ausreicht, sind Korrekturen auch als alternative Hausaufgabe zu erledigen. Dadurch gewönne man für Karteiarbeit und Präsentation Zeit. Aber die Karteien könnten auch zu Hause vergessen werden. Regelungen für ruhiges Arbeiten sind also vorzuziehen, um auch einen Austausch zwischen Verfasser und Korrektor zu ermöglichen.

Variationen: In versierten Klassen kann **mit fast allen Karteikarten** gestartet und auf eine ausführlichere Vorstellungsrunde verzichtet werden, sofern die Karten sich von selbst erklären und vor allem einen Übungs- oder Vertiefungseffekt haben. Die Expertennamen stehen in diesem Falle auf der Karteikarte. Die Karteiarbeitszeit könnte sich auf 25 Minuten erhöhen, die Korrekturzeit bald zehn Minuten betragen. Im Anschluss wären Fragen zu klären, Kurzreferate zu halten und besonders gelungene Arbeiten vorzustellen.

In zunehmendem Maße erstellen **Schüler Karteikarten** zu einem abgesprochenen Thema selbst, wenn im Vorwege wichtige Aspekte verteilt werden. Vor dem ersten Einsatz liest die Lehrkraft die Karten Korrektur.

Zum Abschluss einer Unterrichtseinheit produzieren Schüler eine **neue Lernkartei**, stellen diese einer anderen Klasse vor und kontrollieren vielleicht sogar die Ergebnisse.

Ritualisiertes Präsentationsfeedback

Einsatz: Alle Fächer und Klassen; Dauer: ca. 15 Minuten

Ablauf/Beschreibung: Im Anschluss an eine Präsentation von Arbeitsergebnissen durch Schüler und Schülerinnen erfolgen eine Würdigung und ernsthafte Auseinandersetzung mit Inhalt und Form mittels eines Rituals, das die vortragenden Schüler selbstständig nutzen: Zunächst geht es darum, Nachfragen zu ermöglichen und zu beantworten. Sodann sind die gelungenen Aspekte gefragt, wobei hier Form und Inhalt vermischt angesprochen werden oder beide Bereiche voneinander getrennt thematisiert werden können. Erst in einem dritten Schritt geht es um Verbesserungswürdiges, um Anregungen und Ideen methodischer wie inhaltlicher Art.

Ziel/Funktion/erwartete Wirkung: Dieses Feedbackritual ist wichtiger Bestandteil selbstständigen Lernens. Es qualifiziert die Schüler zunehmend, die Güte der eigenen Beiträge zu ermessen, konkret zu benennen, die Art des Vortrags ins Visier zu nehmen und Kritikwürdiges in Form von Verbesserungsideen zu formulieren und anzuhören. Der feste Ablauf schützt die Vortragenden in ihrer exponierten Stellung vor destruktiver Kritik. Allen fällt es leichter, zunächst das Fehlerhafte oder Missratene zu registrieren. Das Gelungene wird kaum wahrgenommen oder als selbstverständlich angesehen. Oft fehlt es dem Publikum an Kriterien, die Güte des Dargebotenen zu ermessen und zu beurteilen. Insofern entwickelt sich hiermit langfristig ein umfangreicher Kriterienkatalog zur gegenseitigen Würdigung, der nichts mit pauschalisierendem Lob (Alles war toll!) oder vernichtender Kritik (Katastrophal – man konnte nichts verstehen!) zu tun hat, vielmehr zu einer differenzierten, die eigenen Beurteilungsmaßstäbe offen legenden Wertschätzung befähigt.

Ein wesentlicher Effekt wird sich erst nach und nach einstellen: Die Schüler werden nicht nur genauer in ihrem Urteil, präziser in ihrer Würdigung und fantasievoller in ihren Anregungen, sie emanzipieren sich auch in zunehmendem Maße von der Fremdbeurteilung durch den Lehrer oder die Lehrerin. Das Schielen nach der Note macht einem selbstbewussteren Umgang mit der eigenen Leistung Platz.

Das Feedbackritual verbessert nicht zuletzt die Präsentationen selbst. Indem Positives differenziert und begründet vom Publikum verstärkt wird, verdichten sich die Elemente, die Sicherheit geben und Erfolg garantieren. Indem auch negative Aspekte nicht pauschal, sondern möglichst konstruktiv und konkret in Form eines Verbesserungsvorschlags oder einer Anregung formuliert werden, vergrößert sich die Chance zum Transfer: Denn die gewünschten Verhaltensänderungen werden von Mitschülern in ihren Worten konkret benannt und begründet (etwa: „Wenn du lauter sprichst, verstehe ich dich besser!“ – „Wenn du an der Seite stehst, können wir euer Plakat sehen!“).

Ideen zur Initiierung: Vor den anderen aufzutreten, selbst Lehrer zu spielen, macht angreifbar. Die Situation ist diffus. Die Schüler müssen in dieser schwierigen Situation geschützt werden, vor allem davor, sich der Lächerlichkeit preiszugeben. Als Lehrkraft zeige ich der Klasse eine gelungene Präsentation, mache meine methodischen Überlegungen transparent und erkläre, warum ich was mache. Dadurch festigen sich die Kriterien: Weniger ist also mehr! In der Kürze liegt die Würze! Ein Bild sagt mehr als 1000 Worte! – diese drei Devisen gepaart mit einem rigiden Zeitlimit (z. B. maximal 5 Minuten pro Auftritt) schaffen günstige Voraussetzungen, wenn Schüler alleine, in Teams oder Kleingruppen den Vortrag vorbereiten, die Rollen aufteilen und für Anschauungsmaterial sorgen. Gerade am Anfang sollte die Lehrerin zusätzliche Stressfaktoren vermeiden. Wohlgemeinte Ratschläge wie „Frei sprechen und ins Publikum schauen!" sind für die einen realisierbar, für andere eher belastend.

Es macht Sinn, das Feedbackritual mit sich selbst erklärenden Zeichen an die Tafel zu malen (z. B. ? für Fragen; * für Gelungenes und ↗ für Anregungen und Verbesserungsideen). Die vortragende Gruppe kann sich dann selbst ihr Feedback abholen: „Habt ihr etwas nicht verstanden? Habt ihr Nachfragen?" Sie rufen die Mitschüler selbst auf, beantworten und gehen dann zum nächsten Punkt über. Dasselbe Prozedere folgt auch beim folgenden Punkt. Es ist gerade am Anfang wichtig, auf die Einhaltung dieser Reihenfolge zu achten. Als Lehrkraft bin ich bei der Etablierung des Rituals für die Einhaltung der Schrittabfolge zuständig. Allerdings muss auch ich mich melden, wenn ich etwas ergänze oder kommentiere.

■ **Gefahrenpotenzial und Handlungsmöglichkeiten**: Manche Schüler können gut präsentieren, andere trauen sich das nicht zu. Es gibt Naturtalente und versierte Präsentatoren, die jede Vorstellung zu einem Ereignis machen. Andere müssen dies erst lernen. Bei der Komposition der Gruppen und der Reihenfolge der Auftritte ist pädagogisches Fingerspitzengefühl gefragt: Freiwillige starten und stehen danach als Berater künftiger Gruppen zur Verfügung. Die geforderte klare Aufgabenteilung innerhalb der Teams (z. B. wer ist Leser, Protokollant, Sprecher oder Zeiger?) erleichtert und strukturiert den Auftritt. Übungen zum lauten und deutlichen Sprechen, das Schauen zum Publikum und zum richtigen Stehen sollten spielerisch mit allen in der zur Bühne gewandelten Klasse trainiert werden. Ein zusätzlicher Übungseffekt wird dadurch erzeugt, dass sich die Gruppen in der Klasse in einem Probelauf ihre Ergebnisse parallel und abwechselnd einer anderen vorstellen.

Fast alle wollen ihre Ergebnisse präsentieren, aber nicht unbedingt zuhören. Es müssen wirklich präsentable, interessante Ergebnisse produziert werden. Wenn alle das Gleiche gemacht haben, sind Mittel wie Selbstkontrolle, Prüfstationen, Korrekturbüros überlegen und sinnvoller.

Manche Nachfragen kann die Gruppe nicht beantworten. Nach Absprache sollten Protokollanten diese Fragen festhalten und dem Team zur Nachbearbeitung zur Verfügung stellen. Mitschüler wie Lehrer können bei Bedarf klärend eingreifen oder um eine schriftliche Nachbereitung für die nächste Stunde bitten.

Pauschales Lob nützt wenig, es hört es sich nur scheinbar gut an, da es das Gelungene nicht präzisiert. Erst konkrete Angaben akzentuieren Verhaltensweisen und Darstellungsformen, die vom Publikum als positiv erfahren wurden. Indem sie angesprochen und in ihren Wirkungen wertgeschätzt werden, ergeben sich Transfermöglichkeiten auch für andere Situationen und Schüler. Generalisierendes Lob von Lehrerseite ist zu vermeiden, ist eher kontraproduktiv, weil es Abhängigkeiten da stärkt, wo Selbstbewusstsein und Selbsteinschätzung aufgebaut gehören. Wenn den Schülern – wie es anfangs die Regel ist – nichts Positives einfällt, melden wir uns und benennen gelungene Teile konkret. Damit schärfen wir das Urteil aller.

„Doof war ...“ – Jugendlichen wie Erwachsenen fällt es wesentlich leichter, Kritikwürdiges zu monieren. Der spontanen negativen Reaktion wird durch das Prozedere der Boden insofern entzogen, als die Sachebene und die positive Verstärkung zunächst das Feld bereiten, Kritik konstruktiv zu äußern, zu begründen oder mit einen Tipp zu versehen. In dieser Phase zeigt sich, dass unterschiedliche Menschen etwas anderes als kritik- und verbesserungswürdig ansehen. Was für die einen eine Stärke darstellt, ist für andere eine Schwachstelle. Sicherlich gibt es neben diesen subjektiven Eindrücken und Vorlieben auch objektive Missstände und Fehler, die richtiggestellt werden sollten.

Variationen: Die Präsentatoren wählen aus, wozu sie Rückmeldungen haben wollen. Gerade zu Beginn sollten die Gruppen mitentscheiden, welcher Art das Feedback der anderen sein soll. So tasten sie sich an das Repertoire heran und wählen die ihnen zuträglichen Aspekte aus.

In Abwandlung zum obigen Dreischritt kann es in einer Deutschstunde mit Gedichtwerkstatt oder kreativem Schreiben mehr Sinn machen, sich Rückmeldung zu: erstens dem Vortrag, zweitens der Form der Präsentation und drittens zum Inhalt einzuholen.

Ein **Feedbackbogen**, Ergebnis eines gemeinsam mit allen Schülern der Klasse abgestimmten Kriterienkatalogs, ist ein vorzügliches Instrument, um alle auf der Sachebene zu genauen Beobachtern zu qualifizieren und Brücken für gelungene eigene Präsentationen zu schlagen. Durch gezielte Beobachtungsaufträge, die entweder vorher gemeinsam gefunden oder von der Gruppe selbst vorgeschlagen werden, erhöht sich die Aufmerksamkeit des Publikums, das zugleich zur Jury wird.

Rückgaberituale für Klassenarbeiten

Einsatz: Vor allem Deutsch, für andere Fächer modifiziert auch geeignet; Klassen: 5 bis 10; Dauer: 1 Stunde, besser 1 Doppelstunde

Ablauf/Beschreibung: Vor der offiziellen Rückgabe der Klassenarbeit findet eine Stunde statt, in der wesentliche Fehlertypen und besonders fehlerträchtige Aufgaben rekapituliert und angemessene Lösungswege bestätigt werden. Die dadurch geschaffene Kompetenz bereitet die Schüler angemessen vor, in der nächsten Stunde ein achtschrittiges Rückgaberitual zu praktizieren, das die Überarbeitung in die Klasse und in die Hände der Schüler verlegt, den sinnvollen Einsatz von Hilfsmitteln schult und Kooperation favorisiert.

Ziel/Funktion/erwartete Wirkung: Die Schüler werden durch dieses Ritual befähigt, sich konstruktiv mit der Bearbeitung von eigenen Fehlern auseinander zu setzen. Sie trainieren den Umgang mit unerlässlichen Hilfsmitteln, kooperieren und lernen voneinander. Auch die Korrektur der Korrektur bleibt ihrem kritischen Blick überlassen. Damit entwickeln sie langsam einen kritisch-konstruktiven Blick für die eigene Leistung und die Fähigkeit, den Schritt von Überarbeitung und Verbesserung als einen konstitutiven und auch attraktiven Teil des Lernens zu akzeptieren. Sie emanzipieren sich zunehmend von der Beurteilung des Lehrers, sind dem umso weniger ausgesetzt, als ihnen Türen zur Verbesserung offen stehen. So gewinnen sie an Selbstbewusstsein und an Realismus ihren eigenen Fähigkeiten und Lernaufgaben gegenüber.

Ideen zur Initiierung: Um die Ausgabe der Klassenarbeiten zu beschleunigen, teilen mehrere Schülerinnen die Arbeiten gleichzeitig aus. Danach gilt folgender Fahrplan:

Arbeitsanregungen für die Rückgabe von Klassenarbeiten

1. Lies dir deine Arbeit mit ihren Fehlern und Korrekturen genau durch. Das kritische Studium der eigenen Arbeit beginnt mit der Lektüre des Lehrerkommentars als erste Voraussetzung, sich mit Bewertung und Note ernsthaft auseinander zu setzen.

2. Überprüfe, ob der Lehrer richtig korrigiert und gezählt hat. Indem jeder in die Rolle eines Kontrolleurs schlüpft, erhöhen sich die Chancen zu größerer Distanz zur eigenen Leistung

3. Wenn du dazu Fragen hast, trage dich in die Warteliste des Lehrers oder der Lehrerin ein. Individuelle Nachfragen sind selbstverständlich, werden ernst genommen und nacheinander abgearbeitet, so wie sie in die Warteliste eingetragen wurden. Die Wartezeit wird zur Erledigung unstrittiger Fehler genutzt. Oft klären sich die Probleme in der Zwischenzeit im Gespräch mit der Nachbarschaft.

4. Beginne schon mit der Berichtigung. Innerhalb einer bestimmten Zeit die Korrektur zu beenden, heißt sich tatkräftig darauf einzulassen, die Zeit für sich konstruktiv zu nutzen, um aus der kooperativen Überarbeitung für künftige Arbeiten zu profitieren.

5. Suche die richtige Lösung in Wörterbuch, Heft oder Fachbuch. Der Einsatz der Hilfsmittel wird hiermit gezielt propagiert. Auch bei Computer-Einsatz und einer Rechtschreibkontrolle ist häufig das Überprüfen im Wörterbuch unerlässlich und um so erfolgreicher, je öfter und souveräner sich die Schüler dieses Mediums bedienen.

6. Wenn du Hilfe brauchst, wende dich an einen Helfer oder an das Korrekturbüro. Dieser Schritt verweist die Schüler auf die Kompetenzen, die ihresgleichen besitzen, orientiert auf Selbstständigkeit und Kooperation. Oft sind die Mitschüler die kompetenteren Erklärer, weil sie schülernäher und in angemesseneren Worten erklären können als wir Lehrer. Ausgewählte Schüler und Schülerinnen können als Experten für bestimmte Teilaufgaben, sozusagen Erklärer für besondere Angelegenheiten, fungieren, die auch eine Kleingruppe von Ratsuchenden betreuen oder ihrerseits das Mittel einer Warteliste nutzen. Wenn Korrekturbüros oder Prüfstationen eingerichtet werden, könnten diese von Schülern besetzt werden, die mit ihren eigenen Korrekturen rasch fertig wurden. Entweder können sie einzelne Mitschüler betreuen oder die Überarbeitungen und Verbesserungen kontrollieren und besprechen. Beide Seiten lernen dazu.

7. Gemeinsame Schlussrunde: Was war in der Arbeit/bei der Berichtigung und Verbesserung besonders schwierig? Welche Trainingsprogramme brauchst du? Was hast du jetzt verstanden? Was hat dir besonders geholfen? Diese Schlussfragen sind besonders wichtig, weil sie die Einzel- und Kooperationserfahrungen in Sachen Überarbeitung und Verbesserung zusammentragen und einen Transfer anbahnen, fortbestehende Probleme akzentuieren und künftige Lernangebote somit angemessener auf die sich wandelnden Bedürfnisse der Lerngruppe anpassen helfen.

8. Die Berichtigungen werden wechselseitig von Schülern kontrolliert, mit einem schriftlichen Kommentar versehen und beurteilt. Durch dieses Verfahren wird die Verantwortung für die Korrekturen an die Betroffen selbst verwiesen. Sie sind als Produzenten und Lernende zugleich gefordert. Ihre Kritik und Erfolgskontrolle ist gefragt, die persönliche Rückmeldung für die Mitschüler ein Muss. Da es einfacher ist, die Arbeiten anderer zu begutachten, dort Fehler zu finden, die man bei eigenen Produktionen oft übersieht, ist dieses kooperative Verfahren besonders sinnvoll.

Gefahrenpotenzial und Handlungsmöglichkeiten: Es ist anstrengend, Fehler und Berichtigungen selbst zu verbessern. Prüfen, Korrigieren und Überarbeiten sind nicht nur wichtige, sondern nach Einübung auch attraktive Tätigkeiten, die selbst von Schülern mit Rechtschreibschwierigkeiten ernst genommen und als herausfordernd erlebt werden. Insofern wird die erste Unmutswelle durch wachsende Kompetenz und Distanz abgeschwächt. Denn die wachsende Rechtschreib- und Formulierungsfähigkeit der Schüler wird gegenseitig aufmerksam registriert und erhöht das Selbstvertrauen auch im Umgang mit eigenen Fehlern. Es handelt sich um eine professionelle Form von Textüberarbeitung, in die unterschiedliche Kompetenzen einfließen und Nutzen bringen.

Die Schüler sind für Kontrolltätigkeiten unterschiedlich qualifiziert. Der Umgang mit diesem Ritual wird differieren, was Schnelligkeit, Solidität und Korrektheit anbelangt. Dennoch profitieren alle von dieser Schrittfolge, denn sie lernen die Fehlerbearbeitung als einen natürlichen Arbeitsvorgang kennen. Es werden sich Experten für bestimmte Aufgaben herausschäle die bei Fragen von Interpunktion, Grammatik oder Stil und Rechtschreibung beraten können.

Manche sind mit Umfang und Schwierigkeit der Aufgaben überfordert. In solchen Fällen ist an ein *Patensystem* zu denken, das die betreffenden Schüler unterstützt und gleich die Bearbeitung im Team ermöglicht oder an eine Reduktion des Überarbeitungsauftrags für spezielle Schüle nach Absprache.

Droht die Lehrkraft nicht den Überblick über die Berichtigungen zu verlieren? Dieses Prozedere basiert ja darauf, dass sich die Lehrkraft fast völlig zurückhält. Die Verantwortung für die Überarbeitung und deren Kontrolle liegt in den Händen der Schüler, die sich alleine oder zu zweit intensiv mit der Überarbeitung auseinander setzen. Auf der anderen Seite erfährt der Pädagoge in der Rückmelderunde, welche Hauptschwierigkeiten sich ergaben und wo noch Trainingsbedarf besteht. Er sammelt die Hefte nach abgeschlossener Korrektur ein und ist so gut über das Niveau von Bearbeitung und Korrektur informiert.

Schüler stellen die Sinnfrage, weil die so zeit- und arbeitsintensiven Korrekturen wirkungslos für die Bewertung der Arbeit bleiben. Das ist allerdings eine wichtige, bedenkenswerte Problematik. Die Lehrer sollten sich vor allem darum bemühen, diese fundamentalen Überarbeitungsprozesse beurteilungsrelevant werden zu lassen. Denkbar ist, schriftliche Arbeiten wie Aufsätze und Diktate erst danach zu bewerten, oder alternative schriftliche Arbeiten zu konzipieren, die nach einer Überarbeitung als Buch oder in der Zeitung veröffentlicht werden.

Schreibkonferenzen zur Textüberarbeitung

Einsatz: Für die Produktion von Texten, die veröffentlicht werden; in allen Fächern, allerdings im Deutschunterricht gezielt einzuüben; Klassen: 5 bis 10; Dauer: 1 Stunde

Ablauf/Beschreibung: Die Schüler bilden leistungsgemischte Dreiergruppen, setzen sich um einen Tisch herum, sind mit ihren Texten, Bleistiften und neuen linierten Blättern sowie einem Wörterbuch bzw. Lexikon ausgestattet. Alle Gruppen arbeiten im Klassenraum so leise wie möglich an den Texten ihrer Gruppenmitglieder. Um möglichst viel zu schaffen, arbeiten alle parallel und zwar wortlos und nur schriftlich an den Texten der beiden anderen Gruppenmitgliedern. Danach setzt sich der Autor oder die Verfasserin mit den Anmerkungen, Fragen, Tipps der anderen auseinander, klärt Ungereimtheiten und versucht erste Verbesserungen einzubauen, bevor nun eine leise Verlesung des ersten verbesserten Textes beginnt und im Dialog restlich Unklarheiten ausgeräumt werden.

■ **Ziel/Funktion/erwartete Wirkung:** Textbearbeitung ist ein schwieriger, aber unerlässlicher Teil von Textproduktion. Die besonders komplizierte Form der Selbstüberarbeitung wird hier durch Kooperation erleichtert. Mit der Bearbeitung der fremden Texte erhöhen sich langfristig auch die Fähigkeiten, die eigenen Texte zu verbessern, weil sich mehr Distanz einstellt, das Überarbeitungsrepertoire wächst und stilistische Sensibilität gerade in der Auseinandersetzung mit anderen Texten trainiert wird. Psychologisch bedeutsam ist vor allem der Einstellungswandel dem Fehler gegenüber, der weniger als persönlicher Makel in seinen zerstörerischen Wirkungen erlebt wird, sondern als etwas zu Überwindendes, als Anlass einer Verbesserung. Dass sich diese Erfahrung mit weniger persönlicher Betroffenheit eher bei fremden Texten einstellt, ist verständlich und befördert auf der anderen Seite die gegenseitige Rücksichtnahme in den Schreibkonferenzen.

■ **Ideen zur Initiierung**: Zu Beginn werden feste Gruppen gebildet, damit sich die Kooperationserfahrung stabilisieren und die Aufmerksamkeit auf die wachsenden Überarbeitungsaufgaben konzentriert.

Die Gruppen sollten möglichst aus drei Schülern bestehen und leistungsheterogen zusammengesetzt sein. Denn mit der kleinen Anzahl erhöht sich die Chance, in kürzerer Zeit zum Ziele zu kommen. Es verringert sich die Notwendigkeit, sich auf viele unterschiedliche Texte gleichermaßen einzustellen. In manchen Fällen macht es sogar Sinn, zunächst zu zweit zu beginnen, um die Techniken zu trainieren. Unterschiedliche Kompetenzen sind auf jeden Fall bereichernd und befruchten die Arbeit aller Konferenzgruppen. So sollte möglichst in jeder Gruppe eine Person sein, die rasch lesen kann, die schnell im Wörterbuch etwas nachschlägt oder die relativ sicher in der Rechtschreibung ist. Sie fungiert als Beraterin und Expertin, wenn die Lehrerin anderweitig beschäftig ist. Außerdem kann sie die übrigen schnell in wichtige Arbeitstechniken einweisen bzw. daran erinnern. Denn es gibt zunächst mit allen ein Trainingsprogramm zum Umgang mit dem Wörterbuch, das an den Gruppentischen ständig präsent ist. Dabei geht es nicht nur um die richtige Schreibweise. Auch die dortigen Hinweise auf grammatikalische Fragen oder die Möglichkeit, ein Synonym oder ein angemesseneres Wort zu finden, werden systematisch mit allen trainiert und ständig wiederholt.

Zur Erleichterung kann mit dem Mittel einer Checkliste gearbeitet werden, deren verschiedene Rubriken (etwa: Im Zweifelsfalle nachschlagen! Wird die Zeit eingehalten? Es gibt keine Wiederholungen ... Sind die Satzanfänge unterschiedlich? Finde ich eine Einleitung und auch einen Schluss? Gibt es eine treffende Überschrift?) Orientierung für Bearbeitungsmöglichkeiten geben. Wichtig ist darüber hinaus, dass die ganze Klasse – am besten am Overheadprojektor – trainiert, wie sie ihre Texte überarbeitungsfreundlich als Entwurf aufschreibt (immer eine Korrekturzeile sowie ein Drittel Rand für Anmerkungen freilassen) und wie die Korrektoren ihre Vorschläge und Fragezeichen mit einem grünen Stift unterbringen. Für die Verbesserung selbst ist der Autor zuständig, der nicht radiert, sondern die gültige Version andersfarbig in die freie Zeile trägt, bevor er es noch einmal per Hand oder im Computer für die Veröffentlichung abschreibt. Auch diese Versionen sollten in der Schreibkonferenzgruppe noch einmal gegengelesen werden, um letzte oder neue Fehler auszumerzen.

Ungewöhnlich ist, dass die *Schreibkonferenz* ihre Arbeit nicht mit der Verlesung eines Textes beginnt, die anderen gut zuhören und Ungereimtheiten anmerken sowie Vorschläge für Inhalt, Stil und Komposition liefern. Hier wird einer ausführlicheren schriftlichen Schreibkonferenztätigkeit der Vorzug gegeben, die auf einer stillen Lektüre und schriftlichen Kommentierung aller Texte durch die Nichtautoren basiert. Das stille Arbeiten ist hier die Voraussetzung für paralleles Arbeiten an fremden Texten, die mit Anmerkungen und Vorschlägen versehen werden und den Austausch mit dem Autor vertagen. Es entspricht mehr dem Produkt, um das es hier geht: Ein Schriftstück, das schriftsprachlich verbessert werden soll. Erst in einem zweiten Schritt, wenn der Autor die Verbesserungsvorschläge seiner Mitdenker und -schreiber aufgegriffen und umgesetzt hat, ist es den so angemessen vorbereiteten Konferenzmitgliedern möglich, durch das Anhören die Wirkung des geschriebenen Wortes noch einmal zu überprüfen und vielleicht zu weiteren Verbesserungsideen zu gelangen.

Arbeitsanweisungen für die Schreibkonferenz:

1. Die Texte für die Schreibkonferenzarbeit schreibt ihr bitte auf ein liniertes Blatt. Lasst auf der rechten Seite 10 cm für Anmerkungen und Korrekturvorschläge frei. Beschreibt nur jede zweite Linie, damit ihr die Verbesserungen in die freie Zeile darüber schreiben könnt.

2. Für die Korrekturarbeit braucht ihr ein Wörterbuch, einen grünen Stift und einen klaren Kopf. Denn ihr werdet nacheinander zwei Texte gründlich durchlesen. Ihr tragt eure Verbesserungsvorschläge am Rand ein. Das ? zeigt an, dass ihr einen Zusammenhang nicht verstanden habt. Rechtschreibfehler unterstreicht ihr oder schreibt gleich die richtige Version an den Rand. Auch wenn ihr Kommas oder andere Satzzeichen vermisst, merkt ihr es an, indem ihr die Stelle in Grün unterstreicht. (Zeit je nach Textumfang zwischen sieben bis zehn Minuten etwa pro Text)

3. Ist eurer Text, versehen mit hilfreichen Kommentaren eurer Mitarbeiter, wieder bei euch angekommen, lest ihr die Anmerkungen, schlagt Wörter nach, informiert euch im Grammatikteil über die richtigen Satzzeichen und versucht euch an Verbesserungen, neuen Formulierungen, die ihr in die freie Zeile schreibt. Wenn ihr in der Schule nicht mehr dazu kommt, ist dies eine sinnvolle Hausarbeit.

4. Der verbesserte Text wird in der nächsten Schreibkonferenz jetzt reihum vorgetragen: Die zwei Zuhörer achten besonders darauf, dass die Überschrift passt, kein Gedanke ausgelassen wurde, dass die Zeiten korrekt sind und er spannend und gut anzuhören ist. (pro Text zwischen fünf und sieben Minuten)

5. Dann wird der so verbesserte Text in den Computer getippt, nicht ohne dort auch noch einmal die Rechtschreibkontrolle zu passieren, für die das Wörterbuch gleichfalls unerlässlich ist.

6. Ihr bereitet einen geeigneten Rahmen für euren Text vor entweder mit Hilfe des Computers, aber auch handschriftlich oder als Collage. Ihr werdet zuletzt eure so gestalteten Seiten als Teil eures Themenbuches bündeln, ein Inhaltsverzeichnis und Titelblatt erstellen und binden.

Gefahrenpotenzial und Handlungsmöglichkeiten: Es bleiben oft noch viele Fehler in den Texten. Selbst das Rechtschreibprogramm des Computers wird dies nicht verhindern. Vielleicht erklären sich versierte Rechtschreiber und Dudenexperten bereit, zwischendurch ein Korrekturbüro zu besetzen und ausschließlich auf Rechtschreibkontrolle und Interpunktion zu achten. Lehrer und Lehrerin könnten die Texte ihrerseits noch einmal vor der Endredaktion durchsehen und Rechtschreibfehler mit Bleistift unter dem entsprechenden Wort anmerken, was zu Dudenrecherchen und Fehlerreduktion führte.

Manche Leistungsträger sind „genervt", dass ihnen soviel Einsatz für andere zugemutet wird, während sie selbst kaum Anregungen erhalten. Dies ist verständlich und auch nicht immer von den Schülern zu verlangen. Schließlich sind sie keine Erwachsenen und auch keine Lehrer. Deshalb sollten sie auch einmal die Chance erhalten, sich in leistungshomogene Gruppen zu erproben oder in Gruppen, die sie nach Freundschaften, bestimmten Textsorten etc. finden.

Schüler stellen die Sinnfrage von Konferenz und Überarbeitung. Texte, in die so viel Kraft, Ideenreichtum und Verbesserung einfließen, müssen veröffentlicht werden und dürfen nicht im Deutschheft verschwinden. Dies kann geschehen, indem man die Geschichte der Woche oder zum Tagesabschluss als festes Ritual zur mündlichen Veröffentlichung der so überarbeiteten Texte etabliert und dafür auch eine mündliche sowie schriftliche Bewertung vorsieht. Noch wichtiger ist es, dass diese Texte langsam aber sicher eine Art Klassengeschichtenbuch füllen, das für Schullesungen, andere Klassen oder die Schulbibliothek zur Verfügung gestellt wird. Auch die Teilnahme an öffentlich ausgeschriebenen Wettbewerben (z. B. in der Zeitschrift BUNTER HUND, aber auch vom Börsenverein des Deutschen Buchhandels sowie von Behörden oder von der Gemeindeverwaltung oder Zeitungen) sind vorzügliche Anlässe, sich auf diese ernsthafte Weise mit eigenen und fremden Texten auseinander zu setzen.

Variationen: Eine **wechselnde Gruppenzusammensetzung** (nach Zufall/Interesse/leistungshomogen, -heterogen) bietet sich an, wenn das Verfahren erst einmal sitzt und Teil des Handlungsrepertoires der Klasse geworden ist. Die Gruppenzusammensetzung muss nicht starr aufrechterhalten werden, sondern kann nach Bedarf, Wunsch und Interesse sowie Leistung differenziert werden, um mit den unterschiedlichen Wirkungen Erfahrungen zu ermöglichen und zu reflektieren. Damit wachsen die Kooperations- und Teamfähigkeit der Klasse sowie die Güte ihrer Überarbeitungen.

Die **Gruppengröße** ist immer auch ein Zeitfaktor. Wenn man eine Doppelstunde zur Verfügung hat, ist es wahrscheinlicher, mit den verschiedenen Arbeiten durchzukommen. Dies ist insofern wichtig, als es unerquicklich und zeitraubend ist, sich immer wieder neu in bereits Angefangenes hineinzudenken. Dies wird auf Dauer auch die Qualität der Ergebnisse verringern. Wenn man mit größeren Gruppen arbeiten möchte, wird es – das muss von vornherein klar sein – gar nicht möglich sein, sich mit allem zu beschäftigen. Vielleicht einigt man sich – in Abwandlung des sonstigen Rituals der stillen gegenseitigen Kommentierung – nach halblauter Lektüre der vorhandenen Beiträge auf eine Reihenfolge, die dann von allen gemeinsam mündlich kommentiert wird oder zur schriftlichen Kommentierung allen in Kopie zur Verfügung gestellt wird.

Das **Vorlesen** setzt eine große Konzentrationsfähigkeit der Gruppe voraus. Es begünstigt all jene Lerner, die am besten über das Ohr lernen. Deshalb sollten alle mit den unterschiedlichsten Versionen einmal Erfahrungen sammeln, um das für sie geeignete Repertoire selbst kreativ nutzen zu können in der Schreibkonferenzzeit.

Nicht alle Texte, sondern nur ein Text wird bearbeitet. Diese **Reduktion** ist vor allem am Anfang sinnvoll. Dann ist ein Austausch über die Vielfalt der Veränderungsvorschläge möglich und von allen nachvollziehbar. So können rasch verschiedene Bearbeitungstechniken oder Aufgaben der Checkliste durchgespielt und praktiziert werden. Es hat auf der anderen Seite den Nachteil, dass sich die Aufmerksamkeit vieler auf nur wenige Texte reduziert. Nach welchen Kriterien diese ausgewählt werden und wie ein Transfer auf die Arbeiten und Arbeitsweise der anderen zu gewährleisten ist und wie Gefühle von Ungerechtigkeit oder Benachteiligung nicht auftreten – das sind potenzielle Schwierigkeiten und Konfliktstoff, über den mit der Gruppe zu beraten ist.

Wiederholung als ritualisierter Stundenbeginn

Einsatz: Alle Fächer; Klassen: 7 bis 10; Dauer: 10 Minuten; besonders für Doppelstunden geeignet

Ablauf/Beschreibung: Am Ende einer jeden Fachunterrichtsstunde findet sich ein Schülerteam, das den Beginn der nächsten Stunde vorbereitet und sich Wiederholungs- und Übungsfragen zum Stundenthema überlegt. Sie erhalten etwa sieben Minuten zu Beginn der Folgestunde, um ihre Mitschüler zu befragen. Wie sie dies anstellen, welche Methoden sie dazu nutzen, ob mehr spielerisch oder traditionell, mit Bildmaterial oder ohne, bleibt ihnen überlassen. Nach etwa fünf bis sieben Minuten haben ihre Mitschüler das Wort, geben ihnen ein Feedback zu ihrer Wiederholung (Was war besonders gelungen und warum? Gibt es Verbesserungsvorschläge?). Zum Schluss finden sich zwei neue Freiwillige. Langfristig werden alle einmal an die Reihe kommen.

Ziel/Intention/erwartete Wirkung: Die Schülerinnen und Schüler setzen sich auf diese Weise mit dem inhaltlichen Ertrag einer jeden Stunde auseinander. Sie rekapitulieren ihren persönlichen Lernzuwachs, filtern das Wichtige und Neue heraus, mit dem sie ihre Mitschüler ebenso konfrontieren wie mit wichtigem Basiswissen, das sie gleichermaßen abfragen können. Wenn sie dies zu zweit vorbereiten, tauschen sie sich aus, vergleichen ihre subjektiven Wahrnehmungen miteinander, wählen das Wichtige wie das besonders Schwierige zur Wiederholung. Indem sie selbst Fragen formulieren, wälzen sie ihr Wissen ein weiteres Mal um. Sie sind es, die die inhaltlichen und methodischen Akzente setzen. Diese Zeit ist eine reine Schülerzeit, in der wir als Lehrkraft zuhören und uns allenfalls beim Feedback zum Schluss melden. Denn sie bestimmen Inhalte, wählen die Methoden aus, agieren als Lehrer. Jeder wird vor der Klasse auftreten. Alle werden hörbar. Insofern ist dies ein kontinuierlicher Beitrag zum selbstständigen und kooperativen Lernen, stärkt Methodenkompetenz und Souveränität im Auftreten vor der Klasse sowie die Teamarbeit. Inhaltlich bewirkt es eine hohe Attraktivitätssteigerung für eine intelligente Form der Umwälzung von unterschiedlich stark verankertem Wissen und Wissenszuwachs. Wir erhalten auf diese Weise ausgesprochen interessante Einblicke in den Ertrag unserer unterrichtlichen Bemühungen, so wie er sich in der Sicht und in der Perspektive einzelner Schüler widerspiegelt.

Ideen zur Initiierung: Der Fachlehrer oder die Fachlehrerin erläutern zunächst, warum es so wichtig ist, neuerworbenes Wissen auf die unterschiedlichste Weise zu wiederholen, um es dauerhaft zu verankern und nutzbar zu machen. Damit die Schülerinnen und Schüler als künftige Wiederholungsteams fit gemacht werden, ist eine Ideensammlung, wie man die fünf bis sieben Minuten unterschiedlich füllen kann, gemeinsam mit allen zu erarbeiten und in der Klasse auszuhängen. Es gibt so viele kleine Spiele, Kreuzworträtsel, Tafelfußball, Kopfgymnastik, Quiz-Aufgaben, die einzusetzen sind, aber auch ganz traditionelle Formen, etwa Formeln, Jahreszeiten oder Phänomene, die kurz definiert werden müssen. Dazu kann das Multiple-Choice-Verfahren genutzt werden – die Variationsbreite ist groß und wird im Laufe der Zeit noch anwachsen.

Immer auch wird der Lehrer oder die Lehrerin als methodischer Berater zur Verfügung stehen, wenn die Teams ihre Wiederholungssequenz planen. Es kann zu diesem Zweck auch eine kleine Methodenkartei oder ein Methodenkoffer gefüllt werden, aus dem sich die Teams bedienen können. Neben der Methodik ist das Ziel der Wiederholung auch für alle zu präzisieren – neben dem Basiswissen stehen das Wichtige und das Neue im Zentrum des Interesses. Hier immer das Richtige zu treffen ist sicherlich nicht für alle möglich. Es ist aber immer auch interessant, was sie dafür halten.

Am besten machen wir selbst einmal das Verfahren vor. Auch werden wir das erste Team beraten, wenn es dies möchte. Es sollten zunächst freiwillige Teams beginnen, damit auch die zurückhaltenderen Schülerinnen und Schüler Mut fassen und mehr Selbstvertrauen gewinnen.

Ritual zum Verschwinden provozierender Schimpfwörter

Einsatz: Klassenunterricht; Klassenstufen: 5 bis 8; bei Bedarf oder präventiv zu Beginn eines Schuljahrs; Dauer: je eine Stunde in der Halbgruppe (am besten Mädchen/Jungen getrennt) zur Sammlung und Besprechung der Schimpfwörter; danach nur kurze Auftritte bei Stundenbeginn

Ablauf/Beschreibung: Wenn die Klassenatmosphäre erheblich von verbalen sexistischen Aggressionen beeinträchtigt wird, greift folgendes Ritual, das die Klasse vor einer weiteren Eskalation bewahrt. Jeder schreibt zunächst sein heftigstes Schimpfwort, seine gröbste Beleidigung auf ein Blatt, definiert dann mündlich den Begriff und analysiert Umstände und Wirkung. Diese Wörter werden aus der Klasse symbolisch verbannt, indem sie in den Schulmüll wandern, alternative Wörter, die entlasten, ohne zu beleidigen, ausgehängt werden und fortan folgende Verabredung gilt: Wenn ein Schüler eins dieser verbannten Beleidigungen oder Schimpfwörter (Wichser, Hurensohn etc.) nutzt, muss er zu Stundenbeginn vor der Klasse die Wortbedeutung haarklein erläutern, Anlass, Ursache und Wirkung aufdecken und sein Alternativwort sagen.

Ziel/Funktion/erwartete Wirkung: Dieses Ritual befähigt die Schüler zu einem sensiblen Umgang mit Wörtern. Die unterschiedliche Wirkung von Wörtern wird deutlich, Alternativen werden Thema. Dass Worte körperliche Aggressionen auslösen und wie Waffen wirken können, ist allen mehr oder weniger bewusst. Indem man die Wörter aus dem gewaltträchtigen Kontext herauslöst, sie in Bedeutung und Wirkung analysiert, vorstellt und ernst nimmt, verlieren sie durch diese distanzierte Betrachtung ihr gewalttätiges Potenzial. Aufschreiben, Besprechen und „Vertreibung" solcher „verbotenen" Wörter verbinden den Prozess mit konkreten Aktivitäten, die befreiend wirken.

Der Ansatz, das Phänomen verbaler Gewalt kooperativ und individualisierend zu behandeln und nicht Einzelne zu stigmatisieren, offenbart, dass jeder über solche Waffen verfügt, diese Waffen unterschiedlich eingesetzt werden und wirken. Die Verabredung, dass die Verwendung verletzender Begriffe einen sofortigen Auftritt vor der Klasse zur Folge hat, wird als peinlich empfunden, auch wenn einem die anderen bei der Definition helfen. Die provokanten Wörter selbst wieder in den Mund zu nehmen und auf einer Sachebene vorzustellen, zerstört offenbar ihre Wirkung, schwächt den Vortragenden vor allen anderen. Alle Schüler der Klasse verfügen damit über ein gemeinsames Instrument, um sich nicht länger von der Gewalt der Wörter unterdrücken zu lassen.

Ideen zur Initiierung: Dieses Ritual erfüllt vor allem einen Sinn, wenn es innerhalb einer Lerngruppe zu einer Eskalation verbaler Aggression kommt, wenn Appelle an Vernunft und Verabredungen nicht nutzen, sondern die Auseinandersetzungen zunehmen.

Es ist aushaltbarer, effektiver und intensiver, die erste Runde zur Begriffs- und Rahmenklärung nur mit einer halben Klasse zu machen, weil alle zuhören und jeder drankommen soll. Es ist eine delikate Gratwanderung, weil hier Obszönitäten von Grund auf geklärt werden. Insofern ist Sexualität Dauerthema.

Anfängliche Bedenken von Seiten der Schüler oder Erwachsenen schwinden schon nach kurzer Zeit, weil die Kenntnisse der Schüler über die genaue Bedeutung ihres schärfsten Schimpfwortes oft gering sind. Sie haben es offenbar verwandt, weil es sofortige heftige Reaktionen oder andere beleidigte Emotionen auslöste und Aggressionen provozierte. Was sich aber realiter dahinter verbirgt, das wissen sie in vielen Fällen nicht, zumindest nicht detailliert. Das steigert das Interesse der Zuhörenden, kommt Konzentration und Zuhörbereitschaft zugute. Scham und Peinlichkeit treten in den Hintergrund. Wenn auf der Sachebene um Erklärungen gerungen wird, kann es sogar heiter zugehen. Insofern trägt die hier praktizierte Paradoxie, über den mitschwingenden Affront hinwegzuhören und sich nur um die Sach- und Kontextebene zu kümmern, offensichtlich zur Entspannung bei. Die Beteiligung aller macht aus der Gruppe eine von Geheimnisträgern, die sich gemeinsam um die Klärung „schlimmer" Wörter kümmern, gemeinsam etwas an und für sich Verbotenes unternehmen.

Der Aspekt der gegenseitigen Hilfe bei der Begriffsklärung in der kleinen Runde oder in der Klasse ist bedeutsam deshalb, weil er den „Täter" nicht alleine lässt, sondern signalisiert, auch wenn ich dein Schimpfwort grässlich finde, helfe ich dir bei der Definition. Dadurch wird ihm ein Weg zurück geebnet, und er spürt in einer sehr peinlichen Situation die Unterstützung von anderen. Für den Zusammenhalt der Gruppe sind solche Wirkungen von unschätzbarer Bedeutung. Der Zauber dieses Rituals, das nach der Etablierung kaum noch praktiziert wird, entfaltet sich sofort. Es scheint, als hätten alle darauf gewartet.

■ **Gefahrenpotenzial und Handlungsmöglichkeiten**: Schüler werden anlässlich der Definition der provozierenden Begriffe albern. Wenn es zu störend wird, setzen sie sich an einen anderen Ort, formulieren ihre Begründung schriftlich und können aus er Ferne zuhören. Denn um den Auftritt im Falle der Verwendung werden sie nicht herumkommen.

Manche ertragen selbst das Aussprechen derartiger Begriffe kaum. Sie sollten zumindest im Nebenraum ihren Begriff aufschreiben, ihn mit Lexikon definieren, um am Ritual partizipieren zu können.

■ **Variationen**: Die Schüler malen ein **Mauerplakat**, dessen Ziegelsteine sie mit Schimpfwörtern füllen. Alle DIN-A3-Plakate zusammengenommen ergeben eine Ausstellung der Klasse, die einen Distanzierungs- und Verfremdungseffekt erzeugt und zudem noch dekorativ wirkt.

Alle füllen je ein **Alphabet mit ihren Lieblingswörtern und Schimpfwörtern**. Die Eintönigkeit, die bei wiederholter Nennung verbaler Provokationswörter auftritt, zerstört deren aggressive Wirkung, erzeugt oftmals Gelächter anstatt Empörung. Auch hier verpufft offenbar der Effekt durch die offizielle Genehmigung, ja Aufforderung, seine übelsten Schimpfwörter zu Papier zu bringen, sie vorzulesen und auf der Sachebene neutral zu betrachten und zu klären.

Ritualisierungen für den Fachunterricht

Fachunterricht, wie er für Sekundarstufe typisch ist, wird von Lehrern und Lehrerinnen unterrichtet, die Spezialisten dieses Bereichs sind, ein Fachcurriculum anvisieren, ein bestimmtes Vokabular trainieren und eine aus Sache und Thema resultierende eigene Methodik verfolgen.

Aus Schülersicht stellt sich die Situation anders dar. Um Hintergründe und Gebote wissen sie kaum. Warum welches Fach in welchem Schuljahr mit so und so viel Stunden berücksichtigt wird, solche Fragen haben sie sich abgewöhnt zu stellen. Ihre Informationen über die angestrebten fachlichen Kompetenzen sind oft gering. Das reduziert ihre Möglichkeiten, selbstständig zu lernen und zu arbeiten und sie interessierende Themen konstruktiv einzubringen. Aus Schülersicht ist das für sie vorgesehene Tagesmenu, das ihnen der Stundenplan offeriert, oftmals eher unverdaulich. Zwar schlucken sie es herunter. Aber es wird auch nicht durch wöchentlichen Genuss unbedingt gehaltvoller.

Insofern sind neben langfristigen Vorhaben wie einer Reformierung der Stundentafel im Sinne von Epochenunterricht oder eine intensivere Kooperation mit Kollegen, die Wochenpläne mit fächerübergreifenden Themenstellungen ermöglichen und Freiräume für selbstständiges Arbeiten erhöhen, kurzfristig zu realisierende pragmatische Veränderungen wichtig, um Schülerinnen und Schüler Zugang und Training selbstständiger und kooperativer Arbeitsformen zu erleichtern. Dazu gehören auch gestaltete **Erholungspausen** zwischen unterschiedlichen Fächern. **Ankommenszeiten**, in denen sich ein jeder oder alle gemeinsam auf das Neue, die neue Thematik, das andere Fach, die neuen fachlichen und menschlichen Veränderungen einstellen kann. Wenn es gelingt, für jedes Fach solche **symbolischen Einstiege** zu erfinden, die wie eine *Erkennungsmelodie* wirken, profitieren davon nicht nur Lernatmosphäre und Intensität. Es ordnet sich für die Schüler etwas, wie auch der neue Lehrer und die Lehrerin sich mit einem ritualisierten Einstieg etwas Muße gönnen, um in der anderen Klasse anzukommen. Wenn die *Rituale für den Schuljahresbeginn und das Halbjahr greifen*, sind hilfreiche Veränderungen die Folge: Denn Transparenz und Verabredungen schaffen eine gute Ausgangsbasis, begünstigen selbstständiges und kooperatives Lernen auch im Fachunterricht und bei Fachlehrern. Des Weiteren erzeugen Vorschläge wie das *Stundenprogramm* mehr Klarheit und höhere Lerneffektivität. *Ritualisierungen zur Themenbearbeitung* sowie die *Präsentations-* und *Feedbackrituale* sprengen die Isolation des Fachunterrichts und betten ihn stärker in einen sinnvollen Zusammenhang, bei deren Konstruktion und Füllung die Lernenden mitzuwirken aufgerufen sind.

Ein **spielerischer Beginn** ist auch für den Fachunterricht ein sinnvoller Einstieg. Insbesondere dann, wenn er wie bei der *ritualsisierten Wiederholung* von Schülern gestaltet wird und Ergebnisse aus dem vorausgehenden Unterricht verwertet. Wenn Fachunterricht beispielsweise mit fachbezogenen Quizfragen beginnt, die von Schülern zusammengetragen werden, entsteht sogleich ein thematischer Bezug. Darüber hinaus verarbeiten sie unterrichtliche Ergebnisse effektiver, trainieren kontinuierlich Basiswissen, indem sie sich wichtiger Lerntechniken bedienen. Sie stimmen sich auf das Fach ein, vernetzen es mit Vorhergehenden und dies alles auf eine spielerische und autonom zu gestaltende Weise, die sich entspannend auf die Lernatmosphäre auswirkt.

Das Repertoire spielerischer Einstiege ist riesig und in vielen Büchern vorgestellt. Das Neue ist hier nur die inhaltliche, themenspezifische Varianz und die Schülerbeteiligung bei Spielinhalt und Regie: Von Wauschtörtern (= Tauschwörter) über Kopfgymnastik, bei der die ganze Lerngruppe temporeich gleichzeitig um die richtige Lösung gebeten wird, oder Dings Da, Tabu, Detektivaufgaben, Ratefix oder Variationen des Dudenspiels, Der Große Preis oder Bingo mit einem Fachvokabular – all diese Spiele sind für die Einstimmung von Einzelnen, Gruppen oder ganze Klassen hervorragend geeignet. Es macht Sinn, derartige spielerische Einstiege, die eine Klassen begeistern, auch für das Stundenende oder eine kurze Erholungspause zwischen intensiven Arbeitsphasen einzuplanen.

Die **ritualisierten Handlungsabläufe**, die im Folgenden vorgestellt werden, sind keine Rituale im strengen Sinne. Oft sind sie zeitlich stark beschränkt, auf Einzelne bezogen und inhaltlich stark reglementiert. Vielfach gehören sie dem methodischen Reich möglicher Abläufe und Strukturierungshilfen für selbstständiges Lernen an. Die allermeisten konzentrieren sich auf den Beginn des Fachunterrichts und nur wenige sind am Stundenende oder gar bei Phasenübergängen angesiedelt. Einige wenige ritualisieren ganze Stundenabläufe oder Einheiten. In der Regel zeichnet sich aber die Mehrzahl dadurch aus, dass hiermit Schüler Gestaltungsräume zur freien Füllung für sich, Teams oder alle erhalten.

Für den Deutschunterricht ist das *5-Minuten-Schreiben* ein wunderbares Ritual. Abgewandelt kann es auch in andern Fächern Vorzügliches leisten: Denn jeder stellt sich auf seine Weise in seinem Tempo auf das Fach und seine Besonderheiten ein – durch Schreiben, Zeichnen, Pläne schmieden, sich selbst Aufgaben stellen oder mit Hilfe eines inneren Monologs. Andere Rituale sind vor allem im Geschichts- und Politikunterricht angesiedelt, machen aber – wie das *Protokoll als Stundenbeginn* – auch in anderen Fächern Sinn. Schließlich produzieren sie Kontinuität und richten den Blick auf das Wesentliche. Die Schülerinnen stellen mit ihrem schriftlichen Zeugnis eine Vernetzung her und stellen sich dem kritischen Urteil von Mitschülern und Fachlehrer. Die Ritualisierungsideen für den mathematisch-naturwissenschaftlichen Unterricht, für Fremdsprachen, Kunst und Musik, für Technik oder Sport signalisieren, dass die Suche erst begonnen hat und Erfindungsgeist gefragt ist.

5-Minuten-Schreiben

Einsatz: Deutsch; Klassen: 5 bis 10; Dauer: 5 Minuten zu Stundenbeginn

Ablauf/Beschreibung: Zu Beginn der Deutschstunde holen Schülerinnen und Schüler sowie Lehrer oder Lehrerin ihr 5-Minuten-Schreibheft heraus, im Hintergrund setzt nach Absprache leise Musik ein, alle beginnen nachzudenken und zu schreiben. Die Musik wird nach fünf Minuten langsam ausgeblendet und beschließt damit die auf den Deutschunterricht einstimmende Schreibphase.

Ziel/Funktion/erwartete Wirkung: Schreiben wird hier als eine Möglichkeit erlebt, seine Gedanken und Gefühle auszudrücken, sich Ärger und Wut von der Leber zu schreiben, seine Freude oder Trauer in Worte zu fassen, zu dokumentieren oder einfach etwas loszuwerden. Zorn über Ungerechtigkeiten in der Schule und weltweit – alles hat hier seinen legitimen Platz. Sogar Lügen, Gerüchte, Anschuldigungen – alles darf in diesem geschützten Rahmen aufgeschrieben werden, was man anderen nicht erzählen würde. Schließlich bleibt es das Buch des Autoren. Er allein bestimmt, wann, wie, wem darin enthaltene Notizen gezeigt werden.

Schreiben dient hier als Mittel, um mit sich selbst ins Reine zu kommen, Dampf abzulassen, Klarheit zu gewinnen und Entscheidungen vorzubereiten. Schreiben erzeugt Distanz, klärt und macht den Kopf frei von Belastungen, die sich ansonsten womöglich als Störungen Luft verschafften. Hiermit wird die kreative Dimension des Schreibens kultiviert, die in der Schule oftmals hinter Übungsprogrammen oder der schriftlichen Auseinandersetzung mit vorgegebener Literatur verschwindet. Fünf Minuten lang zu schreiben kann auch helfen, in Schreibfluss zu gelangen, was für geplante Schreibaufträge von Vorteil ist.

Das 5-Minuten-Heft wird sich zu einer Art Tagebuch entwickeln, das ein Schuljahr aus subjektiver Perspektive begleitet. Nicht nur das Schreiben ist reizvoll. Auch die Lektüre wird zunehmend interessanter, weil manches schon vergessen war. Auch wenn die Inhalte nicht direkt in den Unterricht einfließen – oder nur zu ganz bestimmten Anlässen – ist die Funktion des 5-Minuten-Schreibens für das soziale Miteinander in der Klasse von hoher Bedeutung, weil es auf jeden Fall beruhigend und entlastend, vielleicht sogar klärend wirkt.

■ **Ideen zur Initiierung**: Zu Beginn des Schuljahres werden die Schülerinnen und Schüler mit Idee und Rahmenbedingungen vertraut gemacht. Sie erfahren etwas über Möglichkeiten und Ziele und dass sie fortan zu Beginn jeder Deutschstunde fünf Minuten Zeit zum Schreiben in ein spezielles Heft erhalten, ohne dafür bewertet zu werden. Die kurze Dauer von fünf Minuten strukturiert von Anfang an und befähigt in Kürze, diese Zeit wirklich auszukosten.

Wird dieses Ritual automatisiert, schöpfen die Schüler die Zeit meistens intensiv aus, gerade weil das Ende so nahe ist. Da sie gewiss sind, in der nächsten Deutschstunde weiter zu schreiben und Neues zu Papier zu bringen, bleiben Stress und Druck eher gering. Denn wer hinderte die Jugendlichen daran, wenn sie die befreiende und entlastende Funktion dieser Art von Schreiben erst erfahren haben, ein Tagebuch zu führen?

Bei der **Auswahl der Musik** geben Kriterien wie leise, angenehm, nicht ablenkend, Ruhe und Konzentration begünstigend den Ausschlag. Weil es ein ungewohntes Arrangement ist, verdient es Erklärung sowie die Zusage, nach einem bestimmten Erfahrungszeitraum (z. B. vor den Herbstferien) die Rahmenbedingungen dieses Rituals zu überdenken und vielleicht zu ändern. Wenn man als Lehrkraft selbst eher Bedenken und Schwierigkeiten damit hat, Musik parallel zum Schreiben zu hören, sollte man darauf verzichten und eher ein akustisches Signal als Zeitansage einsetzen.

Das Heft sollte einen stabilen Deckel haben, attraktiv aussehen, schön gestaltet und mit Namen versehen werden. Die Inbesitznahme geschieht gemeinsam. Ob linierte, karierte oder Blanko-Seiten ist den Autoren zu überlassen. Die Heimat dieses Heftes ist die Klasse, zumindest, bis es voll geschrieben und ersetzt wurde. Alles andere gefährdet das Ritual. Ob die Eintragungen mit Datum und Seitenzahlen versehen werden, ist abzusprechen, wohl wissend, dass neben der Chronologie auch ein Schreibfluss entstehen kann, Unsicherheit und Blockaden aufgelöst werden.

Die Schreibatmosphäre benötigt Konzentration und Ruhe. Um das Störungspotential so gering und die Rahmenbedingungen so angenehm wie möglich zu gestalten, sollte die sicher aufkommende Behauptung „Mir fällt nichts ein!“ durch visualisierte Handlungsalternativen oder Hinweise zur Entlastung beantwortet werden („Du kannst die Seiten durchnummerieren“; „Du kannst ein Bild malen“; „Du kannst erst einmal nachdenken“; „Dir allein gehören diese fünf Minuten, nutze sie für dich“; „Jeder denkt nach. Mancher schreibt gleich drauf los, aber auch das Grübeln ist wichtig“; „Nicht die Menge macht es. Jeder schreibt anders“; „Etwas Witziges, etwas Trauriges, etwas Schönes oder Böses – du entscheidest selbst, was du schreiben möchtest!“). Unerlässlich ist es darüber hinaus, den Grundsatz „Wenn wir schreiben, stört uns das Reden anderer!“ in seinen schützenden Wirkungen für alle überzeugend zu verdeutlichen.

Weil jede Lerngruppe anders ist und manche eher die monotonen Anteile des Rituals spüren, sollte die Klasse vor den Herbstferien eine **Zwischenbilanz** dieses Rituals ziehen: Wollen wir das 5-Minuten-Schreiben so beibehalten? Was gefällt uns daran besonders gut? Was möchte ich verändern und aus welchem Grunde?

■ **Gefahrenpotenzial und Handlungsmöglichkeiten**: Das Geheimnis des 5-Minuten-Heftes muss geschützt werden. Die 5-Minuten-Hefte sind wertvolle Geheimnisträger und als solche eine mögliche Zielscheibe von Aggressionen. Die Regel, dass „mein 5-Minuten-Heft nur mir gehört und ich allein darüber bestimme, wer darin lesen darf“, wird vorab als Prämisse etabliert und mit der erforderlichen Konsequenz für den erfolgreichen Ablauf durchgehalten. Nur mit ausdrücklicher Erlaubnis ist die Lektüre eines 5-Minuten-Heftes gestattet. Wenn die Lehrkräfte ihr 5-Minuten-Heft gleichermaßen nutzen, halten sie ihre Neugierde in Zaum und spüren die Wirkungen von

Zeit, Schreiben, Musik auf sich, werden Teil des rituellen Prozesses. Alle Hefte könnten von Schülern eingesammelt und bis zum nächsten Mal im Schrank verschlossen verwahrt werden.

Was tun, wenn einige Schüler gar nicht beginnen und sich unterhalten? In diesem Falle ist eine von Ruhe und Vertrauen geprägte Haltung die wirksamste; eine Haltung, die ausstrahlt, dass auch sie diese Zeit beim nächsten oder übernächsten Mal sinnvoll für sich nutzen und die wohltuenden Wirkungen des Schreibens bald schon spüren werden. Wenn die Mehrzahl im Ritual aufgeht und man selbst durch eigenes Schreiben signalisiert, dass man nicht gestört werden möchte bzw. sich gar nicht stören lässt, wirkt dies ohne viel Worte ansteckend. Keinesfalls sollte man lauthals das Problem in diesen kostbaren fünf Minuten klären wollen.

Variationen: Da wir Pädagogen immer auf der Suche nach schriftlichen, bewertbaren Leistungen sind, sind auch die 5-Minuten-Hefte Objekte unserer Begierde. Manchmal wird es von der Zustimmung der Autoren abhängig gemacht, manchmal wird es zur Auflage gemacht. Die Konsequenzen für die Nutzung des 5-Minuten-Schreibens liegen auf der Hand: So wichtige Dimensionen wie „Schuttabladeplatz", „Intime und subjektive, ungerechte Mitteilungen" gehen dadurch verloren. Insofern ist eher davon abzuraten, diese persönlichen Deutschtagebücher einzusammeln und zu benoten.

Man kann den Schülern auf Wunsch von Zeit zu Zeit **Schreibideen** geben, die als Anregungen an der Tafel hängen; z. B.: „Das war für mich das Schönste/Witzigste/Traurigste in der vergangenen Schulwoche ..." oder „Zu meiner Klasse/meinen Lehrern/ der Schule/ der Pause/ fällt mir ... ein."

Je mehr sich die 5-Minuten-Hefte füllen, desto interessanter die Lektüre. Dafür reicht die Zeit aber in den fünf Minuten nicht. Deshalb sollte einmal im Monat oder auf Verlangen öfter eine **Schmökerstunde** eingelegt, in der man sein eigenes Heft studiert oder verschönert, Freunden bestimmte Passagen vorliest oder gar die Hefte tauscht.

Es kann auch gezielt **Leseaufträge** geben: „Findest du in deinem 5-Minuten-Heft etwas zum Thema Streit (Vertrauen/Hilfe/Freundschaft)? Du entscheidest, ob du es uns vorlesen möchtest. Du kannst es auch erzählen oder für die Klasse aufschreiben." So werden die eigenen Erfahrungen und Gefühle selbst zur Fundgrube für Gespräch und schriftliche Präsentation, dienen der Weiterarbeit.

Man kann am Ende einer Schulwoche vielleicht einmal **eine Lesung** machen, zu der sich verschiedene Autoren angemeldet haben, die etwas aus ihrem 5-Minuten-Heft zum Besten geben wollen. Oder andere Schüler haben zu einem Problem aus unterschiedlichen persönlichen Perspektiven geschrieben und möchten es nun der Klasse zur Diskussion stellen.

Es kann auch **für andere Fächer** eine solche gelassene individuelle Einstimmung auf das Fach geben – etwa das **5-Minuten-Rechnen**, wo man sich fünf Minuten lang entweder mit eigener Wiederholung oder Sachrechenaufgaben aus dem Alltag beschäftigt oder **5-Minuten-Schreiben** zur Einstimmung im Englisch-, Französisch oder Spanisch bzw. Lateinheft nutzt.

Die aktuelle Viertelstunde – Nachrichtensprecher haben das Wort

- **Einsatz:** Geschichte/Politik; Klassen: 6 bis 10; Dauer: max. 15 Minuten

- **Ablauf/Beschreibung:** Zu Beginn einer Geschichts- oder Politikstunde erhalten die Schülerinnen fünf Minuten Zeit, um aktuelle politische Nachrichten vorzustellen, Hintergründe zu erläutern und Nachfragen zu beantworten. Sie erhalten im Anschluss eine Rückmeldung über Gelungenes und Verbesserungswürdiges von ihren Mitschülern und von der Lehrerin oder dem Lehrer. Sie wählen die Nachrichten selbst aus, bereiten sich darauf zu Hause vor, können Bild- oder Wortkarten dabei einsetzen. Alle Schülerinnen und Schüler kommen einmal in diese Rolle des Nachrichtensprechers.

- **Ziel/Funktion/ erwartete Wirkung**: Dadurch, dass politische Nachrichten Thema des Unterrichts sind, wächst das Interesse aller an Fragen der Politik. Schließlich kommt jeder einmal dran, hat die Qual der Wahl, muss Rede und Antwort stehen. Nicht für die Schule, sondern fürs Leben zu lernen – dieser Grundsatz wird durch die regelmäßige Einbeziehung aktueller Ereignisse beherzigt. Die Schüler sind für ihren Vortrag auf eine gezielte fachbezogene Auswertung der Medien angewiesen. Sie benötigen Visualisierungen, üben sich in Präsentation und freiem Sprechen sowie Diskussionsleitung. Die Zuhörer werden kontinuierlich informiert, trainieren Fragen zu stellen, gewinnen an Problembewusstsein und üben sich in konstruktiven Rückmeldungen. Es ist ein Rahmen, dessen Inhalt und Gestaltung ganz den Schülern überlassen bleibt.

- **Ideen zur Initiierung**: Zu Schuljahresbeginn oder zum Halbjahr ist es sinnvoll, mit diesem Ritual anzufangen. Aber auch aktuelle Anlässe könnten ein Auslöser sein.

Die **Rahmenbedingungen** bestimmt zunächst die Lehrkraft – zumindest für die etwa achtwöchige Erprobungsphase. Die Entscheidungen zum ritualisierten Ablauf (maximal fünfminütiger Vortrag, dem sich ein ritualisiertes Feedback anschließt), Nachfragen, Gelungenes oder Verbesserungsvorschläge werden von ihr begründet. Sie stellt notwendige Utensilien (Zeitnehmer, Pappen zur Visualisierung, Feedbackplakat) zur Verfügung, unterstützt wenn nötig bei Materialbeschaffung oder Nachfragen, insbesondere bei den ersten Vorträgen. Vor allem aber macht sie es selbst einmal vor.

Fragen zur **Themenauswahl** sind im Vorwege abzuklären (z. B. alle Themen aus den politischen Nachrichtensendungen des Fernsehens oder der Tagespresse). Die Reihenfolge der Nachrichtensprecher ergibt sich zunächst durch freiwillige Meldung, dann vielleicht per Los. Um alle künftigen Referenten fit zu machen, interessante und informative Kurzvorträge zu halten, bietet sich ein kurzer vorbereitender Lehrgang in Sachen Informationsbeschaffung, -auswertung und -präsentation an, der parallel im Deutschunterricht bedient wird.

- **Gefahrenpotenzial und Handlungsmöglichkeiten:** Was tun, wenn es sich nicht um eine politische Nachricht im Wortsinne handelt? Die Themenwahl kann bei den Nachfragen bzw. bei den Verbesserungsvorschlägen ggf. angesprochen werden. Langfristig sicherer ist es, wenn Schüler den Titel ihres Beitrags in die aushängende Liste vorher eintragen. Bei Gelegenheit – und außerhalb des Rituals – sollte dann in einer Zwischenbilanz über die Fragen „Woran erkenne ich interessante Themen aktueller Politik?“ oder: „Nach welchen Gesichtspunkten wähle ich Themen zur aktuellen Politik aus?“ nachgedacht und ein Erfahrungsaustausch initiiert werden.

Was tun, wenn der Informationsgehalt im Vortrag (zu) niedrig ist? Nachbesserungen sind durch gezielte Nachfragen möglich. Die Verbesserungsvorschläge werden dies thematisieren. Allerdings sollte man als Lehrer diese Sparten nicht monopolisieren, sondern zunächst einmal den Mitschülern das Wort überlassen. Auf der anderen Seite kann es durchaus möglich sein und sogar als Stimulans wirken, wenn die Vorträge auch für die mündliche (und ggf. in der schriftlichen Version schriftliche) Mitarbeit als Note generell genutzt oder nur auf Wunsch der Schüler in die Bewertung eingebracht werden. Die Mitschüler könnten als Bewerter mit einbezogen werden.

Wie kann ich konstruktiv mit Fehlern umgehen, ohne das Ritual zu beschädigen? Es gibt unterschiedliche Fehlerarten: auf der Sach-, der Vortrags- oder Präsentationsebene. Durch das ritualisierte Feedback besteht die Möglichkeit, sich auf allen Ebenen konstruktiv und doch richtigstellend zu äußern.

Wie kann ich die Schüler ermutigen, die sich einen Vortrag nicht zutrauen oder Schwierigkeiten mit der deutschen Sprache haben? Schüler, die schon Vorträge gehalten haben, könnten sich den künftigen Referenten auf Nachfrage zur Seite stellen. Es ist auf jeden Fall hilfreich und sinnvoll, zu zweit oder dritt solche Auftritte in der Schule parallel vorzubereiten und zu trainieren. Auch wäre es denkbar, dass die Referenten ihren Beitrag auf Kassette sprechen. Natürlich können sich die Schüler – nach allen anderen Hilfsquellen – auch an mich als Lehrerin wenden. Lexika und Wörterbücher stehen als unerlässliche Hilfsmittel zur Verfügung. Wenn der Text ausformuliert und nicht auf der Basis von Stichwörtern frei vorgetragen wird, könnte ein sicherer Schreiber den Text gegenlesen und Korrekturvorschläge machen. Bei ganz massiven Schwierigkeiten bleibt es letztlich Aufgabe der Lehrkraft, auch Schülerinnen und Schüler auf solch einen Vortrag vorzubereiten.

Was tun, wenn die Referenten in ihrer Vortragszeit unterbrochen werden? Manchmal liegt die Ursache bei den Referenten selbst, die zu leise sprechen oder so unverständlich vortragen, dass viele nicht verstehen, worum es sich handelt. Manchmal ist dies auch ein Ergebnis, dass die Zeit überschritten ist und das Thema uninteressant erscheint. Dann bin ich als Hüterin des Rituals gefragt, muss intervenieren, um die Vortragenden um mehr Lautstärke und das Auditorium um mehr Ruhe zu bitten. Dies mag in den Anfängen auftreten, wenn noch nicht alle mit dem Ritual vertraut sind, sich noch unsicher fühlen und ihren eigenen Platz noch nicht gefunden haben, ihren eigenen Auftritt eher noch fürchten. Konzentrationsfördernd wirkt es ferner, wenn sich die Zuhörer Stichwörter und Fragen fürs Feedback notieren.

Variationen: Ein Vortrag kann **im Team** vorbereitet und gehalten werden, wodurch der kommunikative Aspekt unterstützt und Arbeitsteilung möglich wäre. Der Auftritt erzeugte weniger Angst, denn auch die Verantwortung für Inhalt und Form würde geteilt. Auf der anderen Seite gibt es viele Schüler, denen Partnerarbeit und Teamwork eher schwerer fallen. Das gilt auch für eine mögliche Aufteilung des Vortrags selbst. Für die unterschiedlichen Bedürfnisse und Kompetenzen sind Erfahrungen mit Mischformen zu ermöglichen.

Die Vorträge und das anschließende Gespräch könnten von einem oder allen Schülern kurz **protokolliert** werden, was die Konzentration förderte, aber zu Lasten der visuellen Wahrnehmung ginge. Vielfach sind die Schüler überfordert, sofern man nicht ein Trainingsprogramm zum Thema „Wie schreibe ich kurze Protokolle?“ mit allen absolviert hat. Wenn die Technik beherrscht wird, könnte nur ein Schüler oder eine Schülerin ein Protokoll anfertigen, das dann Teil des Büchlein „Aktuelles der Klasse ...“ werden könnte.

Nach Absprache mit den Schülern würde es Sinn machen, ihre Vorträge auch zu bewerten. Dazu könnten die **Bewertungen** aller zu einer Gesamtnote zusammengezogen werden. Diese Noten dürften aber erst nach dem Feedback erfolgen. Dafür ist es erforderlich, die Bewertungskriterien mit den Schülern zu verabreden und dafür Bewertungsbögen, z. B. mit den Kategorien Sachinformation/Vortrag/Visualisierung/ Diskussionsleitung, vorzubereiten.

Diese Art, die erste Viertelstunde einer Fachunterrichtsstunde für Aktuelles zur Verfügung zu stellen, ist **für viele andere Unterrichtsfächer** sinnvoll, insbesondere für Biologie, Erdkunde, Religion oder Ethik. Aber auch die künstlerischen Fächer bieten viel Gelegenheit, sich ritualisiert auf die Aktualität zu besinnen.

Im Fremdsprachenunterricht könnten aktuelle Nachrichten aus den jeweiligen Ländern in der Zielsprache zusammengestellt und im Team präsentiert werden. Dies stärkt das landeskundliche Interesse und Wissen und trainiert oder reaktiviert ein Vokabular, das modern, aktuell und anspruchsvoll ist.

Es kann auch verabredet werden, dass nicht jede Fachunterrichtsstunde innerhalb eines Schulhalbjahres damit beginnt, sondern nur einmal in der Woche solch ein Auftritt vorkommt. Dies hängt vor allem von der sonstigen rituellen Praxis in den Klassen ab.

Pressebericht

Einsatz: Deutsch/Ethik/Sozialkunde/Gemeinschaftskunde/Politik; Klassen: leistungsstarke Klassen 9/10; Dauer: 1 Schulstunde (45 Minuten)

Ablauf/Beschreibung: Der Pressebericht wird regelmäßig, z. B. alle vierzehn Tage, von den Schülern und Schülerinnen reihum gehalten. Im Klassenraum wird eine Liste mit Terminen ausgehängt, in die sie sich eintragen. Der jeweilige Presseberichterstatter wählt selbst ein Presseprodukt aus, egal ob einen Bericht, eine Meldung, einen Kommentar oder eine Reportage. Jeder bereitet sich selbstständig auf die Präsentation vor, die an der Tafel stets mit dem Anschreiben folgender Elemente begonnen wird: Thema – Quelle – Autor – Zitat.

Das Zitat ist dem Text zu entnehmen und soll möglichst die zentrale Aussage des Autors wiedergeben, kann aber auch eine Kernthese der Ausführungen oder eine Textstelle sein, die der Schüler für besonders wichtig oder interessant hält. Anschließend wird der Artikel vorgelesen und die Mitschüler haben die Aufgabe, sich Notizen zu machen. Die Notizen sollen systematisch erfolgen, indem zwei Spalten angelegt werden, in denen (1.) Informationen, (2.) Meinungen/Bewertungen/Urteile unterschieden werden.

Im Anschluss liest ein Mitschüler das Ergebnis seiner Mitschrift vor. Diese wird ergänzt oder korrigiert. Um die Diskussion über den Artikel einzuleiten, teilt der Pressereferent mit, weshalb er den Artikel ausgewählt hat oder welche Frage er für besonders diskussionswürdig hält, und vertritt selbst eine These zum im Artikel angesprochenen Problem oder Sachverhalt. Für die Organisation der Diskussion wird ein Schüler mit der Erstellung einer Rednerliste beauftragt und erhält die Vollmacht, das Wort zu erteilen.

Ziel/Funktion/erwartete Wirkung: Ziel des Presseberichtes ist es, Schüler nicht nur zum Zeitungslesen, sondern zum kritischen Umgang mit Medien bzw. Presseerzeugnissen anzuregen. Durch die analytische Übung des zunächst nicht einfachen Trennens von Sachinformationen und Meinungen oder Urteilen können Schüler einen ideologiekritischen Blick für manipulative Gehalte scheinbar objektiver Meldungen entwickeln und lernen, dass jede Meldung und jeder Bericht nicht nur Informationen, sondern immer auch Deutungen und Stellungnahmen enthält.

Eine weitere Funktion besteht darin, aktuelle Fragen und Probleme aus dem gesellschaftlichen, kulturellen und politischen Leben in den Unterricht zu integrieren und Schüler für die Beschäftigung und Auseinandersetzung mit dem Zeitgeschehen zu interessieren. In methodischer Hinsicht können die Schüler bestimmte kommunikative Kompetenzen erwerben, die für die aktive Teilnahme am politischen Leben bzw. an gesellschaftlichen Entscheidungsprozessen unabdingbar sind. Sie lernen nicht nur, Sachverhalte zu präsentieren, eine eigene Meinung oder These zu einem bestimmten Thema zu entwickeln und zur Diskussion zu stellen, sondern können auch bereits Techniken der Gesprächsführung und Diskussionsleitung erproben.

Ideen zur Initiierung: Das Ritual kann initiiert werden, indem die Lehrkraft einen Zeitungsartikel vorliest und die Schüler dazu auffordert herauszufinden, welche Aussagen des Textes richtig oder falsch sind. Hierbei kann deutlich werden, dass bestimmte Aussagen sich nicht eindeutig qualifizieren lassen, weil sie sich nicht auf der Ebene von Sachinformationen, sondern Meinungen oder Stellungnahmen bewegen. Eine andere Möglichkeit ist die Lektüre verschiedener Zeitungsberichte zu einem bestimmten Thema unter der Aufgabenstellung, Gemeinsamkeiten und Abweichungen festzustellen. Beide Varianten sind dazu geeignet, eine erste Sensibilität und Neugierde in Hinblick auf Presseerzeugnisse zu wecken bzw. an die Problematik heranzuführen.

Gefahrenpotenzial und Handlungsmöglichkeiten: Da der Klasse das Thema des jeweiligen Presseberichtes nicht bekannt ist, besteht die Gefahr, dass die Diskussion zu wenig auf Sachkenntnissen basiert und sich im bloßen Austausch von Meinungen erschöpft. Ein ungünstiger Nebeneffekt kann, wenn die Lehrkraft als Mitdiskutierender zugelassen ist, der Rückgriff auf das Sachwissen des Lehrers sein, was zu einem eher einseitigen Diskussionsverlauf führt und einer eigenständigen Meinungsbildung entgegenwirkt. Um solche Effekte zu vermeiden, bieten sich entweder der Ausschluss des Lehrers aus der Diskussion oder aber eine vorangehende – wenn auch nur begrenzt mögliche – inhaltliche Vorbereitung an.

Variationen: Die gesamte Klasse erhält den jeweiligen Zeitungsartikel bereits eine Woche vor dem Pressebericht und bekommt die Aufgabe, sich inhaltlich vorzubereiten oder z. B. **ergänzende Zeitungsartikel** zum Thema zu suchen. Der Pressereferent bereitet nicht einen, sondern zwei Zeitungsartikel zum selben Thema vor, die möglichst kontroverse Urteile und Meinungen enthalten sollen. Dieses Vorgehen kann etwa durch eine Analyse zu Ausrichtungen verschiedener Tageszeitungen (FAZ, TAZ, Süddeutsche Zeitung etc.) ergänzt werden. Für die Diskussion kann neben dem Verantwortlichen für die Rednerliste eine „Chairperson" bestimmt werden, die nicht inhaltlich mit diskutiert, sondern für die Beobachtung des Diskussionsverlaufes verantwortlich ist. Ihre Aufgabe besteht vor allem darin, das Augenmerk auf Wiederholungen, Stellungnahmen, die vom Thema abführen, zu lang sind oder sich auf einer unsachlichen Ebene bewegen, zu richten und einzugreifen.

Auch im **Fremdsprachenunterricht** ist es in den Abschlussjahrgängen je nach Sprachkompetenzen der Lerngruppen möglich, aktuelle Zeitungen in der Landessprache zu nutzen. Hier ist eine Auswahl zu treffen, der Inhalt zu klären und den anderen vorzustellen. Ob dies dann in der Zielsprache oder auf Deutsch erfolgt, ist vom Niveau der Klasse oder des Kurses abhängig sowie vom Ehrgeiz der Presseberichterstatter. Der inhaltliche Ertrag steigt sicherlich für alle, wenn die Begründung und Aussprache auf Deutsch stattfinden.

Das Protokoll als Stundenbeginn

Einsatz: Geeignet für alle Fächer; leistungsstarke Klassen: 8 bis 10; Dauer: 10 bis 15 Minuten

Ablauf/Beschreibung: Der Unterricht wird mit dem Stundenprotokoll eröffnet, das die er reihum anfertigen. Das Protokoll wird zu diesem Zweck vervielfältigt, am Beginn der Stunde ausgeteilt, verlesen und anschließend gemeinsam ergänzt und korrigiert.
Das Protokoll enthält folgende Elemente:

1. Kopfzeile mit Angabe des Faches und des Datums der protokollierten Sitzung
2. Thema der Unterrichtseinheit und Thema bzw. Fragestellung der Stunde
3. Unterrichtsmaterialien (Quellen, Texte), die Gegenstand der Stunde waren
4. Ergebnisse – Probleme – Offene Fragen, die in der folgenden Sitzung zu klären sind.

Das Protokoll soll keinen detaillierten Stundenverlauf wiedergeben, sondern an Kernfragen und zentralen Diskussionspunkten orientiert sein und in erster Linie Ergebnisse festhalten. Im Rahmen der Protokollbesprechung haben die Schüler die Möglichkeit, Unklarheiten oder Fragen, die sich auf die letzte Stunde beziehen, zu artikulieren. Für das Protokollschreiben wird vereinbart, dass die Protokollanten sich bei inhaltlichen Problemen oder Verlust des „roten Fadens“ unverzüglich einzuschalten und nachzufragen haben.

Ziel/Funktion/erwartete Wirkung: Das Protokoll stellt zunächst einen Anknüpfungspunkt an die letzte Sitzung dar, was insbesondere bei einem nur zweistündig und in der Regel in Doppelstunden unterrichteten Fach sehr hilfreich ist, da der zeitliche Abstand zwischen den Sitzungen recht groß ist. Es soll der thematischen Einstimmung dienen und als Erinnerungshilfe die Kontinuität der Arbeit gewährleisten. Die regelmäßige Anfertigung und Diskussion des Protokolls kann dazu beitragen, den Arbeitsprozess und die Struktur des Unterrichtes transparenter zu machen, was auch dem tieferen Verständnis von fachlichen Inhalten förderlich ist. Protokolle stellen eine kontinuierliche Form der Lernerfolgskontrolle dar und können der Lehrkraft wichtige Hinweise auf Defizite oder Probleme der Unterrichtsplanung und des Stundenverlaufs bieten. Sie machen für den Lehrer spezifische Probleme der Schüler und Schülerinnen bei der Anfertigung schriftlicher Arbeiten deutlich, die ansonsten nur im Rahmen von Klassenarbeiten oder Referaten zutage treten (z. B. Benutzung des Konjunktivs bei der Wiedergabe von Quellenzitaten oder Textaussagen, sprachliche Differenzierung zwischen Fakten/Sachinformationen und Meinungen). Im Rahmen der Protokollbesprechung können solche Probleme systematisch und für alle Schülerinnen Gewinn bringend behandelt werden, womit das Protokoll nicht nur als Form individueller Leistungsrückmeldung, sondern für eine kontinuierliche Übung bestimmter Fertigkeiten genutzt werden kann.

Das Protokoll stellt damit eine gute Vorbereitung für schriftliche Arbeiten dar, kann aber auch als alternative Variante in die Benotung einfließen. Neben der Klärung inhaltlicher Probleme und der Übung fachlicher Fertigkeiten lässt sich das Protokoll zu Stundenbeginn auch für die Besprechung möglicher gruppendynamischer Probleme nutzen, indem es als Stundenauftakt auch Rahmen und Raum für Metagespräche über den Unterricht bzw. die Lernsituation bietet.

Ideen zur Initiierung: Die Lehrkraft selbst fertigt ein Protokoll an, das zur Diskussion gestellt wird. Damit erhalten die Schülerinnen einerseits eine Vorlage bzw. Anregung für eine mögliche Form, andererseits kann anhand des Protokolls gemeinsam überlegt werden, welchen Sinn und Nutzen seine Anfertigung haben kann und welche Elemente es enthalten sollte.

Gefahrenpotenzial und Handlungsmöglichkeiten: Mit zunehmender Sicherheit im Protokollschreiben macht sich teilweise die Tendenz zu besonders langen und aufwändigen Protokollen bemerkbar. Damit das Protokollschreiben nicht zur Last ausartet und seine eigentliche Wirkung verfehlt und die Besprechung nicht zu viel Unterrichtszeit beansprucht, sollte eine Begrenzung des Umfanges (maximal zwei Seiten) verabredet werden.

Variationen: Bei einem mehr als zweistündigen Unterricht, z. B. im Rahmen von Kursen, kann die Zeit für die Anfertigung des Protokolls zu knapp sein. Als Alternative kann **ein Kurzprotokoll**, das nur Stichworte enthält und vom Protokollanten mündlich ergänzt wird, angefertigt werden.

Das Protokoll wird jeweils **von zwei Schülern** gemeinsam geschrieben. Dies bietet besonders am Anfang Sicherheit und dient dem kooperativen Arbeiten.

Als Basis für – bedarfsorientierte – **Metagespräche** wird die Unterrichtssituation zu einem Element des Protokolls gemacht, indem die Protokollanten etwa kurz notieren, wie schleppend oder anregend Diskussionen verliefen, wie schwach oder rege die mündliche Beteiligung war.

Mein Aha-Erlebnis

Einsatz: In allen Fächern geeignet; Klassen: 5 bis 10; Dauer variabel: 5 Minuten mit Nachfragen ggf. 10 Minuten.

Ablauf/Beschreibung: Es hängt eine Liste in der Klasse aus, in der sich Schüler eintragen, wenn sie einen Kurzvortrag halten und die Klasse partizipieren lassen möchten an einer erfolgreich durchdrungenen Problemstellung. Name, Kurztitel des Aha-Erlebnisses (etwa: indirekte Rede, wann und wie) sowie Dauer des Vortrags. Wenn Zeit ist, manchmal zur Einstimmung am Stundenbeginn, mal zwischen zwei Arbeitsphasen oder zur Einläutung des Stundenendes oder in unmittelbarem Sachzusammenhang wird der Lehrer oder die Lehrerin mit den Erklärern ihren Auftritt vereinbaren. Das öffentliche Angebot signalisiert darüber hinaus ihre Bereitschaft, auch Mitschülern bei Bedarf und auf Nachfrage hin zur Seite zu stehen.

Ziel/Funktion/erwartete Wirkung: Schüler können oftmals besser erklären als wir Lehrer. Wie sie ein Problem verstanden haben, wie sie zu der (richtigen) Lösung gekommen sind, erläutern sie Mitschülern mit Worten und Beispielen häufig angemessener und eindeutiger als wir. Damit wird ein persönlicher Erfolg auf den vielen Stufen des Lernens öffentlich anerkannt, was persönlich stimuliert, aber auch ansteckend wirkt. Es ermutigt die Mitschüler darüber hinaus, ihre Fragen präzisier zu formulieren und sich direkt an die potenziellen Erklärer zu wenden. Auch die Unterschiedlichkeit von Lösungswegen wird bei dieser Gelegenheit demonstriert. Davon profitieren selbstständige wie kooperative Lernformen. Eine erfolgreiche

Überwindung von Problemen wird hiermit ritualisiert, dokumentiert und kultiviert. Nicht zuletzt wird die häufig komplizierte Verbalisierung von Problemstellungen im naturwissenschaftlichen Bereich dadurch gefördert.

■ **Ideen zur Initiierung**: Es handelt sich hierbei um eine Variante des Expertenwesens. Schon bei den *Karteikarten* oder bei der *Experten-haben-das Wort*-Stunde haben viele Schüler Erfahrungen mit solcherart Auftritten sammeln können. Hilfreich werden sich auch ihre ritualisierten Präsentationen auswirken. Insofern erübrigt es sich je nach Vorerfahrungen der Lerngruppe, dass der Lehrer einmal vorführt, wie solch ein Auftritt aussehen könnte. Denn darunter könnte in diesem Falle eine mögliche Varianz bei Vorstellung und inhaltlicher Strukturierung leiden. Es ist den Schülern eher das Angebot zu machen, bei Bedarf sich direkt an den Lehrer oder die Lehrerin zu wenden. Bevor die Schüler mit ihrem Aha-Erlebnis vor die Klasse treten, sollten sie gewissermaßen als Generalprobe einem Mitschüler ihren Kurzvortrag gehalten haben. Auf jeden Fall sind alle aufgerufen, entweder am Overheadprojektor oder auf einer Folie ihr Aha- Erlebnis zu erläutern oder mit Realobjekten den Beweis zu führen. Dafür können sie sich auch Helfer wählen. Manchmal werden es auch Teams oder Gruppen sein, die gemeinsam etwas herausgefunden und verstanden haben. Alle haben aber nur eine begrenzte Zeit zur Verfügung und sind gefordert, ihre Rollenverteilung vorher zu klären und den komplizierteren gemeinsamen Auftritt gleichermaßen zu proben (Wer nimmt die Zeit? Wer zeigt die Bilder? Wer schreibt an die Tafel oder auf den Overheadprojektor? Wer redet zu welchem Punkt? Wer leitet das anschließende Gespräch?).

■ **Gefahrenpotenzial und Handlungsmöglichkeiten**: Viele Mitschüler verstehen die so dargebotenen Erklärungen nicht. Die Vortragenden werden durch Verständnisfragen ihrer Mitschüler auf dieses Phänomen hingewiesen. Vielleicht gelingt es ihnen bei dieser Gelegenheit, ihren Weg oder ihre Erkenntnis zu akzentuieren und zu verdeutlichen. Wenn nicht, können vielleicht andere Schüler unterstützen oder die Lehrkraft versucht ihr Möglichstes. Auf der anderen Seite ist dies nicht so dramatisch, wie es auf den ersten Blick scheint. Denn wie oft gelingt es uns selbst nicht, mit unseren Erklärungen die Köpfe aller Schüler zu erreichen. Das Aha-Erlebnis ist also das eine, der persönliche Eindruck, etwas wirklich begriffen zu haben, die Vermittlung dessen ist das kompliziertere Zweite. Alle werden in dieses Ringen um Genauigkeit, Verständlichkeit mit einbezogen und profitieren davon.

Variation: Es könnten auch kleine **Videos** produziert werden, auf denen die Schüler ihre Aha-Erlebnisse vorstellen. Dann würde man länger an der Überzeugungs- und Demonstrationskraft feilen, wäre sich der Aufmerksamkeit der Klasse sicher und hätte etwas „für die Ewigkeit".

Nussknackerstunde – fachspezifisches Knobeln

Einsatz: Mathematik, Naturwissenschaften, aber auch in allen geisteswissenschaftlichen Fächern; Klassen: 5 bis 7; Dauer: 45 Minuten

Ablauf/Beschreibung: Von der Nussknackersuite zu Beginn und zum Ausklang eingerahmt wird eine Unterrichtsstunde (pro Woche oder pro Monat) für Knobelaufgaben und Rätsel verschiedenster Art zur Verfügung gestellt, in der sich Einzelne, Teams oder Gruppen auf Lösungssuche machen. Die Auflösung wird variabel gehandhabt, mal durch Lösungszettel, mal durch Rätsellieferanten oder Produzenten, mal erst in der nächsten Woche, wenn die Auflösung für alle in einer Zeitung nachzulesen ist, mal gibt es Knobelaufgaben, die sich über mehrere Wochen hinziehen und vielleicht mit einem Gewinn gekrönt werden.

Ziel/Funktion/erwartete Wirkung: Das Rätselhafte, aber Lösbare ist hier Thema. Dafür gibt es unterschiedlich komplizierte Aufgaben, die sich mit Logik, Hilfsmitteln, mit Experimenten ergründen lassen. Schwierigkeitsgrade differieren objektiv wie subjektiv. Die unterschiedlichen Fähigkeiten und Sinne sind hier herauszufordern und zu bedienen. In zunehmendem Maße können die Schüler nicht nur die Gestaltung, den Ablauf, sondern auch die Aufgaben mit einbringen oder selbst herstellen. Hier ist logisches Denken ebenso gefragt wie assoziatives. Auch das kreative Potenzial sowie die mathematischen Kompetenzen werden herausgefordert. Es entwickelt sich ein Ehrgeiz aus der Sache heraus, die richtige Lösung alleine oder zu zweit zu finden. Selbst Rätsel zu erfinden, Zaubertricks sich zu überlegen und zur Erklärung freizugeben, dies spornt die Schülerinnen und Schüler an und ist doch zugleich auch ein sehr attraktives Lernfeld, in das sie die unterschiedlichsten fachlichen, feinmortorischen und intellektuellen Fähigkeiten gezielt einbringen können.

Ideen zur Initiierung: Die Nussknackersuite als Erkennungsmelodie wird diese Stunde des Rätselns und Knobelns zu Beginn „einläuten" sowie begleitend zum Aufräumen ausklingen lassen. Die alte Sitzordnung wird aufgehoben. Das Angebot liegt bereit, ist mehrfach zu benutzen, wird kontinuierlich erweitert. Die Schüler erfüllen keine Pflicht, sondern wählen nach eigenen Interessen aus. Das Spektrum der Aufgaben ist breit, spricht alle Sinne an und kann rasch aus vielen Knobelbüchern und Rätselseiten in Zeitschriften oder aus Kreuzworträtselheften und Detektivgeschichten zusammengestellt und ständig erweitert werden, auch durch die Schüler selbst sowie Eigenproduktionen.

Ein Kasten mit der Aufschrift „Die harte Nuss" ist besonders schwierigen Fällen vorbehalten. Ob ein Rätsel allein, zu zweit oder in einer Gruppe gelöst wird, bleibt meistens ihnen überlassen, sofern nicht eine Gruppen- oder Teamaufgabe vorgesehen ist. Mal ergibt sich die Richtigkeit einer Lösung durch das Aufgehen einer Aufgabe oder das Herausfinden eines Lösungswortes. Oft werden Schüler ihre Ergebnisse vergleichen wollen, was dadurch ermöglicht wird, dass all jene, die ein Rätsel bereits gelöst haben, ihren Namen auf die Rückseite schreiben.

Zu Anfang wird es auch gemeinsame Rätselaufgaben geben, die unterschiedliche Lösungswege und Möglichkeiten transparent machen und auch einen Austausch sicherstellen. Dies wird aber mehr und mehr in den Hintergrund treten und nur noch bei Bedarf in Kurzvorstellungen von Einzelnen, die ihren Bedarf anmelden, münden. Die letzte Viertelstunde wird einem Kurzaustausch dienen, wo etwa folgende Fragen im Zentrum stehen könnten: „Wie viele Rätsel hast du gelöst? Hast du alleine, zu zweit oder in der Gruppe geknobelt? Hast du eine Frage an die anderen, brauchst du einen Tipp? Womit bist du heute besonders zufrieden? Wer hat eine neue Aufgabe für alle anderen? Wer präsentiert einen Trick, eine besonders komplizierte Aufgabe?" Ein Rätselheft, das sich jeder mit Fragezeichen und anderen rätselhaften Symbolen schmückt, wird sich jeder in der ersten Nussknackerstunde einrichten, um seine Ergebnisse, die Auflösungen und neue Ideen unter dem Datum festzuhalten, Verbindlichkeit zu stiften und Erfolge zu dokumentieren. Man kann auch zu Beginn im Anschluss an die Nussknackersuite eine kurze Rätselgeschichte für alle vorlesen, also mit einer gemeinsamen Aufgabe beginnen, die zum Stundenschluss vor dem erneuten Einspielen der Nussknackersuite aufgelöst wird.

Mein Lieblingsbild

Einsatz: Kunst; Klassen: 5 bis 7; Dauer: 5 bis 10 Minuten zu Stundenbeginn, zwischen Stundenphasen oder am Ende

Ablauf/Beschreibung: Zu Beginn jeder Kunststunde erhält jeweils ein Schüler oder eine Schülerin Gelegenheit, ein Bild ihrer Wahl vorzustellen. Dieses wird als Farbfolie, Dia oder auf einem großen Plakat gut sichtbar für die Klasse zur Verfügung stehen. Mit einer Begründung der Auswahl sowie wichtigen Informationen zum Künstler, zur Entstehungsgeschichte sowie zur Stilrichtung werden die 5-Minuten-Vorträge gefüllt. Die Mitschüler können Nachfragen stellen und ein Feedback geben. Diese ritualisierten Vorträge können, sofern es verabredet wurde, auch als Note für die mündliche Mitarbeit berücksichtigt werden. Verschriftlicht könnten die Vorträge auch als eine alternative Arbeit gewertet und Jahr für Jahr einen neuen Kunstführer der Klasse kreieren.

Ziel/Funktion/erwartete Wirkung: Unabhängig vom laufenden Unterrichtsthema erfahren die Schüler durch diese fünfminütigen Vorträge etwas über die Vorlieben und Auswahlkriterien ihrer Mitschüler. Sie werden angeregt und in die unterschiedlichsten Welten künstlerischen Schaffens geführt. Die Vortragenden müssen sich entscheiden und ihre Auswahl begründen. Sie präzisieren ihre Vorlieben, erfahren etwas zur Entstehung des Kunstwerks, über das Leben des Künstlers sowie die gesellschaftlichen Rahmenbedingungen. Sie lernen etwas über den Stil und die Technik, in der das Bild produziert wurde. Dadurch wachsen ihre Kompetenzen, ein Bild zu betrachten und zu interpretieren. Sie schärfen ihr persönliches Urteil, ihre Wertmaßstäbe und werden durch die Vorträge der Mitschüler gleichermaßen fortgebildet. Außerdem ist es für das gegenseitige Verständnis von Vorteil, über die sonst nur am Rande und nur in der Schule berührten ästhetischen Präferenzen der Mitschüler etwas zu erfahren, die sich gleichermaßen ein Urteil bilden und sich für ein Bild entscheiden und diese Entscheidung begründen müssen. Solche Vorträge können wie ein Schlüssel wirken, der die Tore zu den Museen für viele öffnen hilft, die sich ansonsten nur überfordert oder fehl am Platze fühlten und kaum Worte für ihr persönliches Verständnis von Kunst fanden.

Ideen zur Initiierung: Die Lehrerin oder der Lehrer starten mit diesem rituellen Stundeneinstieg, indem sie selbst einmal ihr Lieblingsbild innerhalb von fünf Minuten vorstellen. Danach reihen sich alle ein, füllen sukzessive die Liste, möglichst mit Bildtitel oder Künstlerangaben, so dass Wiederholungen vermieden werden. Die frühe Veröffentlichung ist deshalb von Vorteil, weil die anderen bei ihrer persönlichen Suche auch auf Hinweise für andere Exponate stoßen und diese weitergeben können. Freiwillige sollten beginnen. Diese Vorträge könnten dokumentiert werden, indem von jedem Kurzvortrag ein Foto gemacht würden, das Lieblingsbild dazu kommt und eventuell eine schriftliche Fassung als Kommentar. Auf maximal zwei, drei Seiten kann dann so etwas wie eine kleine Ausstellung in der Klasse oder im Schulflur entstehen.

Nach einem Durchgang ist über eine Fortsetzung nachzudenken bzw. über eine Abwandlung, die mehr von den Künstlern selbst ausgeht und vielleicht den Titel tragen könnte: Maler des Monats. Hierfür sollten sich allerdings Gruppen von maximal vier Schülern bilden, die sich Leben, Werk, Vorstellung besonders berühmter Werke und stilistische Einordnung aufteilen können, dafür aber mindestens 15 Minuten bräuchten und Zeit für eine angemessene Wertschätzung.

Variationen: Man kann mit der Gruppe auch eine Vereinbarung über mehr Flexibilität treffen, was den Vortragszeitpunkt anbelangt. Es braucht nicht immer zu Beginn zu sein, kann als Erholungs- und Verschnaufpause sinnvoll nach der praktischen Arbeitsphase seinen Platz erhalten oder auch zum Abschluss einer Doppelstunde die letzten 15 Minuten füllen.

Varianten sind für viele Fächer denkbar und attraktiv:

- Deutsch: Mein Lieblingsgedicht, mein Lieblingsroman, mein Lieblingsschriftsteller, meine Lieblingssendung/meine Lieblingszeitung
- Erdkunde/Geographie: Mein Lieblingsland/mein Lieblingsfluss/meine Lieblingsstadt/meine Lieblingslandschaft
- Biologie: Mein Lieblingstier/meine Lieblingspflanze
- Musik: Mein(e) Lieblingssänger/-sängerin, mein Lieblingskomponist, mein Lieblingslied, meine Lieblingsgruppe
- Fremdsprachen: Mein Lieblingsessen
- Sport: Meine Lieblingssportart/mein(e) Lieblingssportler/-sportlerin

Musik – bring dein Inselstück mit

Einsatz: Klassen 5 bis 10; besser in Kurs, Projektwoche oder Halbgruppe; Dauer: von einer Doppelstunde bis zu 5 Doppelstunden, je nach Intensität und Kursgröße

Ablauf/Beschreibung: Jeder Schüler, jede Schülerin wählt ein Musikstück, das er auf jeden Fall auf eine einsame Insel mitnehmen würde. Die mitgebrachten Kassetten und CDs wandern in einen gemeinsamen Reisekoffer. Denn die Klasse bzw. der Kurs geht mit diesem Gepäck auf eine (virtuelle) Reise, deren Aufenthalt durch musikalische Akzente seine besondere Note erhält. Auf der „Insel" wird der Koffer Stück für Stück ausgepackt und die mit genommene Musik gespielt. Ob das Zufallsprinzip die Reihenfolge bestimmt oder sich jeder für sich überlegt, dass er oder sie für einen bestimmten Anlass, zum Beispiel dem Ankommen in der Fremde, der Entdeckung von merkwürdigen Pflanzen und Tieren auf der Insel etc., die richtige „Untermalung" hat: Alle lauschen dem Musikstück, bevor sich der Mitbringer äußert und preisgibt, weshalb er gerade dieses Stück ausgewählt hat. In welchem Maße er auch Sachinformationen zu Komponist, Stilrichtung seinen Empfindungen hinzufügt, ist vor der eigentlichen Reise mit den Schülern abzustimmen. Auf jeden Fall werden die „Insulaner" sich darüber austauschen, ob sie die Reihenfolge der Stücke verändern und aus welchen Gründen, ob sie ein nochmaliges Abspielen etwa zum Malen oder Schreiben von Inselerinnerungen nutzen, dies ist eine Frage von Zeit, von der Atmosphäre und Vorerfahrungen mit Fantasiereisen oder anderen Formen des kreativen Schreibens.

Ziel/Funktion/erwartete Wirkung: Durch das Gebot, nur ein Musikstück auszuwählen, das man so gerne mag, dass man es auf einer einsamen Insel, einer Robinsonade in seinem Gepäck hat, ist jeder gefordert, eine Auswahl zu treffen. Nach welchen Kriterien die Entscheidung erfolgte, ist zunächst offen. Erst später wird nachgefragt, werden Abwägungen und Präferenzen transparent gemacht. Aber mehr Klarheit über eigene Vorlieben und Auswahlkriterien für Musik zu gewinnen, ist nur das eine. Es wird durch die gespielte Extremsituation deutlich, welches jene Bedürfnisse sind, die das gewählte Musikstück bei jedem Einzelnen bedient. Dadurch wird die große Varianz erkennbar. Die Subjektivität von Wahrnehmung und Bedürfnissen tritt nicht nur hervor, sondern findet sich legitimiert. Damit kann das Interesse aneinander wachsen, die in Worte gefasste Rezeption von Musik und ihrer unterschiedlichen Wirkung auf die Zuhörerschaft findet hier ein geneigtes Forum. Aus vielen disparaten Einzelteilen etwas Gemeinsames zu komponieren, das für alle mit dem Inselerlebnis verknüpft ist, wird Kreativität stimulieren.

Will man Licht in das Dunkel seiner eigenen Entscheidung bringen, bietet es sich an, tiefer in das Stück, die Komposition und Produktion vorzudringen. Mehr Wissen über Entstehungsgeschichte, gesellschaftliche Rahmenbedingungen und den Komponisten vertieft das Verständnis. So kann das Stück für die Insel nach einem gemeinsamen Hörerlebnis zu einer Präsentation der Rahmenbedingungen werden, um in ein ansprechendes, nach von der Gruppe gefundenen und angewandten Kriterien konzipiertes Arrangement zu münden, wo ein jedes seinen angemessenen Platz findet.

Gefahrenpotenzial und Handlungsmöglichkeiten: Es gibt immer einige Schüler, die sich nicht auf diese Reise mitbegeben wollen. Es wäre für alle anderen kontraproduktiv, sie dazu zu zwingen. Eher sollte man versuchen, sie für diese Zeit mit einer anderen Aufgabe etwa über ihre Lieblingsgruppe oder ihren Lieblingssong zu beschäftigen.

Die Gruppe ist manchmal so groß, dass die musikalische Inselreise nicht einmal in einer Doppelstunde zu schaffen ist. Dies wird vorher klar sein. Insofern ist vorher über die Fortsetzung der Reise zu sprechen, sodass sich alle darauf einstellen können und nicht vom vorzeitigen Ende überrascht sind. Unterbrechungen sind zwar schade, stellen aber nicht die Reise an sich in Frage, sind und können vielmehr auch gerade zu einem Teil von ihr, einem dramatischen Moment werden.

Sportunterricht – vom Aufwärmen bis zur Schlussreflexion

Einsatz: Klassen: 5 bis 10; für Einzel- und Doppelstunde geeignet

Ablauf/Beschreibung: In den Umkleidekabinen liegen **Aufgabenkarten** aus, die Schülerinnen und Schüler über das variable freie Bewegungs- und Geräteangebot informieren, das bis zum offiziellen Beginn der Turnstunde genutzt werden kann. Eine von Schülern ausgewählte Kassette lockt **zu ersten Aufwärmübungen.** Diese Phase freier Bewegung wird durch unterschiedliche Geräte bereichert und durch verschiedene Aufgabenkarten abwechslungsreich. Wenn alle umgezogen sind und hinderliche Dinge abgelegt haben, versammeln sie sich auf ein **akustisches Zeichen** hin in einer Hallenecke, wo zwei aufeinander zulaufende Bänke ein spitzwinkliges Dreieck bilden, um besseres Zuhören in kleiner Runde zu ermöglichen. *Stundenthema* und *-programm* werden mit ihren Lernmöglichkeiten erläutert, die Bedeutung des speziellen Trainings- und Stationsprogramms begründet. Das dreidimensionale Hallenmodell veranschaulicht die von Schülerteams in Eigenregie zu erledigenden Aufbauten. **Beobachtungsbögen** qualifizieren die nicht mitturnenden Schülerinnen und Schüler zur genauen Beobachtung von Gruppen- und Einzelaktivitäten, zu denen sie ritualisiert in der **Abschlussreflexionsrunde** das Wort erhalten. Darüber hinaus werden sie speziell eingesetzt, um bei einem Stationsbetrieb interessante oder besonders gute Umsetzungen zu ermitteln und für die Zwischen- oder Endpräsentation auszuwählen. Oder sie sind es, die besonders genau auf Kooperation innerhalb einer Gruppe achten und darüber im Schlussrapport Auskunft geben. Der persönliche Ertrag einer Stunde ist zum Ende noch einmal in Worte zu fassen („Heute bin ich weitergekommen mit ...") sowie die Kooperation im Team und schließlich die Angemessenheit der Trainings- und Übungsarrangements, in die Schüler zunehmend einbezogen sind, etwa wenn Sportstunden mit ähnlichen Ritualisierungsschritten als Kompositionshilfen von einer Schülergruppe konzipiert werden – von der Musikauswahl zu themenbezogenen Aufwärmübungen über Stationsaufbauten bis hin zur Abschlussreflexion.

■ **Ziel/Funktion/erwartete Wirkung:** Diese Strukturierungsvorschläge für den Sportunterricht verquicken verschiedene Rituale miteinander zu einem fachspezifischen: Bewegungsintensive Phasen werden von reflexiven Pausen abgelöst, die Stunde rhythmisiert, der Faktor Zeit bewusst wahrgenommen und intensiver genutzt. Selbstständigkeit und Kooperation werden stimuliert, beobachtet und kontinuierlich in der Selbstreflexion abgefragt. Die schwierigen Phasen des Sportunterrichts – vom langsamen Umziehen, über die Verletzungsgefahren beim Auf- oder Abbau sowie in konkurrierenden Spielsituationen – werden gemildert und das Störungspotenzial, das oft von Passiven, Nichtturnern, Bewegungsunlustigen oder Frustrierten ausgeht, verringert. Als Beobachter und Gutachter erhalten sie eine wichtige sachbezogene Funktion, mit der ihre Aufmerksamkeit auf gelungene Kooperation sowie die Fortschritte Einzelner gerichtet wird. Der Sitzkreis oder das Bankdreieck in einer Hallenecke, was mehrmals in einer Stunde für gemeinsame Besprechungen und Planungen genutzt wird, begründet eine

Kultur von Partizipation, Transparenz und Austausch über Körper- und Bewegungserfahrungen. Immer mehr Aufgaben und Verantwortlichkeiten für Nutzung von Raum und Zeit, Aufbau- und Abbau, Wechsel für Einzelne wie Gruppen kann in Schülerhand übergehen. Damit fördern diese Ritualisierungen Selbstständigkeit und bauen Verantwortungsbewusstsein auf.

▪ **Ideen zur Initiierung**: Es ist für den Sportunterricht eher unüblich, miteinander über Bewegungserfahrungen oder Kooperation ins Gespräch zu kommen. Der Bewegungsdrang der Schüler im Kontext mit einer Hallenakustik, die jede Kommunikation belastet, haben dazu geführt, Wortbeiträge von Lehrerseite eher auf Ansagen oder Befehle zu reduzieren, für die das schrille Signal einer Trillerpfeife Aufmerksamkeit und Verbindlichkeit erzeugt. Gesprächs- und **Reflexionsphasen** im Sportunterricht kämpfen gegen objektiv schlechte Rahmenbedingungen und das Moment des Ungewohnten. Eine Kultur des gemeinsamen Austausches wird sich nur dann entwickeln, wenn solche Reflexionsphasen als anregender und interessanter Erfahrungsaustausch erlebt, mit Visualisierungen gestützt und verkürzt und von den Rahmenbedingungen so gestaltet werden, dass sich die Gruppe verstehen kann. Auf der anderen Seite gibt es viele Beispiele für Ritualisierungen, die nicht nur für asiatische Sportarten charakteristisch sind, etwa im Judo, sondern auch auf dem Fußballplatz greifen. Dort erleben wir Schüler, die durch die dort praktizierten strikten Regularien und Ritualisierungen ihre ansonsten oft destruktive Energie konstruktiv nutzen können. Eine Verbindung aus beiden scheint für den Sportunterricht aus diesen Gründen perspektivreich.

Visualisierungen (Bildkarten mit kurzen, sich selbst erklärenden Angaben) liegen zu Beginn aus, um die Zeit des Umziehens zu reduzieren und ein individuelles Aufwärmprogramm im Kontext mit der Stunde zu stimulieren. Sie finden sich ferner im Stundenprogramm, das, auf Packpapier, das Thema und die verschiedenen Phasen sowie die Zeiten präsentiert und zum Schluss als Mittel zum direkten, persönlichen Feedback eingesetzt wird. Bildkarten sind unerlässliche Hilfsmittel für Bewegungsaufgaben oder -anregungen im Rahmen eines Stationsarrangements, mit dem Schüler sich selbstständige Bewegungsabläufe erarbeiten oder gezielt trainieren.

Religion – ein Wörterteppich entsteht

Einsatz: Religion/Ethik/Deutsch; Klassen: 5 bis 10; Dauer: 1 bis 2 Unterrichtsstunden, je nach Einsatz von Mitteln des Darstellenden Spiels zum Auflösung des Wörterteppichs

Ablauf/Beschreibung: Eine Lehrperson oder ein Schüler trägt eine Geschichte, z. B. ein Gleichnis, frei vor. Der Text ist nicht zu lang und lebt davon, dass er langsam gesprochen wird, während die Gruppe im Kreis dabei sitzt und intensiv – mit geschlossenen oder offenen Augen – zuhört. Im Anschluss an den ersten Vortrag sind Nachfragen gestattet, um die sachlichen Hintergründe zu klären und jeden in den Stand zu setzen, dem Verlauf zu folgen. Dann hebt der Vortragende ein zweites Mal an und sagt den Text frei auf, diesmal aber schon Satzteile weglassend, die durch die Zuhörer ergänzt werden, die so immer mehr zum Mitsprechen und Mitgestalten eingeladen werden. Bevor das dritte Mal beginnt, werden alle aufgefordert, sich ein Wort, einen Begriff auszuwählen und zu merken, der ihnen für die Geschichte als besonders markant und zentral erscheint. Erst im Anschluss an diesen dritten Vortrag, der unter wachsender Beteiligung der Zuhörerschaft erfolgt, sind alle aufgefordert, leise für sich auf einen schönen Papierstreifen in aller Deutlichkeit ihr Wort der Wahl zu schreiben und auszugestalten.

Nach gut zehn Minuten finden sich alle wieder im Kreis. Ihre Wörter liegen verdeckt vor ihnen. Wenn nun das vierte Mal die Geschichte vorgetragen wird, legen sie – sobald ihr Wort ertönt – ihr Blatt in den Kreis. Dort entsteht nach und nach ein Wörterteppich aus ihren für wichtig befundenen Wörtern.

Dieser Teppich bildet den Ausgangspunkt für eine gemeinsame Nacherzählung, eine mit verteilten Rollen. Der Kreis wird aufgelöst. In Kleingruppen oder paarweise unterhalten sich die Schüler zu dreierlei Dingen: 1. Warum gerade dieses Wort? 2. Durch welche Geste kannst du es ersetzen? 3. Versucht die Geschichte vorzutragen und eure Wörter durch Gesten zu ersetzen! Mit einer Gemeinschaftsleistung, in der der Teppich durch mimische und verbale Auftritte wieder entsteht, endet die letzte Inszenierung der Geschichte.

Ziel/Intention/erwartete Wirkung: Die Schülerinnen und Schüler setzen sich intensiv mit dem Ablauf einer Geschichte auseinander, die es würdig ist, tiefer in sie einzudringen. Sie tun dies auf vielfältige Weise: Alle gemeinsam hören zu, sind gefordert, mehr und mehr den Text selbst zu sprechen im Schutze der Gemeinschaft. Das steigert nicht nur ihre Kompetenzen des Auswendiglernens, es erhöht auch ihr Eindringen in die Textabfolge, die inhaltliche Verzahnung. Mit der dritten Aufgabenstellung richten sie ihr Augenmerk auf ein Drittes: zentrale Begriffe, Anker-Wörter, Kategorien, die ihnen selbst hilfreich sind, den Kontext zu behalten, eine Sache, ein Geschehen auf den Punkt zu bringen. Dass sie nur einen Begriff auswählen dürfen, macht die Aufgabe noch schwerer. Sie müssen sich entscheiden, für sich. Mit der Bedeutung dieses Wortes für die Geschichte und weshalb sie sich gerade dieses ausgewählt haben, setzt sich ein jeder intensiv dann auseinander, wenn er es sorgfältig auf ein schönes Blatt schreibt und dieses vielleicht noch dekoriert und schmückt. Wieder ist ein anderer Sinn, eine andere Kompetenz angesprochen. Das Geheimnis bleibt bewahrt, jeder arbeitet an seinem Wort, was den Reiz der Situation erhöht. Diese Phase stärkt den Einzelnen, weil sie Subjektivität explizit fordert. Es gibt kein richtig oder falsch, kein besser oder schlechter. Jeder findet den für ihn wichtigsten Begriff.

Die Kreissituation im Anschluss, die durch den Gong begonnen und beschlossen wird, führt die Einzelprodukte zu einem Gemeinschaftswerk zusammen und zwar nicht einfach so, sondern eingebettet in einen neuerlichen Vortrag derselben Geschichte. Neuerliche Aufmerksamkeit wird dadurch erzeugt, dass bei erster Nennung des gewählten Wortes dieses sogleich in die Mitte gelegt werden muss, an die anderen, die nach und nach sich zu einem rechteckigen Teppich formen; ein gemeinsamer Wörterteppich zur Geschichte, der ausgehängt und dokumentiert gehört.

Der Austausch in Paaren oder kleinen Gruppen intensiviert das Gespräch über den Begriff, warum man gerade diesen gewählt habe. Er nimmt den Begriff zum Anlass nach geeigneter mimischer oder gestischer Übersetzung zu suchen, die als neues Element den Schlussvortrag an entsprechender Stelle bereichert.

Wenn hier kein gemeinsamer Austausch über die unterschiedlichen Kriterien mehr erfolgt, so deshalb, weil die Schüler sich auf die unterschiedlichste Weise, mit vielen Sinnen und ausgesprochen handlungsorientiert mit der Geschichte auseinander gesetzt haben. Zu diesem Zeitpunkt ist ein weiterführendes Gespräch, das in die Tiefe ginge, nicht mehr möglich. Wohl aber in der Stunde danach, wenn der Wörterteppich wieder präsent ist.

Dass hier nebenbei auch eine vorzügliche Methode zum Auswendiglernen trainiert wird und Merkwörter oder Ankerbegriffe als wichtige Kategorien in den Vordergrund rücken, beeinflusst nicht nur in Religion oder Deutsch die Lernfähigkeiten der Schüler.

In höheren Klassen wird es darüber hinaus möglich sein, dass die Schülerinnen und Schüler sich schriftlich zu ihrem Begriff äußern, was sie damit verbinden, assoziieren, warum ihre Wahl gerade auf ihn gefallen ist. Erst nach dieser individuellen Vorbereitung, die in einen Austausch mit jenen mündet, die eben diesen Begriff auch gewählt haben, ist ein Unterrichtsgespräch möglich.

5 Schlussbemerkungen

Die in diesem Buch zusammengestellten Vorschläge sind in Klasse und Schule relativ einfach und ohne viel Aufwand in der Praxis zu nutzen. Verfehlt wäre es allerdings, sie rigide und unbeirrt umzusetzen. Die Besonderheiten der Lerngruppe, ihre Vorerfahrungen mit selbstständigem Lernen und Gruppenreflexion sind in die konzeptionellen Überlegungen mit einzubeziehen. Das gelingt dann umso besser, je offener man als Lehrerin oder Lehrer ist, je stärker man sich von dogmatischer Rezeption frei macht, die der Sache, um die es hier geht, nur abträglich wäre. Denn selbstständiges Lernen und Kooperation durch Partizipation – diese wichtigen Ziele ohne intensive, kontinuierliche Beobachtung und Berücksichtigung der Veränderungen, der Dynamik der Einzelnen, der Gruppe oder der Sache mit strengen Ritualisierungen durchzusetzen, wäre ein Widerspruch in sich und zum Scheitern verurteilt. Das Experimentieren mit ritualisierten Handlungsabläufen gewinnt dann Format und Kontrolle, Kreativität und Effektivität, wenn eine kontinuierliche Reflexion der eigenen Aktivitäten, der Wirkungen auf die Gruppe sowie die Einzelnen in Schule und beim Lernen stattfindet.

Gedanken und Anregungen zur Selbstreflexion

Wenn wir uns auf den Weg der hier vorgeschlagenen Ritualisierungen begeben, verändert sich unsere bisherige Rolle in der Klasse. Denn hiermit wird Autorität, die sich aus unserer Funktion ergibt, reduziert und delegiert. Manche Entscheidungen, die wir vormals autonom fällten oder die wir in Erfüllung der Richtlinien und Lehrpläne trafen, werden hier der Lerngruppe zur Disposition gestellt. Sie erhält damit Einfluss auf Inhalte, Methoden, Zeitabläufe. Sie partizipiert an der Herrschaft, gewinnt Terrain zur selbstständigen Arbeit und übernimmt Verantwortung für Arbeitsprozesse in der Klasse. Sie ist aufgerufen, den Unterricht kontinuierlich und konstruktiv-kritisch zu begleiten, wobei sie auch die Güte unserer Angebote und unsere Pädagogik unter die Lupe nimmt.

Damit rücken die hier angebotenen Ritualisierungsideen eine Lehrkraft in den Vordergrund, die sich nicht auf Wissensvermittlung und Beurteilung beschränkt, sondern sich als Lernende zeigt, die Impulse der Jugendlichen aufgreift, geeignetes Material und Literatur bereitstellt und weiterhilft, wenn Selbstständigkeit überfordert ist. Als Pädagoge initiiert man selbstständige wie kooperative Prozesse, beobachtet länger, hält sich gezielt heraus, begreift sich mehr denn je als Moderator. Das alles braucht Geduld und die Überzeugung, dass es Erfolg haben wird. In dem Augenblick, wo ich als Pädagoge meine Aufmerksamkeit auf das Gelungene richte, es detailliert wahrzunehmen und festzuhalten trainiere, es aufschreibe und analysiere, gewinne ich an Sicherheit und Souveränität, diese Machteinbuße als positiv und erleichternd zu erleben und mich auch durch Misserfolge nicht prinzipiell erschüttern und verunsichern zu lassen. Vielmehr nehme ich sie als wichtige Indikatoren, die Veränderungen erforderlich machen, über die alleine und gemeinsam nachzudenken ist. Mit dieser Haltung werde ich nicht nur Erfolge erleben und aus Misserfolgen lernen, sondern vor allem auch von den Ritualisierungen profitieren.

Die veränderte Rolle im Unterricht entlastet von schwierigen Situationen des Alltags, indem sie sie automatisiert oder in andere Hände legt, indem sie Anlässe zur Disziplinierung durch eindeutige und bekannte Handlungsabfolgen reduziert. Insofern trägt sie zu einer Verringerung der Schattenseiten des Lehrerdaseins bei und qualifiziert auf der anderen Seite die Mitglieder der Gruppe langfristig dazu, Verantwortung für sich und ihr Handeln zu übernehmen und Lern- und Arbeitsprozesse selbst zu regulieren.

Bei der Initiierung der meisten der hier vorgestellten Ritualisierungen kann sich allerdings die Lehrerin oder der Lehrer nicht der Verantwortung entziehen. Er ist nicht nur derjenige, der seine Gründe offen zu legen hat, um die Klasse auf ein Experiment einzustimmen. Er ist auch bis zur beginnenden Automatisierung dafür zuständig, die markanten Stellen des jeweiligen Rituals zu schützen. Denn erst damit können die Einzelnen und die Gruppe jene Erfahrungen sammeln, die für eine Zustimmung oder Ablehnung erforderlich sind. Da muss das Redeverbot rigide durchgesetzt werden und die Abstimmung stark formalisiert sein. Auch der Einsatz der verwandten Symbole ist nicht beliebig, sondern von fundamentaler Bedeutung für die Effekte. Hilfreich ist es sicherlich, ein pädagogisches Tagebuch zu führen, das den Prozess und die Wirkungen des jeweiligen Rituals auf mich selbst, die Gruppe und das gemeinsame Lernen reflektieren hilft. Dafür nun einige Fragen, die dazu beitragen, sich selbst auf die Schliche zu kommen, Positives zu registrieren und in Alternativen zu denken:

- Was bedeutet es für mich als Pädagoge und als Mitglied der Gruppe, wenn ich mich auf Rituale oder ritualisierte Handlungsabläufe einlasse?
- Inwiefern verändert sich meine Rolle als Lehrerin oder Lehrer?
- Was gebe ich ab? Wie komme ich damit zurecht?
- Welche neuen Aufgaben erhalte ich, welche kann ich reduzieren?
- Was gewinne ich hinzu?
- Beteilige ich mich am Ritual oder stelle ich mich bewusst außerhalb?
- Welche Wirkungen haben die unterschiedlichen Verhaltensweisen auf mich, die Einzelnen, den Gruppenprozess und die Sache?
- Welche meiner Kompetenzen sind besonders gefragt und hilfreich?
- Woran muss ich noch arbeiten?
- Wobei und in welchen Phasen fühle ich mich sicher? Woran liegt das?
- Wie kann ich dieses Gefühl auf schwierige Phasen übertragen?
- Was entwickelt sich bislang zu meiner Zufriedenheit?
- Womit bin ich unzufrieden? Woran liegt das eine wie das andere?
- Welches sind mögliche Alternativen oder Konsequenzen für mich?
- Wer kann mir die Unterstützung geben? Kolleginnen und Kollegen oder Schülerinnen und Schüler?
- Wovor habe ich am meisten Angst?
- Wobei oder wann habe ich überhaupt keine Angst?
- Was nehme ich als Störung wahr? Wie reagiere ich, wenn Einzelne sich widersetzen?
- Erlebe ich Störungen, Boykott, Widerstand als persönliche Niederlage?
- Welches sind meine Alternativen, wie gehe ich unterschiedlich damit um?

Gedanken und Anregungen zum Gruppenprozess

Eine Gruppe, eine Klasse wird durch ritualisierte Handlungsabläufe verändert. Sie wird nach Umsetzung der Ritualisierung nicht mehr die alte sein. Was da auf die Jugendlichen zukommt, besitzt den Charme der Partizipation und Teilhabe an der Macht. Es birgt aber auch die schwierige Aufgabe, mit Problemen, die gemeinhin Erwachsene für einen regeln, selbst fertig zu werden. Aber nicht nur die Bewältigung und Bearbeitung von Problemen mit Hilfe ritualisierter Handlungsabläufe ist eine Herausforderung und schwierig, sondern auch scheinbar so selbstverständliche Dinge wie die Mitbestimmung über ein Thema. Denn was da von der Lerngruppe und jedem Einzelnen gefordert ist, ist nicht ohne: Hier sollen Vorschläge entwickelt und begründet, Entscheidungen gefällt werden. Es hat nachhaltige Konsequenzen, geht nicht unter, wie so häufig im Schulalltag. Was man ehedem der Unfähigkeit der Lehrer als Kritik entgegenschmettern konnte, destruktiv und empört, richtet sich jetzt womöglich gegen einen selbst, gegen den eigenen Vorschlag. Die Einbindung in die inhaltlich-methodische Gestaltung ist zunächst einmal für alle ein schwieriger Schritt. Denn hiermit werden ihnen Rollen und Aufgaben übertragen, die die Jugendlichen bislang nur aus der Konsumentenperspektive erlebten, wenn überhaupt. Damit können sich manche schnell arrangieren. Andere brauchen dafür länger. Wieder andere schaffen dies ohne Unterstützung und Begleitung nicht. Ihre Integration in den Lernprozess fordert unsere ganze Aufmerksamkeit. Denn sie sind die ersten, die rasch frustriert und entmutigt sind, die als Bedenkenträger von vornherein mit Skepsis und Ablehnung reagieren. Ihre kleinen Erfolge sind entscheidende Marksteine auf dem Weg der Gruppe. Deshalb ist die genaue Beobachtung des dynamischen Gruppenprozesses – vielleicht mit Hilfe folgender Fragen – so wichtig:

- Wie sind die spontanen Reaktionen der Gruppe auf meinen Vorschlag für ein neues Ritual?
- Wer freundet sich rasch damit an und kann es erfolgreich praktizieren?
- Wer verhält sich ablehnend, kann sich nicht darauf einlassen?
- Bei welchen Gelegenheiten regt sich Widerstand bei Einzelnen, in Kleingruppen oder bei allen?
- Welche Unterstützungssysteme der Schüler untereinander bilden sich heraus? Gibt es Vorlieben Einzelner?
- Werden Einzelne bevorzugt von der Gruppe oder Teilen der Gruppe mit Leitungsaufgaben betraut? Deutet sich hier eine undemokratische Entwicklung an?
- Wie kann darüber – außerhalb des Rituals – gemeinsam nachgedacht werden, um Verbesserungen zu ermöglichen?
- Welche Veränderungen entwickelt die Gruppe? Sind diese für die meisten eher positiv oder eher negativ?
- Welche eigenen Ideen entwickeln Einzelne für neue ritualisierte Handlungsabläufe? Wie füllen sie die selbst zu gestaltende Phase aus?
- Wie sieht die Gruppe mich/meine Rolle in den verschiedenen Ritualen?

Wirkungen auf die Sache und das Lernen

Die Sache, um die es hier geht, ist Selbstständigkeit, Kooperation und Partizipation beim individuellen, partnerschaftlichen und gemeinsamen Lernen in der Schule. Die Lerngegenstände sind wichtig und als solche austauschbar. In vielen ritualisierten Handlungsabläufen ist die thematische Relevanz transparent gemacht, zur besseren Orientierung für das individuelle und gemeinsame Lernen. Ein Austausch wird arrangiert, um Erfahrungen, Vorgehensweisen und Ergebnisse würdigend und kritisch auszuwerten. Für jedes Individuum gibt es vielleicht andere Wege, um ans Ziel zu kommen. Dies zeigt sich in Form, Zeitaufwand und Umsetzung. Manche kommen auch nicht an, steigen unterwegs aus oder sind umgestiegen. So sehr ritualisierte Handlungsabläufe der Gruppe und ihrer Schrittfolge auch Struktur geben mögen, so sehr wollen und können sie die Individualität des Lernens nicht aufbrechen oder unterdrücken, einem Lernen im Gleichschritt Vorschub leisten. Allerdings bilden sie ein Arrangement, in dem die Einsamkeit dem Austausch und dem Gemeinsamen weicht. Das Voneinanderlernen verhallt nicht länger als nicht einlösbarer Appell, es gewinnt Konturen und wird für jeden Einzelnen übersetzbar. Der ritualisierte Erfahrungsaustausch, das systematische Registrieren von Erfolgen einzelner wie der Gruppe haben in jedem Fall erhebliche Wirkung auf das Lernklima insgesamt. Eine konstruktive Atmosphäre ist ohne ritualisierte Handlungsabläufe zur Partizipation kaum denkbar. Auch zur bewussteren Wahrnehmung und Analyse hier einige Fragen:

- Wie hoch ist die Beteiligung an den Gesprächen?
- Wie werden die Erfolge schlechterer Schülern registriert?
- Wie stark/souverän nutzen die Schüler die Abstimmungsmöglichkeiten?
- Welche registrierbaren Wirkungen haben kritisch-konstruktive Bilanzierungen und Feedbacks auf Lernerfolg und Weiterarbeit?
- Wie tief gehen die Schüler in der kritischen Analyse der Arbeitsergebnisse? Der eigenen wie der fremden?
- Was benötigen sie an zusätzlicher Unterstützung und Information, um inhaltlich tiefer vorzudringen?

Diese Fragen und noch mehr stellen sich jedem, der mit Ritualen und ritualisierten Handlungsabläufen in seiner Lerngruppe oder Schule arbeitet. Sie offenbaren den Fluss, die Handlungsspielräume und Gestaltungsfreiheiten und sind das beste Mittel, sich, die Gruppe und jeden Einzelnen vor den Schattenseiten von Ritualen zu schützen.

Literatur

ALLERKAMP, W.: Unterrichtsrituale. Orientierungshilfen für Schüler und Lehrer. In: Westermanns Pädagogische Beiträge 7/8/1987. S. 28–35

BAMBACH, H./GROEBEN, A. von der: Zeit zum Aufwachen – Rhythmisierung des Schultags. In: S. THURN/K.-J. TILLMANN (Hrsg.): Das Beispiel Labourschule Bielefeld. Unsere Schule ist ein Haus des Lernens. Hamburg 1997, S. 224–244

BAUMGART, W.: Ritual und Literatur. Tübingen 1996

BECKER, G./KUNZE, A./RIEGEL, E./WEBER, H. (Hrsg.): Die Helene-Lange-Schule. Das andere Lernen. Entwurf und Wirklichkeit. Hamburg 1997

BERGSSON, M./LUCKFIEL, H.: Umgang mit „schwierigen" Kindern. Berlin 1998

COHN, RUTH: Von der Psychoanalyse zur themenzentrierten Interaktion. Stuttgart (4. Aufl.) 1978

DIES./TERFURTH, CHR.: Lebendiges Lehren und Lernen. TZI macht Schule. Stuttgart 1993

COMBE, A.: Wie tragfähig ist der Rekurs auf Rituale? In: Pädagogik 1/1994. S. 22–25

FRIEDRICHS, B.: Nicht gleich von Null auf Hundert. Ein Bericht über die Versammlung am Wochenanfang. In: Pädagogik 4/1999. S. 10–13

GENNEP, A. VAN: Übergangsriten. Frankfurt/New York 1986 (frz. Originalausgabe von 1909)

HENTIG, H. VON: Was ist eine humane Schule? München/Wien 1972

HINZ, A.: Schulkultur ist Lebenskultur. Ein Plädoyer für Rituale in der Schule. In: Pädagogik 4/1999. S. 18–22

HOLZ, K.: Rituale und Psychotherapie, 1995

KAUFMANN-HUBER, G.: Kinder brauchen Rituale. Freiburg/Basel/Wien (7. Aufl.) 1995

KOSIEK, B.: Eine Schule „erfindet" ihre Rituale. In: Pädagogik 4/1999. S. 24–27

LEWIS, C. C.: Die "Kultur des Klassenzimmers in japanischen Grundschulen". In: Anleitung zur Neugier. Grundlagen japanischer Erziehung. Hrsg. v. D. Elschenbroich. Frankfurt/Main 1996. S. 275–298

LÜTHI, A.: Ende und Anfang des Schuljahres sind eng ineinander verwoben. Rituale in der Ecole d'Humanité. In: Pädagogische Beiträge 7/8 (1987). S. 46–47

PETERMANN, U. (Hrsg.): Ruherituale und Entspannung mit Kindern und Jugendlichen. Baltmansweiler 1996

PETERSEN, S.: Die Klassenzeitung – Ein Schreibanlaß für jede Woche. In: Grundschulmagazin 12/1996. S. 15–19

Dies.: Wie alles ineinandergreift. Beispiele fächerübergreifenden Unterrichts für die Grundschule. Donauwörth/Dortmund 1996

RAUSCHENBERGER, H.: Der blaue Fleck. Die Geburt eines Rituals. In: Westermanns Pädagogische Beiträge, 7/8/1987. S. 20–22

RIEGEL, E.: Rituale oder: Die Kultur des Zusammenlebens. In: Pädagogik 1/1994. S. 6–9

SCHÄFER, A./WIMMER, M. (Hrsg.): Rituale und Ritualisierungen. Opladen 1998

SCHULZ, W.: Humane Verkehrsformen und demokratische Rituale in Unterricht und Schule. In: Pädagogische Beiträge 7/8/1987. S. 48–51

SILKENBEUMER, R. (Hrsg.): Modellschulen – Schulmodelle? Hannover 1981

STAHL, TH.: Triffst du \`nen Frosch unterwegs. Paderborn 1988

STEFFENSKY, F.: Rituale als Lebensinszenierungen. In: Pädagogik 1/1994. S. 27–29

STEINIG, W.: Ritualisierte Kommunikation im Unterricht. In: Neue Sammlung 1/1995. S. 19–34

VERLINGER, R.: Unpädagogische Nebenwirkungen von Planungsritualen im Unterricht. In: Pädagogische Welt 8/1990

SUSTECK, H.: Rituale im Schulalltag. In: Realschule in Deutschland, 1/1997. S. 12–17

Ders.: Rituale in der Schule. In: Pädagogigsche Welt 1/1996. S.34–38

Ders.: Schulische Rituale. In: Schulmagazin 5–10 6/1995. S. 4–7

THIELE, K.P.: Glocksee-Schule Hannover. Vieles muß sich ändern, damit sich etwas ändert. In: R. Silkenbeumer, a.a.O.

TUCKE, E.: Freie Waldorfschule Kassel – Ausbildung von Sozial- und Handlungsfähigkeit, ebd.

TURNER, V.: Vom Ritual zum Theater. Der Ernst des menschlichen Spiels. Frankfurt/M.1989

Ders.: Das Ritual – Struktur und Anti-Struktur. Frankfurt 1989

VOPEL, K. W.: Gruppenrituale. Mit dem Herzen sehen lernen. Salzhausen 1997

WAGENER, B.: „Das ist eben so“. Schulische Rituale aus psychoanalytischer Sicht. In: Pädagogische Beiträge, 7/8/1987. S. 23–25

WELTZIEN, D. von: Praxisbuch der Rituale. München 1997

ZIEHE, TH.: Für inszenierte Ereignisse und gegen die symbolische Verödung von Schule. In: Pädagogische Beiträge 7/8/1987. S. 16 ff.

Index